Common Values and the Public-Private Divide

“十三五”国家重点出版物出版规划项目
法学译丛·规制、竞争与公共商事系列

共同价值与公私划分

[英] 道恩·奥利弗（Dawn Oliver） 著

时 磊 译
李凤凤 校

中国人民大学出版社
·北京·

译丛序

翻译不仅仅是获得新知的方式，还是一个塑造世界范围内共识的途径。即便是日常交往之中的书信、对话的翻译，也对我们的观念世界的改变、沟通乃至联合有着至为重要的价值。[①] 不用说，翻译经典、良好撰写的专著，是藉以迅速地了解思想者对知识的系统思考的重要途径。之于中国，翻译更是学术研究的一个重要知识来源，自魏源以降，至严复为倡，藉由翻译所获得的新知，其对中国的影响，人人皆悉。

中国法律和法学，对于翻译，相比其他学科，可能尤为依赖。今天我们的法律传承，系移植之物。自清末变法承受至今，不过一百多年。从概念到推理，莫不舶来，即便是共和时代，也无非是藉由苏联而学习的大陆法系变种。虽然随着全国性的外语教学，以及开放国门和更多的直接交流，对翻译的依赖程度有所下降，不过严整、系统地将已有的学术成果翻译为中文，其之于学术发展的重要性程度仍然不可小视。其实，各大文明莫不重视翻译，以英美法学为例，其对非英语的，尤其大陆法系，包括拉丁、法德文献的翻译，从古至今，从经典到时令，在全面、完整、准确方面，完全超过我们。今天我们可以非常简单地在英语世界中找到几乎能够想到的任何经典法律文本，甚至包括我们中国的古代典籍。直接交流能力的提高并不能，也不会替代翻译的必要。

一个学科的活力和发展，尽管取决于多种因素——社会、政治、时代，以及不可或缺的人的努力，但作为一种思想产品，没有植根于人类的普遍经验，没有与之共鸣、呼应的知识积累，很

① See Pascale Casanova, *The World Republic of Letters*, translated by M. B. Debevoise, Harvard University Press, 2004.

难持续。经济法学在20世纪80年代有过诸多的翻译，从苏联到日本，不断地有学术作品进入，给经济法学的发展平添了思想的动力和理论争议上的活力。而之后，除了勇于探索的自我努力之外，仅有零零碎碎的文章、短文翻译进入中国，并无太多的系统知识引入，这在一定程度上成为了学科发展的瓶颈。

这套丛书的翻译，首先是基于这样的考量而组织的。我们将其设定为经济法的核心领域：规制（regulation），尤其是经济规制，以及与之相关的竞争（antitrust）和公共商事（public business）。在这些领域中近三十年来的学术文献，构成了本套丛书的选择范围。

国际法学界对规制的研究，20世纪70年代是一个重要的分水岭，这当然受到了政治行动、社会思潮的影响。1950—1970年是规制，尤其是社会规制大幅度增长的年代，其研究成果因此而不断增加；而20世纪80年代开始的私有化和放松规制，直接影响到了学界的学术兴趣转移。但不可否认的是，70年代在理论上以规制过失（regulatory negligence）① 的提出为前沿研究的代表，以及以形成教科书为代表的系统化研究②，其高度至今仍然未能达到或超越。90年代之后由国有企业私有化带来的政府职能社会化、市场化，又被称为“新公共管理”（NPM，New Public Management），其间出现的研究大多集中在管理学、行政学等领域，不过主流经济学界反倒是因为法国规制学派的崛起，并且和政治学不断融合，出现了大量的规范和实证分析，成为一个转型。而法学界仍然受制于自身的传统和时代，并未对这些命题作出过多的回应。这间接导致了整体对于规制的研究趋向于薄弱。而最近十多年来重新兴起的研究，尤其是一系列关于规制的学术期刊的

---

① See Bruce L. R. Smith and D. C. Hague, eds., *The Dilemma of Accountability in Modern Government: Independence versus Control*, New York: St. Martin's Press, 1971.

② See David Boies and Paul R. Verkuil, *Public Control of Business: Cases, Notes, and Questions*, Little, Brown and Company, 1977.

出现，极大地扩充了知识库。但是，反垄断的研究则因为芝加哥学派的影响而呈现出一枝独秀的局面，尽管其中并没有根本的范式突破。而我们的中文学术界则基于社会、政治等原因，仍然停留在这之前的种种思潮之中。这样的学术背景，尤其凸显了这套丛书的意义。

不过，即便大多数学者容易随时代而变动，受制于流行，也仍然存在诸多冷静、客观的学者所从事的独立分析和讨论，并和自己的研究进路相结合。这样，或基于固有理论而延伸，或基于现实变化而应对，研究规制有不同的进路。本套丛书的选择原则则是优先基于第一种情形而进行的，即时间跨越幅度较大，但倾向于独立视角的理论研究。可以说，本套丛书都是规制、竞争和公共商事领域的世界级的学术名著，对理论发展具有重要影响力，并且是研究这一问题不可或缺的标志性的参照书。这包括有基于关系型契约理论而提出的《规制合同》(Regulating Contract)；有基于公私划分而探讨当代社会最重要问题的《公共价值与公私之分》(Common Value and the Public-Private Divide)；有对规制最核心命题的理论探讨——《规制中的公共利益》(The Public Interest in Regulation)；有一般框架式的公认权威总结——《理解规制：理论、战略和实践》(Understanding Regulation：Theory，Strategy，and Practice)；分别从不同的视角作出的，对公共商事合同的讨论——《新公共合同：规制、回应性及理性》(The New Public Contracting：Regulation，Responsiveness，Rationality)和《社会责任：合同治理的公法探析》(Accountability：A Public Law Analysis of Government by Contract)；从历史视角探讨规制和政治运动和思想之间关系的名著——《规制政治的转轨》(Regulatory Politics in Transition)，以及让我们感到非常兴奋的险些被阴差阳错漏掉的反垄断法名著——《反垄断法悖论：自我交战的政策》(The Antitrust Paradox：A Policy with Itself)。

译事之难，自不待言，尽管追求“信、达、雅”的目标在今日中国似乎是自讨苦吃，不过我们还是在选择译者上设定了标准，以确保翻译的水准。北京大学法律经济学研究中心在组织本套丛书的翻译中，深知法律语言和概念的鸿沟，故此要求译者必须有双重的背景：第一，取得过至少一个法学学位，无论中外；第二，至少在英语国家或地区学习过一年以上法律或者相关学科。当然，这仅仅是译者的门槛，但令我们兴奋的是，诸多的青年英才，无论从事实务或者研究，均保持了对理论的高度热爱，令我们的翻译阵容非常耀眼。既有如我的同事杨明教授等加盟，也有已完成诸多翻译工作的新生代襄赞，在翻译工作已经成为“公益”事业的时下，不由得令人对“爱智者”的传统增加了若干信心。

这套丛书从开始筹划，到最终杀青，期间延宕颇长。对我们所造成的延误心存愧疚，尤其是对原作者、版权商以及译书的出版人——中国人民大学出版社，唯愿翻译的文本质量，以及学界的抬爱，能够补偿些许。同时，感谢北京大学法治研究中心，作为我们长期的合作伙伴，加入了对本丛书翻译的支持。

是为序。

邓峰

北京大学法律经济学研究中心

北京大学法治研究中心

序 言

在本书中，我将试图赋予一件有难度的事一些意义，即为司法审查管辖权（上议院在奥赖利诉麦克曼（*O'Reilly v Mackman*）案的判决中引入的排他性规则），以及公法和私法在有关决策和侵权性及其他义务方面的诸多对应性建立一个可接受的基础。在我看来，公法和私法之间的区分显然是人为的，关注于这两类法律的相似点而非不同点更有建设性。我的结论是，公法和私法均关乎（且以相似——并非相同——的方式关乎）三项工程：保护个人在自治、尊严、尊重、身份和安全方面的利益；控制权力的行使；在公共或政治领域和私人领域中提升民主和公民权。实际上，作为一项公共政策，公民和市民民主体系已在英国经历了几十年的演化。这一体系的形成实际上是国会、普通法和衡平法的共同事业，并在其演化过程中得到了欧共体和欧洲人权宪章的一些帮助。

我发现，在公私之分、权力控制、保护个人利益和公共利益，以及法律在这些问题上的内在民主理论方面，相关素材比我能在本书中涵盖的更多，因此我会有所取舍。我特别清楚，在恢复原状、土地法和刑法方面还有丰富的、未触及的素材。然而，我希望我所选择的材料能够阐释我的论点，即使其并不全面。

我非常想感谢很多人。在写作本书时，我参考了我之前发表的著作①；我感谢就那些文章给予我建议和反馈的同事们。我亦从其他同事处获得了关于这些章节的早期草稿的宝贵意见，他们包括：国务委员（Conseiller d'Etat）罗杰·艾瑞拉（Roger Errera）

① 'Is the ultra vires rule the basis for judicial review?' [1987] Public Law 543; 'The underlying values of public and private law' in M Taggart (ed) *The Province of Administrative Law* (1997); 'Common Values of Public and Private Law and the Public Private Divide' [1997] Public Law 630.

给我提供法国行政法方面的建议；安德鲁·刘易斯（Andrew Lewis）提供了法律史方面的帮助；杰弗里·乔韦尔（Jeffrey Jowell）和安德鲁·勒絮尔（Andrew le Sueur）在有关公法的章节上给予我有益的批判性反馈；若没有吉利恩·莫里斯（Gillian Morris）和罗杰·莱德敖（Roger Rideout）的帮助，我就写不出关于雇佣法的章节；艾丽森·克拉克（Alison Clarke）和保罗·克勒（Paul Kohler）给予我财产法方面（尤其是婚姻财产）的指点；理查德·奥代尔（Richard O'Dair）和罗杰·海森（Roger Halson）在合同、侵权和救济方面给了我很有益的帮助；约翰·温洛特爵士（Sir John Vinelott）就衡平法和衡平救济中的裁量性决策给予我颇多助益；本·佩蒂特（Ben Pettet）试图帮我正确理解公司法；法学硕士生乔纳森·福斯特（Jonathan Foster）为了《审查监管权力行使——公法和私法中的司法监督权》一文研究了私法对决策的控制，并找到了我无法独力找到的有用素材；克里斯托弗·希姆斯沃思（Christopher Himsworth）在比较英格兰和苏格兰法律中有关司法监督权的部分对我帮助最大。1999 年 5 月在剑桥公法中心召开的一个有关司法审查基础的会议上的讨论，也解决了我思想中的一些问题。

一如往常，我感谢那些丰实文献和开拓新思的先行者；若不站在他人智慧的肩膀上，则不可能有此新作。

如果没有我的家庭——斯蒂芬（Stephen）、贝西（Beccy）、亚当（Adam）和罗齐（Rosie）——的支持和鼓励，我无法写出这本书。

我明白，此书的终版中仍一定有很多缺失，我愿自负文责。我的同事们尽了他们的最大努力，我也如此，但此书可能仍有不够完善之处。

道恩·奥利弗（Dawn Oliver）

伦敦大学学院

1999 年 5 月

法规表

Bill of Rights 1688　权利法案（1688）

Children Act 1989　儿童法（1989）

Companies Act 1980　公司法（1980）

Consumer Credit Act 1974　消费者信用法（1974）

Crown Proceedings Act 1947　王权诉讼法（1947）

Custody of Children Act 1839　儿童监护法（1839）

Data Protection Act 1998　数据保护法（1998）

Disability Discrimination Act 1995　残疾歧视法（1995）

Employment Rights Act 1996　雇佣权利法（1996）

Equal Pay Act 1970　平等赔偿法（1970）

Family Law Act 1996　家庭法（1996）

Family Law Reform Act 1987　家庭法律改革法（1987）

Guardianship of Infants Act 1925　婴儿监护法（1925）

Guardianship of Minors Act 1925　未成年人监护法（1925）

Health and Safety at work Act 1974　工作健康和安全法（1974）

Homes Act 1967　婚姻住宅法（1967）

Housing Act 1996　住宅法（1996）

Housing（Homeless Persons）Act 1977　无家可归者住房法（1977）

Humans Rights Act 1998　人权法（1998）

Industrial Relations Act 1971　劳资关系法（1971）

Land Charges Act 1972　土地负担法（1972）

Land Registration Act 1925　土地登记法（1925）

Law Reform（Limitation of Actions）Act 1954　法律改革诉讼时效法（1954）

Law Reform (Married Women and Tortfeasors) Act 1935 法律改革（已婚妇女和侵权行为人）法（1935）

Law Reform (Miscellaneous Provisons) Act 1970 法律改革（杂项条款）法（1970）

Legitimacy Act 1926 婚生法（1926）

Limitation Act 1936 诉讼时效法（1936）

Local Government and Housing Act 1989 地方政府和住房法（1989）

Magna Carta 1215 大宪章（1215）

Married Women's Property Act 1885 已婚妇女财产法（1885）

Matrimonial Causes Act 1923 婚姻案件法（1923）

Matrimonial Causes Act 1969 婚姻案件法（1969）

Pensions Act 1995 养老金法（1995）

Public Authorities Protection Act 1893 公共当局保护法（1893）

Public Interest Disclosure Act 1998 公共利益披露法（1998）

Race Relations Act 1976 种族关系法（1976）

Race Relations Act 1968 种族关系法（1968）

Race Relations Act 1994 种族关系法（1994）

Sex Discrimination Act 1975 性别歧视法（1975）

Sex Disqualification (Removal) Act 1919 性别取消资格（解除）法（1919）

Sexual Offences Act 1967 性侵犯法（1967）

Supreme Court Act 1981 最高法院法（1981）

Trade Union and Labour Relations (Consolidation) Act 1992 工会和劳动关系（整合）法（1992）

Trustee Investment Act 1961 受托人投资法（1961）

Trusts of Land and Appointments of Trustees Act 1996 土地信托和受托人委任法（1996）

Unfair Contracts Term Act 1977 不公正合同条款法（1977）

案例表*

Allnutt v Inglis (1810) 奥纳尔特诉英格利斯

Anisminic Ltd v Foreign Compensation Commission (1969), HL 阿尼斯米尼奇有限公司诉外交赔偿委员会

Anns v Merton London Borough Council (1978), HL 安斯诉伦敦墨顿自治市

Associated Provincial Picture Houses Ltd v Wednesbury Corpn (1948); affd (1948), CA 省立联合电影院诉温斯伯里公司

Bagg's Case (1615) 巴格案

Barclays Bank plc v O'Brien (1994), HL 巴克莱银行诉奥布赖恩

Beresford-Hope v Lady Sandhurst (1889), CA 贝雷斯福德-霍普诉桑赫斯特女士

Blair v Lochaber District Council (1995) 布莱尔诉哈伯地区理事会

Breen v Amalgamated Engineering Union (1971), CA 布林诉合并机械工会

British Steel plc v Customs and Excise Comrs (1996); revsd (1997), CA 英国钢铁股份公司诉海关案

Brown v Executive Committee of the Edinburgh District Labour Party (1995), OH 布朗诉爱丁堡地区工党执行委员会

Buckley v Tutty (1971) 巴克利诉塔蒂

Bugdaycay v Secretary of State for the Home Department (1987), HL 布格达凯伊诉内政大臣

Castells v Spain (Application 11798/85) (1992), ECtHR

* 案例中文名称并无统一译法，仅供参考，若与文中不一致，以英文名称为准。

卡斯泰尔诉西班牙

Chaplin v Hicks（1911），CA　查普林诉希克斯

Clark v BET plc（1997）　克拉克诉 BET

Cocks v Thanet District Council（1983），HL　科克斯诉萨尼尔地区政务委员会

Constantine v Imperial Hotels Ltd（1944）　康斯坦丁诉皇家酒店

Cooper v Wandsworth Board of Works（1863）　库珀诉旺兹沃思公共工程委员会

Council of Civil Service Unions c Minister for the Civil Service（1985），HL　公务员工会理事会诉公务员部长

Derbyshire County Council v Times Newspapers Ltd（1993），HL　德比郡市政委员会诉泰晤士报

Dunlop v Woollahra Municipal Council（1982），PC　邓洛普诉伍拉勒市政理事会

EC Commission v EC Council：81/72（1973），ECJ　欧盟委员会诉欧盟理事会（被称作第一雇佣薪水案）

East African Asians v United Kingdom（1973）　东非亚洲人诉联合王国

Edge v Pensions Ombudsman（1998）　埃奇诉养老金监察专员

Entick v Carrington（1765）　恩蒂克诉卡林顿

Francovich and Bonifaci v Italy：C-6，9/90（1991），ECJ：弗朗科维奇诉意大利

Fry v lane（1888）　福莱诉雷恩

Greenwich Healthcare National Health Service Trust v London and Quadrant Housing Trust（1998）　格林威治国家卫生服务信托诉伦敦和夸德拉特住房信托等

Gunstone v Scottish Women's Amateur Athletic Association（1987）　冈斯顿诉苏格兰女性业余运动会协会

Hazell v Hammersmith and Fulham London Borough Council（1992），HL：　黑兹尔诉伦敦哈默史密斯和富勒姆自治市

Hill v Chief constable of West Yorkshire（1989），HL 希尔诉西约克郡首席警官

Hollywood Sliver Fox Farm Ltd v Emmett（1936） 好莱坞银狐农场诉埃默特

Hughes v Department of Health and Social Security（1985），HL 休斯诉卫生和社会安全部

IRC v National Federation of Self Employed and Small Businesses（1982），HL IRC诉国家自主就业和小企业联盟

Jones v Welsh Rugby Football Union（1997） 琼斯诉威尔士足球工会

KPD v Germany（Application 250/57）（1957） KPD诉德意志联邦共和国

Kruse v Johnson（1898） 克鲁泽诉约翰逊

Lapointe v L'Association de Bienfaisance et de Retraite de la Police de Montreal（1906），PC 拉普安特诉蒙特利尔警察慈善和退休协会

Law v National Greyhound Racing Club Ltd（1983），CA 劳诉国家赛狗俱乐部

Lee v Showmen's Guild of Great Britain（1952），CA 李诉英国演员协会

Lennox v Scottish Branch of the British Show Jumping Association（1996），OH 伦诺克斯诉英国场地障碍赛协会苏格兰分会

Liversidge v Anderson（1942），Hl 利弗西奇诉安德森

M v Home Office（1994），HL M诉内政部

McDonald v Burns（1940） 麦克唐纳诉伯恩斯

McFeeley v United Kingdom（Appliance 8317/78）（1981） 麦克菲利诉英联合王国

McInnes v Onslow Fane（1978） 麦金尼斯诉翁斯洛·费恩

McMillan v Free Church Scotland（1861） 苏格兰的麦克米

伦诉苏格兰自由教会

Maharaj v A-G of Trinidad and Tobago (No 2) (1979), PC 马哈拉杰诉特立尼达和多巴哥司法部长

Mahmud v Bank of Credit and Commerce International SA (in compulsory liquidation) (1997), HL 马哈茂德诉国际商业信贷银行

Malik v BCCI SA (in liquidation) (1997), HL 马利克诉国际商业信贷银行

Malloch v Aberdeen Corpn (1971), Hl 马洛赫诉阿伯丁公司

Malone v Metropolitan Police Comr (1979) 马隆诉大都市警察局

Manning v Hill (1995) 曼宁诉希尔

Matrix-Securities Ltd v TRC (1994), HL 矩阵证券诉 TRC

Meering v Grahame-White Aviation Co Ltd (1920), CA 梅林诉格雷厄姆-怀特航空有限公司

Mercury Communications Ltd v Director General of Telecommunications (1996), HL 梅屈里通信有限责任公司诉通信局长

Nagle v Feilden (1966), CA 内格尔诉费尔登

Niemietz v Germany (Application 13710/88) (1992), ECtHR 尼米茨诉德国

Nottinghamshire County Council v Secretary of State for the Environment (1986), HL 诺汉丁郡市政委员会诉国家环境部长

O'Reilly v Mackman (1983); revsd (1983), CA; affd (1983), HL 奥赖利诉麦克曼

Osman v Ferguson (1993), CA 奥斯曼诉弗格森

Padfield v Minister of Agriculture, Fisheries and Food (1968), CA; revsd (1968), HL 帕特菲尔德诉农业部长案

Pharmaceutical Society of Great Britain v Dickson (1970), HL 制药协会诉迪克森

Pickwell v Camden London Borough Council（1983） 皮克韦尔诉伦敦卡姆登自治市

Prescott v Birmingham Corpn（1955），CA 普雷斯科特诉伯明翰公司

R v Barker（1762） R诉巴克

R v Barnsley Metropolitan Borough Council，ex p Hook（1976），CA R诉巴恩斯利大都会自治委员会（胡克动议）

R v Board of Visitor of Hull Prison，ex p St Germain（1978）；revsd（1979） R诉赫尔监狱巡督员委员会（圣日耳曼动议）

R v Board of Visitor of Hull Prison，ex p St Germain（No 2）（1979） R诉赫尔监狱巡督员委员会（圣日耳曼动议）

R v Chief Constable of West Midlands Police，ex p Carroll（1995）7 Admin LR 45 R诉西米德兰兹郡警察局局长（卡罗尔动议）

R v Chief Rabbi of the United Hebrew Congregations of Great Britain and the Commonwealth，ex p Wachmann（1993） R诉英联邦希伯来人联合圣会首席拉比（瓦赫曼动议）

R v Disciplinary Committee of the Jockey Club，ex p Aga Khan（1993），CA R诉赛马俱乐部纪律委员会（阿加·卡恩动议）

R v Disciplinary Committee of the Jockey Club，ex p Massingberd-Mundy（1993） R诉赛马俱乐部纪律委员会（马辛贝德-芒迪动议）

R v Football Association Ltd，ex p Football League Ltd（1993） R诉足球协会有限公司（足球联盟公司动议）

R v Hampden，Ship Money Case（1637） R诉汉普登，造舰税案

R v Higher Education Funding Council，ex p Institute of Dental Surgery（1994） R诉英格兰高等教育资助委员会（口腔外科机构动议）

R v IRC，ex p Unilever plc（1996），CA R诉IRC（联合利

华有限公司动议）

R v Jockey Club，ex p RAM Racecourses Ltd（1993） R 诉赛马俱乐部（拉姆赛马场动议）

R v Legal Aid Board，ex p Donn & Co（a firm）（1996） R 诉法律援助委员会（多恩公司（一家公司）动议）

R v Secretary of State for the Home Department，ex p Brind（1991），CA；affd（1991），HL R 诉内政大臣（布林德动议）

R v Secretary of State for the Home Department，ex p Hargreaves（1997），CA R 诉内政大臣（哈格里夫斯动议）

R v Somerset County Council，ex p Fewings（1995）；affd（1995），CA： R 诉萨默赛特郡市政委员会（福温斯动议）

R v Wear Valley District Council，ex p Binks（1985） R 诉威尔谷地区市政委员会（宾克斯动议）

Roy v Kensington and Chelsea and Westminster Family Prcatitioner Committee（1992），HL 罗伊诉肯辛顿、切尔西和威斯敏斯特家庭医生委员会

Rye（Dennis）Pension Fund Trustees v Sheffield City Council（1997），CA 丹尼斯·莱养老金受托人诉谢菲尔德市政委员会

St George's Healthcare NHS Trust v S（1998），CA 圣乔治健康保险信托诉科林斯（S 动议）

St Johnstone football Club Ltd v Scottish Football Association Ltd（1965） 约翰斯通足球俱乐部诉苏格兰足球协会有限公司

Scott v National Trust for Places of Historic Interest and Natural Beauty（1998） 斯科特诉国家信托

Shearson Lehman Hutton Inc v Maclaine Watson & Co Ltd，J H Rayner（Mincing Lane）Ltd（1989） 希尔森·莱曼·赫顿股份有限公司诉麦克莱恩·沃森有限公司

Simpson v A-G（1994），NZCA 辛普森诉司法部长

South Carolina Insurance Co v Assurantie Maatschappij de Zeven Provincien NV（1987），HL 南卡罗利纳保险公司诉七省

保险公司

Spring v Guardian Assurance plc (1995), HL　斯普林诉护卫保险公共有限公司

Stevenage Borough Football Club Ltd v Football League Ltd (1996); affd (1997), CA　史蒂文自治足球俱乐部诉足球联盟

Stevenson v United Road Transport Union (1977), CA　史蒂文森诉联合公路交通工会

Stovin v Wise (Norfolk County Council, third party) (1996), HL　斯托文诉怀斯

Sunday Times v United Kingdom (1979), ECtHR　星期日时报诉联合王国

Tait v Central Radio Taxis (Tollcross) Ltd (1987); revsd (1989)　苏格兰的泰特诉中央无线电出租车有限公司

Tehrani v Argyll and Clyde Health Board (No 2) (1990) 德黑兰尼诉阿盖尔和克莱德卫生委员会

Three Rivers District Council v Bank of England (No 3) (1996)　三河城地区市政委员会诉英格兰银行 (No. 3)

Three Rivers District Council v Bank of England (No 4) (1998), CA　三河城地区市政委员会诉英格兰银行 (No. 4)

Tillmanns & Co v SS Knutsford Ltd (1908), CA; on appeal sub nom Knutsford, SS Ltd v Tillmanns & Co (1908), HL　蒂尔曼斯公司诉 SS 纳茨福德有限公司

Tyrer v United Kingdom (1978)　蒂勒诉联合王国

Wandsworth London Borough Council v Winder (1985), CA; affd (1985), HL　旺兹沃思伦敦自治市委员会诉温德尔

Watt v Strathclyde Regional Council (1992), Ct of Sess　瓦特诉斯特拉思克莱德地区市政委员会

Weinberger v Inglis (No 2)　(1919), HL　温伯格诉英格利斯

West v Secretary of State for Scotland (1992), Ct of Sess

韦斯特诉苏格兰国务大臣

West Glamorgan County Council v Rafferty（1987），CA　西格拉摩根郡议会诉拉弗蒂

Wheeler v Leicester City Council（1985），CA；revsd (1985)，HL　惠勒诉莱斯特市议会

Wood v Woad（1874）　伍德诉沃德

Wrotham Park Estate Co v Parkside Homes Ltd（1974）　鲁特姆公园房产诉园畔住宅有限公司

Young，James and Webster v United Kingdom（1981），ECtHR　杨、詹姆斯和韦伯斯特诉联合王国

目 录

第一章

公法，私法：有问题的概念

本书讨论的是公法与私法之间的关系。三条主线将会贯穿全书各章节。第一，公法和私法的一个共同点是它们都关注对（国家或私人机构）权力行使的控制。第二，公法和私法都关注保护某些重要的个人利益或公共利益，以使其免遭国家权力或私人权利滥用的侵扰。第三，法院在扮演这些控制权力、保护个体和公共利益的角色时所依据的政府、民主和公民权理论是相似的。在探讨何谓公私之分之前，让我们先来简单地考虑一下以上三个主题。

公法和私法之间的关系有法律和政治/民主两个维度。它们都关乎控制权利。公法主要涉及国家权力的行使和控制。私法则涉及私人权利的控制。公法的政治性体现在：它决定了各个国家机构（包括议会、政府、法院、地方当局、警察和其他机构）在何等程度上有权履行其职能；它也决定了这些机构干涉个人自由权的权力的界限。公法具有哈洛（Harlow）和罗林斯（Rawlings）所说的“绿灯”和“红灯”的功能。[①]法院可以决定国家权力的程度（通常意味着给国家机构开“绿灯”）和界限（即亮“红灯”）。法院在这么做的时候，有时适用成文法，有时则适用和发展普通法。以下各章将展示公法与私法在这各个方面的对应性：例如在雇佣和家庭关系、合同关系、信托和公司法中，私法也对私人权利进行构建和控制。稍后我们将进一步探讨这些话题。

公法也保护个人的重大利益（如生计和获得福利等）免遭某

① C Harlow and R Rawlings *Law and Administration*（2nd edn，1998）chapters 2 and 3.

些行动和决定的干涉。很大程度上，这也正是自然正义规则以及温斯伯里（Wednesbury）合理性原则意在实现的目标。不过，私法也常常和这些问题有关，例如，在雇佣法、信托和合同等当中，也能找到程序公正性和理性原则。公法和私法常被认为是大相径庭且相互分离的，但事实上并非如此。

公法中的政府、民主和公民权理论

法院在公法上的红绿灯功能是基于若干平行并列的宪政和公民权理论流派之上的。因为在接下来的章节中我们将说明这些理论如何体现在公法和私法的各类次级部门中，所以我们先简要概括一下这些理论将有些帮助。宪法和宪政理论以及普通法体系中的公法和私法的演化性质带来的一个后果是：在历时逾三个世纪的民主化进程中，往昔那些有关国家地位以及个人在与国家和私人机构关系中地位的非民主理论的一些特点仍然遗留了下来。

积极主义的专制主义

公法有一个日渐式微的积极专制主义流派。其实质上是非民主的。过去（大体上直到 1688 年光荣革命将主权由君主转让给了议会），积极专制主义流派体现在大量君主享有的普通法特权之中。这些特权包括制定、修改、中止和废除法律的特权，征税特权和花费公共收入的特权。但到了 1688 年，这些法律所承认的特权已经被极大地削弱了。这部分是通过政治进程（特别是君主和议会之间的谈判）实现的。通过谈判而得到的 1215 年大宪章、1628 年权利请愿书和其他法令逐渐削弱了国王在未经议会同意就征税或以超越法院规制的方式行动方面的权力。但法院也对积极专制主义政府理论的衰落作出了很大的贡献。例如，在一些判决中，法院取消了君主不经议会同意就修改影响个人自由权的法律的权力[②]，并且不允许君主在他自己的法院任职，从而建立了司法与其他国家机构的分权机制。[③] 1688年，权利法案将大多数皇家特权和原先属于君主的法律主权转移给了议会。例如，其规定未经议会同意不得征税，而且君主行使中止和废除法律的权力一般是不合法的。

然而直到今天，仍然有很多重要的皇家特权，包括有关外交、国防及宣布和进行战争的权力，有关司法制度的特权（如大赦和特赦），以及其他杂项权力（包括对文职部门的管理）。这些权力形式上属于君主，但事实上由各大臣行使。从法律角度看，这些权力基本上仍然是专制性、积极性和不民主的，尽管表面看来在政治上，大臣对国会的责任协定使大臣对这些权力的行使受到一些民主责任的制约，尽管这些制约并不十分有效。因此，在一些法院认定政府基于特权权力作出的决定不具有可司法裁量性的判决中，专制主义一积极主义理论维度仍会显露出来。[④]

在当前的制度中，积极专制主义也体现在另一个例子中：法院有时会以法院的干预将会减损决策者的权威为由，而拒绝要求决策者承担公正性和理性义务。法院采取这一观点的情况比较少见。不过，在相对晚近的时期内，法院以此为由，认为如监狱的惩戒程序中所作出的决定不受自然正义义务的约束。[⑤]

自由多数决主义

与上面这种基本上是专制主义的宪政理论平行的是自由多数决主义的民主理论。虽然将两个术语放在一起存在明显的矛盾，

---

② *Case of Proclamations* (1611) 12 Co Rep 74.

③ *Case of Prohibitions Del Roy* (1607) 12 Co Rep 63.

④ 参见，例如 Council *of Civil Service Union v Minister for the Civil Service* [1985] AC 374；并参见本书第四章和第五章对这一案例的讨论。

⑤ 有关惩戒程序的原则，参见，例如 *R v Metropolitan Police Comr*，*ex p Parker* [1953] 1 WLR 1150；*Ex p Fry* [1954] 1 WLR 730；*R v Board of Visitors of Hull Prison*，*ex p St. Germain* [1978] QB 678，690（在上诉中被推翻）；De Smith，Woolf and Jowell，*Judicial Review of Administrative Action* (5th edn，1995) chapter 24。

但它们事实上在我们宪法中的很多部分却是共生的。这一理论中的自由体现为个人的自由权或自由只能为议会权威所干涉，而不能为行政强权等所干涉。[⑥]这一理论又是多元主义的，因为对个人自由权的包容必然包含成立私人社团，以为各种活动、宗教实践、政治意见等提供出路。然而，这一理论从根本上讲是多数决主义的。鉴于英国并无成文宪法来绝对地或从程序上（如要求取得特别多数或采取公民投票才能通过某些法令）约束主权（国会中的女王）的立法权，英国法院所适用的代议制民主理论实际上是一种多数决主义理论：议会中的多数可以通过任何他们想通过的法律，无论这些法律实质上多么不自由或不民主。[⑦]（除了在选举时外）议会甚至可以在因采取不自由的政策等问题而遭受批评的一个大臣或行政机关背后联合起来，保护政府免于因其行为而被追究政治责任。自由多数决主义一般一方面要求取得议会同意方能立法（除了涉及欧洲法等情况外[⑧]），另一方面又规定法院必须实施议会通过的立法。下议院经选举产生这一事实使他们行使立法权的行为具有了合法性，并因此给这种自由多数决主义贴上了“民主”的标签，且要求法院将议会的立法作为最高的法律来实施。

这种自由多数决主义理论说明了宪法的“绿灯”维度和“红灯”维度。前者体现在（受制于欧共体法律），法院必须实施议会的任何立法，不论其是否与人权文件、国际法、常识或任何其他标准相一致。后者体现在，如果没有法定授权，政府不得被允许干涉个人的自由权及征税等。

法院在司法审查中适用自由多数决主义：立法意图原则[⑨]既被

---

⑥ *Case of Proclamations*（1611）12 Co Rep 74；*Entick v Carrington*（1765）19 State Tr 1029.

⑦ 参见 *Cheney v Conn*［1968］1 All ER 779；*Edinburgh and Dalkeith Rly v Wauchope*（1842）8 Cl & Fin 710。同时参见 A W Bradley and K D Ewing *Constitutional and Administrative Law*（12th edn，1997）chapter 4。

⑧ 参见第五章。

⑨ 关于此原则的讨论，参见第二章。

用来证明根据法定权力所采取的行动或作出的决定的正当性，也被用来证明法院要求行使法定裁量权需一般性地履行程序公正性和理性的义务的正当性：根据这种理论，议会被认为意图使其授予的权力以公平和理性方式行使。然而，如我们在下一章将要看到的，有时这一理论的多数决主义流派又导致法院不能合法地对大臣和地方当局行使法定权力的行为作出任何限制，甚至连要求他们在决策过程中确保程序适当或合理也不行。[10]

审慎利他主义

公法中的第三类民主理论可被叫做审慎利他主义：根据这一理论，公共机构没有任何自有权利或利益；它们必须以利他的方式并为了一般之善行使权力。它们还对被它们的决定所影响的个人负有责任，即审慎的义务。[11]这不仅是指在行使裁量权前听取他们的意见、考虑他们的利益的责任，也包括以审慎的方式对待他们、将他们的利益纳入权衡范围，且不以非理性、专断或反复无常的方式行事的义务。

这一理论表现为，法院在一些案件中推翻了大臣或其他机构基于党派观、出于保护自身利益或不符合温斯伯里合理性标准的决定。[12] 它还表现在一些活动（不同于决定）被认定为非法或侵权的情况下，如在公职中的不当行为侵权和其他“公共”侵权（将在第八章和第九章中讨论）。

参与性社群主义

公法中的民主理论的第四个维度可被称为参与性社群主义。根据这一理论，被公共决定所影响的个人和群体应当有机会参与

⑩ M Elliott ‘The demise of parliamentary sovereignty? The implications for justifying judicial review’ (1999) 115 LQR 119.

⑪ 参见第三章中对于国家机构利益的讨论。

⑫ 参见 Lord Greene MR 在 *Associated Provincial Picture Houses v Wednesbury Corpn* [1948] 1 KB 223 中的影响深远的意见。

到决定中来：例如在决定作出前参加听证，有机会说明他们自己的说法和论据，或被告知最终决定所基于的理由，并且在决策者未遵守这些要求的情况下拥有申请司法审查的权利。⑬根据这一理论，应当认可公众中的成员参与政府对个人以及公共利益的重要性，而且这种参与应当通过赋予被咨询权和听证权的方式加以鼓励，即使相关决定并不直接影响被咨询的组织。

民主理论的这一维度体现在法院宣示程序适当性义务（包括咨询、听证、告知理由）的案件中。强加这些义务既是为了被决定直接影响的个人的利益，也是为了对相关事项有话要说的群体的利益。近年来，参与司法审查的诉讼资格的要求已经被很大程度上放宽了；当事人可以以未被咨询，或未被提供将法院作为一个讨论问题的平台为由提出质疑。⑭这一理论维度对于参与的强调着眼于确保“好”的决定的重要性和有关公共利益的论据，而“好”的决定应当充分考虑个人的利益以及潜在决定对个人可能造成的危害。这一理论亦着眼于个人通过参与决策而获益的学习经历。这种学习经历是一种“发展性民主”；它能促进社群活动、承诺和参与⑮，亦能帮助人们发展出共识。⑯这一理论的另一维度是“尊严感”；它宣称对个人尊严的尊重提出了这样的要求：当可能影响个人的决定还在酝酿阶段的时候，这些个人应当获得听证的机会；更高的要求是：即使听证并不会改变决策过程的最终结果

⑬ 参见，例如 T R S Allan ‘Fairness, equality, rationality: Constitutional theory and judicial review’ in C Forsyth and I Hare, (eds) *The Golden Metwand and the Crooked Cord* (1998); R Cotterrell ‘Judicial review and legal theory’ in G Richardson and H Genn *Administrative Law and Government Action* (1994)。关于对此种参与的理据的讨论，参见 D J Galligan *Due Process and Fair Procedures: A Study of Administrative Procedure* (1996) chapter 4。

⑭ 关于起诉资格参见 *IRC v National Federation of Self Employed and Small Businesses* [1982] AC 617; De Smith, Woolf and Jowell *Judicial Review of Administrative Action* (5th edn, 1994) chapter 2；以及本书第五章的讨论。

⑮ 参见，例如 C B Macpherson *The Life and Times of Liberal Democracy* (1977) chapter III and V。

⑯ 参见 D J Galligan *Due Process and Fair Procedures: A Study of Administrative Procedures* (1996) pp. 152 - 153。

也要这样做。[17]社群主义还包括这样的观念：社会中的众多社群应当能够影响和参与政府，并能够自我治理，以实现根植于社群中的而不是外界强加的价值。据此，参与的一个价值就是促进价值的发展。[18]

公民权理论

上面提到的四个宪政理论维度均着眼于公共行动或决策。这些理论所隐含的是关于公民权（即个人与国家关系）的假设。积极专制主义不甚重视个人以及国家行动对个人利益的影响，并将个人看做臣民而非公民。[19]自由多数决主义理论至少在选举和罢免立法者方面赋予了个人政治角色；而且这一理论还要求只有议会适当通过的立法才能干涉个人的公民和政治权利或自由权。[20]但议会可以就任何问题通过立法。因此，这一理论的确为公民和政治权利免遭国家侵扰提供了一些保护，虽然除了选举权、被选举权和在法律规定限度内的言论自由和结社自由（这些当然可能有一些政治维度）外，这一理论并未设想个人某种参与性的角色。[21]这种民主理论设想了一种“自由”型的公民权，其在个人的“公共”角色之外，还包括了一个明确的“私人”活动范畴；非经法定授权，这些“私人”活动免遭国家侵扰。在这一模式中，政治权利的主要目的是使个人可以保护自己免遭国家侵扰。

审慎利他主义强调公民作为国家行动需要考虑的受益人的角色。所谓“需要考虑的”指的是公共机构在决定行动和政策时，需要权衡的不仅包括可能受到国家行动影响的特定个人的利益，还包括可能受到影响的集体或群体的利益。在此基础上，个人不被视为臣民、客体或达成目的的手段。公民权理论的这一维度体

---

⑰ 参见 *Galligan*，同上，chapter 4。

⑱ 参见 *Galligan*，同上，chapter 1。

⑲ 参见本书第六章关于主权—公民关系的讨论。

⑳ 参见 T M Marshall，Citizenship and Social Class（1950）中关于 18 世纪公民权的发展和 19 世纪政治权利的发展的讨论。

㉑ 参见本书第十章关于人权的讨论。

现了康德（Kant）的原则：个人应当被视为目的而非手段。审慎利他主义也体现在马歇尔（Marshall）关于作为公民权一部分的社会权的理念中。[22]然而在现实的条件下，关于国家应当提供福利和服务而不只是协助提供的观念[23]表明，马歇尔关于公民权的讨论中的一些假设已被扬弃。我们可以看到公民权的这一模式在司法审查中发挥着作用：公共决策者被要求承担利他主义、程序适当性和理性（即审慎决策）的义务[24]，公共机构也被要求就行使权力和职能过程中的过失行为等承担侵权责任。[25]

相对于自由多数决主义理论，参与性社群主义设想了个人和群体对决策过程的参与。在此意义上，它包括了某种"市民共和"的公民权模式。这种模式强调对政治事务的参与对特定个人和一般公共利益均最为重要。因此，这一模式与"自由"模式的关注点有所不同：后者强调个人公共和私人生活的划分，而前者着眼于个人和公民社会组织对公共生活的社会参与或融合，而不是建立起区分公共生活和私人生活的樊篱。

公民民主和公民权

以上概括的关于民主和公民权的各种理论均主要关注个人和国家之间的关系。在以下章节中［特别是当我们关注有关（私人）关系的法律和私法的发展时］，我们将看到私法中也能找到类似的思维模式和概念。专制一积极主义理论对于雇佣关系有重大影响：雇主的权威被认为比雇员的利益更重要。[26] 这一理论直到相对晚近

---

[22] T H Marshall, *Citizenship and Social Class* (1950).

[23] 关于国家的协助性角色，参见 D Osborne and Gaebler, *Reviewing Government: How the Entrepreneurial Spirit is Transforming the Public Sector* (1992)。

[24] 参见本书第五章。

[25] 参见，如 *East Suffolk Rivers Catchment Board v Kent* [1941] AC 74; *Dutton v Bognor Regis UDC* [1971] 2 All ER 462; *Home Office v Dorset Yacht Co Ltd* [1970] 2 All ER 294; *Anns v London Borough of Merton* [1978] AC 728; *Baccett v London Borough of Enfield* [1993] 3 WLR 79。

[26] 在本书第六章中讨论。

的时期仍然对婚姻和父母一子女关系亦有很大影响。[27]在关于会员组织（这些会员组织包括专业组织、体育组织和工会）和它的会员或潜在会员的关系中，我们也能找到这一理论的痕迹：当法院认可它们有权行使权力，而不受自然正义或理性义务约束的主张时。[28]

自由多数决主义理论在公司法中发挥作用，特别是当小股东的利益受到董事或大股东的决定的不利影响或被多数股东所压倒时。[29]审慎利他主义在私法中体现为：拥有权力的私人组织被要求采取利他主义行动，并在行动时考虑被它们的行动或决策所影响的人并对其担负责任。这样的例证包括侵权、信托、限制贸易和私人垄断。[30]社群一参与理论体现于某些私人场合中。最为突出的是要求私人机构允许受其决定影响的人士参与其中，例如一些解除雇佣关系[31]和开除出公民社会组织（如工会、专业组织、养老金安排）[32] 的情形。

我们将会指出，在这些私人场合中出现的是"公民民主"与"市民民主"的结合。这些模式也在公法和个人一国家关系中发挥作用。公民民主包括：具有私人权利者允许个人参与可能影响他们的决定，并应当以审慎的，而不是自私、武断或反复无常的方式对待这些个人；而且国家和其他私人机构对待弱势群体时也应审慎顾及他们。

英格兰法中的公私之分

本书最主要的关注重点是自英国上议院 1983 年就奥赖利诉麦

---

[27] 参见本书第七章。
[28] 参见本书第八章和第九章。
[29] 参见本书第八章。
[30] 参见本书第八章和第九章的讨论。
[31] 参见本书第六章。
[32] 参见本书第八章和第九章。

克曼（*O'Reilly v. Mackman*）[33] 这一里程碑式案件作出的判决以来所发展出的公私之分的可疑性质。在本案中，监狱巡察理事会就一名罪犯参与监狱暴乱的行为作出了惩戒决定。该罪犯提起民事诉讼，要求法院声明监狱巡察理事会的决定无效。上议院驳回了这一民事诉讼，理由是通过普通程序寻求救济是对程序的滥用，而在该案中，司法审查是原告唯一可以利用的程序。[34]如法院所见，这一决定（将在本书第四章中详加讨论）就相互冲突的需求提出了复杂和有挑战性的问题。这些相互冲突的需求一方面包括保护国家免受诉讼的干扰（诉讼会影响良好管理利益），另一方面包括保护个人和公共利益免受国家权力滥用的侵害。

首先需要面对的一个问题是："公法"和"私法"的术语是模糊的并有可能被以相互冲突和引人误解的方式使用。凯恩(Cane)[35] 指出这两个术语可能有描述性的用法和指示性的用法。根据描述性的用法，该等术语指根据一些规范或一组规范，"公"或"私"的术语被恰当地适用于某个组织或功能。这有可能会引起对规范或描述性术语的恰当性的争辩。根据指示性的用法，该等术语可能指当涉及行动或决策时，特定的机构或职能应当享有特别豁免权[36]或特权[37]或受制于特别的负担。[38]这些可能会开启关于一些问题的讨论：如现状的合理性，特权或负担是否可能以不同

---

[33] ［1983］2 AC 237.

[34] 关于本案的详细讨论，参见本书第四章。

[35] P Cane, 'Public law and private law: A study of the analysis and use of a legal concept' in J Eekelaar and J Bell *Oxford Essays in Jurisprudence*, Third series (1987) p. 56.

[36] 例如，如果警察未能在某已被识别的嫌犯针对某已被识别的受害人实施犯罪前逮捕他，警察对于就此提起的过失之诉享有豁免权：*Osman v Ferguson*［1993］4 All ER 344, CA. 同时参见 *Hill v Chief Constable of West Yorkshire*［1989］AC 53, HL, 该案中警方对未能在某连续杀人犯杀害下一个受害者前逮捕他的行为享有免予被诉过失的豁免权。

[37] 例如根据 1981 年《最高法院法》第 31 条和《最高法院规则》第 53 号令申请的司法审查中的程序性特权，包括较短的时限、对申请许可的要求、对文件披露和交叉询问的限制和在裁决救济方式上的裁量权。参见下文第四章和第五章。

[38] 如在 *Council of Civil Service Unions v Minister for the Civil Service*［1985］AC 341 案中被要求承担的合法性、公正性和合理性义务。参见下文第四章和第五章。

的方式分配，或是否应该在决策中增加公众的参与权。[39]

凯恩同时指出，对这些术语可能有一些与直觉不同的用法。一些理论家倾向于把司法审查划作“私人”的，理由是个人可以通过诉讼获得司法审查，而且法院声称根据规则而非政治上的考量对案件作出判决。在这些评论者看来，只有“政治”模式和控制公共机构的标准才是“公共”的。另一方面，对法院（以及对大多数律师）而言，司法审查是“公共”的，而政治机制是超法律的，故根本不应落在公法的范畴之中。

下面的章节将呈现的一个论点是：法院自奥赖利案后试图维护公法与私法之间、公共或政府职能和私人职能之间以及公共权力和私人权利之间的特定区分基本上是站不住脚的。关注公法与私法之间的共性比它们之间的差别更有建设性。在实体和程序层面上，公法和私法有很强的共同特征。我们已在本章的开始部分对民主和公民权理论中的对应性做了一个简要的描述。公法和私法均关注控制权力和保护个人免遭权力滥用的侵扰（我们将在第二章中考虑权力的含义）；它们均支持尊重个人利益这一重要的共同价值（我们将在第三章中讨论这些价值）；在多数侵权法中，支持这一价值的实现方式包括禁止侵扰那些利益的行为或强加合理性义务；衡平法（特别是信义关系）对私人权利特定的行使方式强加的控制类似于司法审查对公共机构强加的控制；私法对自由裁量决策的控制在很多方面与司法审查基于同样的原则。但对权力的控制和对权利的保护不是公法和私法唯一关注的问题：二者也都关注支持权威性和保护良好的管理利益；在这方面，它们均需实现相互冲突的考量因素之间的平衡。[40]

这些公法与私法之间的共性削弱了奥赖利一案试图达致的公法与私法之间的划分。本书接下来将探究公法和私法共同关心的问题，并提出如何化解实行公私之分（或一组更模糊的区分和考

---

[39] P Cane，同上，第 56 页。

[40] 参见本书第五章对司法审查的讨论，第六章对雇佣关系的讨论和第七章对家庭法的讨论。

虑因素）所遭遇的困难。我的解决方案主要是融合公法和私法，而不是试图区分它们。这一结论将提出有关我们的民主理论的若干问题（我们已在本章开头部分简要讨论过了这些民主理论）。我们将跨过公私之分的樊篱，将这些理论从传统的对国家权力的使用和滥用的控制拓展到对私人权利滥用的顾虑中去。

国家和公共部门改革

考虑到过去逾二十五年来在英国和其他国家发生的公共服务提供方式的急剧变化，质疑公私之分的需要就更加明显。[41]众多过去系国有的公用事业和其他产业转变成了私有产权，因此它们不再受政治或民主控制，并由此带来了如何控制这些影响个人（本书最主要的关注焦点）和一般公共利益的机构行使权力的行为的诸多问题。一种解答是规制这些私人部门。[42]但私法能以与过去公法类似的方式对这些产业加以控制吗？

一种方法认为，私有化或承包出去的活动仍应被认为保留了公共性特质，故而它们受“公法”标准的约束。另一种方法（也是本书更倾向的方法）认为，被认为是“公法”标准的那些东西其实并非公法所独有；事实上，它们源自私法，而私法能够并且应当对这些和其他私人机构的行动和决策强加审慎行动和审慎决策的标准（从广义上讲，这些标准包括合法性、公正性和合理性[43]）。关于要求私人机构采取审慎行动（注意义务）的有力例证是英国上议院在多诺霍诉史蒂文森（*Donoghue v. Stevenson*）一

㊶ 参见 D Oliver and G Drewry，*Public Service Reforms. Issues of Accountability and Public Law*（1996）；I Harden，*The Contracting State*（1992）；D Osborne and T Gaebler，*Reinventing Government: How the Entrepreneurial Spirit is Transforming the Public Sector*（1992）（美国）；G Palmer，*Unbridled Power*（1987）（新西兰）。

㊷ 参见 T Prosser，*Law and the Regulators*（1997）；J Black，P Muchlinski and P Walker（eds）*Commercial Regulations and Judicial Review*（1998）；Sir Gordon Borrie，‘The Regulation of Public and Private Power’［1989］Public Law 552。

㊸ 关于这些术语的解释，参见下文对于司法监督权（supervisory jurisdiction）的讨论。

案中的判决。[44]该案在广泛的“私人”活动范围内引入了针对“邻里”的产品责任和较广泛的注意义务。我们在此的论点是：要求拥有权力的私人机构对其很多（但非全部）活动承担法律上可强制执行的审慎义务是完全适宜的。

我们的观点并非国家机构和其他个体（如个人、商业公司）没有差别。差别体现在如下方面。诸多（但并非全部）国家机构由选举产生，或对由选举产生的机构负责。如果说这不能让它们比非经选举者拥有更多智慧的话，那么至少也给了它们让国家承受它们的错误的合法性。而后者是非经选举产生的机构所没有的。也许，国家机构需要在政治上承担责任这一事实让它们免受法律控制具有了合法性，尽管这种司法克制的观点而今并不为司法界所广泛接受。国家机构经常拥有合法的强制权——国家机构在政治上和法律上承担责任这一事实赋予这些权力以合法性并保护个人免遭权力滥用的侵扰。这些国家强制权通常在私人部门中并无对应物（尽管由私人公司运营监狱事实上给了这些私人公司强制限制权）。决定及促进共同或公共利益是国家机构的职能之一：它们的政治责任提供了制衡机制，因此可以将这一功能中的错误和误判降到最低。在英国，公认的观点是：国家机构应当为了一般公共利益以利他的方式行事。选举或对由选举产生的机构负责被认为为此提供了保障。而私人机构则有权在不同程度上追求自身利益。

我们也不是说国家参与的某些活动和私人部门介入的职能没有差别。有些国家机构做的事也可以由私人或志愿部门来做，如提供教育、医疗和养老金。有些事情由国家来做这一事实昭示出在民主政体中人们作出了应由国家来做这些事的选择，从而给予这些活动和国家以合法性。而这样的合法性无法通过其他方式获得。国家机构经常参与并且法律也允许它们参与某些活动（如实施外交政策，保卫领土，维护法律和秩序，征收税赋等），但私人

---

[44] ［1932］AC 562，HL.

部门则不被允许参与这些活动。

但即便如此，也不能推断存在一条非常清楚的界线。国家从事的许多活动明显在私人部门中存在相似物，如承包、建筑等。而且在一些私人部门经常从事活动的领域中，它们也被认为应当追求公共而非私人利益。属于志愿部门的慈善机构和其他组织以利他的并且经常与政府相似的方式行动，如慈善机构提供医疗、残疾儿童教育和大学教育等。实际上，审慎行动、利他主义和公共服务原则不仅适用于国家，同时也适用于某些私人组织。

私人机构也参与被认为是“国家”活动的活动。红十字会和其他救济机构参与“外交政策”性质的工作，经常参与提供援助或照顾难民等事宜的谈判。私人保安公司和店铺侦探则发挥警察的功能。私人社团为提供诸如医疗、保险、养老金等方面的服务，对会员强加和征收税赋（私人税）。

公法和私法是否可以分开呢?

本书的主题之一是，尽管将公法和私法区分开来可能方便(特别是为了教学的目的)，但在实践中，公法和私法不能分开；而且实际上也无法以任何具有广泛或一般应用价值的方法为它们作出定义。这是因为“公法”是对一整套观点的简洁表达，这些观点均是关于被认为具有“公共性”的机构的（尽管它们做的有些事是私人的[45]），关于现在具有“公共性”的特定职能的[46]（尽管过去它们被认为只是“私人”的，如银行业和幼儿教育，而且它们也可能由私营部门经营），关于具有“公共”性质的责任的(如公职不当行为侵权[47]——其可能被认为属于私法上的侵权，但

㊺ 参见本书第四章对此问题的讨论。

㊻ 参见本书第四章。

㊼ 参见 Three Rivers District Council v Bank of England（*No* 3）［1996］3 ALL ER 558，Clarke J. 诉讼请求被上诉法院驳回：(1998) Times，10 December。

在有些方面具有公共性[48])，关于特殊"公共"利益的[49]，以及特殊的法院程序和救济措施。[50]从这些例证可以看出，在这些领域将公与私区分开来并不容易。

在这一点上值得关注的是一些已被提出的公法的定义和它们被提出的原因。大学法律课程包括一些叫做"公法"或"行政法"或"宪法"的学科。它们基本是关于权力在公共或政府机构（如议会、政府、地方当局、警察和一系列准自治非政府组织）之间的分配的。它们同时还关注个人和这些国家机构之间的关系。从教学目的上看，把法律分成不同学科是方便的，而且这一特别的分支也能很好地与法律的另一分支（债务、财产等）相契合。但实践中，符合上述定义的公法中的很大部分也可以归在私法课程中——公共合同和采购、公职人员与他们的雇主之间的关系、国家机构对个人权利或自由权的侵扰都可以为法学院所教授的私法课程所覆盖。同时，在债法和财产法课程中教授的很多内容又可以被认为是"公共"的，也可以在公法中讲授——例如，消费者保护、劳动安全立法、规划法均影响了私法学科。

界定公法

还有其他方法来定义公法。根据有些方法，如果一项活动被规制，那么它就具有"公共性"，即使这一活动由非国家机构从事。但不甚清楚的是，把一项被规制的活动称作"公共"是否给它在"被规制"之外赋予了额外的含义。在美国进行的有关规制雇佣关系是否适宜的争论的一个假设是，如果这一关系被规制了，那它就是公共的。[51]但在英国的习惯做法中，这一关系被认为是私

---

[48] 参见本书第八章。

[49] 参见，例如，本书第九章关于公共职业的讨论。

[50] 如申请司法审查的程序以及特权命令，将在第五章讨论。

[51] 参见 K Klare 'The public-private distinction in labor law'（1982）130 U Pa L Rev 1358。

人的，即使它被广泛地规制。[52]

洛克林（Loughlin）提出，公法“只不过是政治对话的复杂形式……这一领域内的争议只不过是延伸了的政治争议”[53]。也许这里所说的“政治”有特殊的含义，但表面看来，公法中的问题（诸如谁应接受司法审查而谁不应接受）未必是“政治”的。它们是关于权力和权力控制的，包括本质上超越政治控制之外的私人权力，如城市中监管机构的权力。[54]不过洛克林在使用“政治”这个词时可能指的是“与权力有关”。如果是这样的话，很多我们认为是私法的东西（如体育监管机构的控制[55]）则也是“政治”的。在这个特征上，公法和私法是统一而非分离的。

在随后的章节中，对权力的法律控制将会是一个重要的主题。[56]事实上，我们应当看到，私法越来越多地关涉在私法程序（即在《最高法院规则》第 53 号令下的、但非司法审查申请的程序）中控制非国家机构的权力行使，而且它们也与法院在过去四十年左右的司法审查中所发展出的规则具有相似性。而且私法的很大一部分（特别是侵权、合同法的一些方面、信托、公司法、贸易限制和公共职业法），在过去很长一段时间内均与在公共政策基础上、为了个人利益控制权力的滥用有关。

有趣的是，人们更关注界定公法而不是界定私法。一般假设看似是：公法是从法律的其他领域（私的领域）划分出来的一个特殊领域。私法则是剩下的那部分。然而，我们应当看到，一般被认为属于私法的内容，其中有很大部分被认为极大地含有“公法”的层面。例如，决策者承担的合法性、公正性和理性的义务经常被认为属于“公法义务”，但它们事实上也会在私法中出现。一种观点认为，即使是我们一般认为的私法（如合同、侵权和财

---

[52] 参见本书第六章对劳动的讨论。

[53] M Loughlin, *Public Law and Political Theory* (1992) at p. 4.

[54] 参见，例如，*R v Panel on Take-overs and Mergers*, *ex p Datafin* [1987] QB 815。

[55] 参见本书第四章。

[56] 特别参见如下第二章。

产法）也是由国家制定的：在这些领域创设法律的规范是由国家以司法或议会立法的方式发展出来的，而这些规范也通过国家（即法院及其执行机制）来强制执行。在这种观点看来，从国家或公共范畴中试图独立出“私”法领域是人为的。[57]

公私之分也受到公众意见的影响。这些公众意见系关于哪些事项具有公共利害关系并应当受到某种形式的规制，哪些事项纯粹只对私人重要并因此不应受到法律规制。1967 年《性侵犯法》第 1 条对男性之间自愿的同性性行为的非犯罪化和英国上议院 1991 年对婚内强奸的犯罪化[58]均反映了这一点。前者解除了对相关活动的规制，故而将之从公共范畴转移到私人范畴；后者规制了此前不受规制的行为，故而将其从私人范畴转移到公共范畴。在公私之分领域，法律被其他学科的思想所影响，同时也影响着其他学科的思想。本书将在恰当处援引其他学科的文献。不过，本书主旨的关注焦点还是比较窄的，即法律界定与对待公法和私法的方式。

大陆法体系中的公私之分

在与行政法相关的领域适用独特的实体法和程序法，于西方各法域是普遍现象。在大多数西欧国家运作的大陆法体系发展出了单独的行政法体系，而且它们也维持或试图维持行政法与私法在程序和实体上的不同。[59]很多西欧国家有类似于法国最高行政法院的机构，即一个对于行政法具有排他性管辖权的行政法院或法庭。在很多国家（尤其是法国和德国），高等行政法院创设的判例法成为现代行政法的基础。这一情况延续至今，尽管很多现代行

---

[57] 参见 C Sunstein，*The Partial Constitution*（1993），第 2 章；A S Butler ‘Constitutional rights in private litigation：A critique and comparative analysis’（193）22 Anglo-American LR 1；M Hunt ‘The “horizontal effect” of the Human Rights Act’［1998］Public Law 423，pp. 424－426。

[58] *R v R*［1992］1 AC 599，HL.

[59] 一般性地参见 J Schwarze，*European Administrative Law*（1992）。

政法以成文法为基础。这些法庭适用的法律规则是为了适当控制公权力的运用的特别目标而发展出来的，而该等法律规则在这些委员会和法庭之外并不适用。出于这些目的，公权力是指由公共机构行使的权力；而按照严格理论来说，在这些体系中并无行政法院或法庭监督有权力的非国家机构的空间。然而，在实践中，其他法院也适用我们所认为的“行政法”。我们需要考虑行政法（不同于私法）的性质和内容，不论是否存在单独的法院。

在德国，哈贝马斯（Habermas）告诉我们：在19世纪，“私法通过构建一个非政治化的、免于国家侵扰的经济社会，保障了法律主体的消极自由以及法律自由原则。与之相反，劳动分工将公法分配给专制国家领域，以保持对行政的控制并保留干涉的权利”[60]。同时，公法通过个人法律保护来保证公民的积极法律地位。然而，德国法已经发展，并且自第二次世界大战以来“私法和公法的划分开始动摇”[61]。

甚至在法国——最高行政法院这一概念的母国[62]——公私之分也被证明难以为继。实际上，自第三共和国时期以来，法国行政法的特点即由很多混合机构所体现，由此“使得国家及其行政部门变得不那么独特，而公与私两个术语的适用更成问题”[63]。布朗（Brown）和贝尔（Bell）对此做了如下大致概括。[64]最高行政法院在确定某一特定案件是否由其管辖时所适用的主要标准是：相关事项是否属于公共服务。[65]所谓“公共服务”，指的是“公共有权机构旨在满足公共需求的任何活动”。这是法国行政法的基本要点之一，甚至可以说是法国行政法的基础。这个概念具有制度性和功

---

[60] J Habermas，*Between Facts and Norms*（1997），at p. 396.

[61] *Habermas*，at p. 397.

[62] 参见 *Schwarze*，pp. 110－114；Allison，*A Continental Distinction in the Common Law*（1996），chapter 4；L N Brown and J S Bell，*French Administrative Law*（1993）。

[63] Allison，supra，at pp. 64－65.

[64] L N Brown and J S Bell，at pp. 125－131. 同时参见 *Allison*，chapter 4。

[65] Blanco，*Tribunal des Conflits*，8 February 1873.

能性两个维度。例如，它所涵盖的“公共代理人”概念不只包括职业公职人员，还延伸到行政合同、与财产法有关的“公共财产”以及公共责任的特殊规则。满足公共需求则包括诸如提供露营地和在 7 月 14 日组织焰火表演等。就“公共服务”而言，法院曾认定一慈善基金会提供学生住宿的活动系“公共服务”并由此推论该慈善基金会系公共有权机构。“公共服务”并不必然由公共机构提供。所以在法国，社会保险体系一般由基金（caisses）（类似于旨在提高工人生活水平的行业协会）管理，然而它们这么做就被视为“公共服务”；尽管它们通常被视为私法而非公法机构，最高行政法院认定它们从事的是提供“公共服务”的活动，因此行政法院对其有管辖权。众多体育组织要接受行政法院的审查，其基础在于这些组织通过成文法从部长那里获得了组织活动的权力（即由部长授予了权力），而这使它们具有了特定的权力。因此，行政法院对它们的行为具有管辖权。

但法国所使用的“公共服务”概念还要求另一个额外要素，那就是有权机构必须拥有资源可以诉诸在私人关系中被排除的方法和特权，即“普通法上的过高特权”（des prerogatives exorbitants du droit commun）。布朗和贝尔举例说，某机构可能以垄断的方式运营一项服务，或者通过要求它所造福的群体强制分摊的方式进行融资。英国关于公共职业、贸易限制和垄断的法律与此强烈呼应——我们将在本书第九章中对此进行讨论。

另一方面，在法国也有一些法院判决认定，如果某“公共服务”以商业方式运作，则其由民事法院管辖，即使该经营体是由政府拥有或运营的运输企业等。即使一项服务是“公共服务”（如公用事业），也不能排除其在某些方面（如劳动关系、与消费者关系或与第三方关系）受私法管辖的可能性：公共服务可能具有私人性并因此适用一般民法（如侵权法或消费者法）。但这些机构也可能同时受制于行政法中的公共责任的特殊制度。因此一些实施行政重建计划的私人企业的辛迪加被认定应受行政法院管辖。而一家有权收取通行费的高速公路建设公司也受行政法院的管辖。

如布朗和贝尔的评论所述："这种思维的变化和'公共服务'概念之含义的灵活性使得准确划分两种管辖权变得十分困难。"[66]

在法国，"行政法"和"私法"之间的差别较之以前变得更为有限。欧共体法和欧洲人权宪章对两者同样适用，宪法委员会适用的法理学也是如此：从定义上看，宪法无视这样的差别和界限。

英国"昆格斯"（Quangos，准自治非政府组织）在法国的对应物也受到司法审查（也许更适宜叫做"司法监督权"）。如果相关成文法作出规定，则这样的司法审查可能在普通法院进行。例如，竞争与集中（垄断）委员会的决定可能会在巴黎上诉法院遭到挑战。同样的情况也适用于由法国证券交易主管机构作出的处罚：其处罚可能在最高行政法院遭到挑战，广播主管机构和体育机构也是一样。

法国的实践中对何谓"公共服务"并没有安全和确定的定义。清楚"区分"公法和私法的观念所遇到的问题（这是本书很多部分的关注焦点）并非英国所独有。

英格兰公法的发展：救济与实体

伟大的早期作家们［如布莱克斯通（Blackstone）[67]、黑尔（Hale）[68] 和奥斯丁（Austin）[69]］在他们的著述的部分章节中探讨了"人法"，并把个人－国家关系、雇佣关系和婚姻关系同归此类。但是，在奥赖利诉麦克曼一案之前[70]，普通法并未发展出这样的观念，即个人与国家之间的关系属于公法中一个单独类别的问题，并由此推论有或应当有适用于此关系的单独程序和单独实体

---

[66] *Brown and Bell*, at p. 130.

[67] 参见 Sir William Blackstone, *Commentaries on the Laws of England* (1765) vol 1。

[68] 参见 Matthew Hale, *An Analysis of the Civil Part of the Law* (4th edn 1779)。

[69] J Austin, *Lectures on Jurisprudence* (5th edn 1995) pp. 404－405, 744－759.

[70] ［1983］2 AC 237.

规则。这一发展在奥赖利诉麦克曼一案中达到高峰，并与救济法有关。

救　济

阿蒂亚（Atiyah）曾经评论公法中的救济如何被作为中心问题而强调，但直到晚近对法律权利和原则的关注相对较少。[71]奥赖利诉麦克曼一案判决的背景是，1977 年司法审查程序的改革允许特权命令（包括调卷令、执行职务令和禁审令）的申请人在同一程序中申请其他救济，尤其是禁制令、声明和损害赔偿。在此之前，特权命令（以前称“令状”）只能通过王座分庭的分庭特殊程序获得，而且无法在同一程序中获得其他救济。直到 1977 年，并存着两种对公共机构的决定进行“司法审查”的途径：或是通过王座分庭的分庭获得特权命令，或是通过衡平法院或高等法院的王座分庭寻求声明或禁制令。在特权命令程序之外并无许可要求（即现在的“准许”要求[72]），而且适用普通民事诉讼的时效期间。而在特权命令程序中，调卷令的诉讼时效期间为 6 个月（但不适用于其他命令）并且在 1936 年以后有了许可的要求。[73]因此，不愿寻求许可或超过调卷令诉讼时效的当事人也可以在分庭之外寻求救济。如我们将在本书第四章中看到的，利用司法审查程序申请之外的方式推进案件以规避许可要求和诉讼时效（和其他不利于原告或申请人的程序）被认为是滥用程序；因此，英国上议院在奥赖利案中判定，所有与公法权利有关的申请均只能以司法申请的方式进行。

特权命令（原称“特权令状”[74]）的重要性在于，它们开启了

---

[71] P S Atiyah，*Pragmatism and Theory in English Law*（1987）（Hamlyn Lecture，39th series）.

[72] 参见 Civil Procedure Rules 1999，Part 50，RSC Order 53，rule 3（1）。

[73] 这是由 Hanworth Committee on the Business of Courts，Third Report Cmnd 5066 推荐的。

[74] 参见本书下一章对特权令状的发展和公私划分的解释。

这样一种可能性，即由普通法法院控制机构在合同和诸如侵权之类的可能引发损害赔偿的诉由之外的决定。在 1977 年司法审查程序改革和奥赖利案之前的时期内，法院发展出了审查公共机构和掌握权力的私人机构（后者对我们的目的格外重要）的决策的原则；这些原则适用于诸如禁制令和声明之类的救济的裁决。如我们将在第四章中看到的那样，由奥赖利案引发的问题之一是，该案是否开始了以前并不存在的、对公法与私法的实体区分。

实体公法

在裁定特权救济时，王座法院从早期起就在适用越权原则、不当目的和自然正义等实体原则。[75]用现代术语来说，它们是合法性义务、理性义务和程序适宜性义务。[76]由此产生的一个问题是，这些实体原则是否曾经是并仍是独特的普通法（而不是衡平法或成文法）原则，以及它们是否只适用于广义的公共决策？这里，我们将之与其他法律领域（如衡平）中裁量性决策的基础作一对比是有所裨益的，特别是在受托人和公司董事、雇佣法[77]、与成员制协会有关的合同法和贸易限制[78]的案件中。

格林法官（Lord Green MR）在联合地方电影院诉温斯伯里公司（*Associated Provincial Picture Houses v Wednesbury Corpn*）一案中对司法审查依据的经典论述阐明了衡平法原则和司法审查之间的关系[79]：

> 法院有权调查地方当局的行为，以观察审查其是否考虑了不应考虑的事项，或相反，拒绝考虑或忽略了应当考虑的

---

[75] 参见，例如 *Bigg's case* (1615) 11 Co Rep 93b；本书第二章将探讨该案。

[76] 根据 Lord Diplock in *Council of Civil Service Unions v Minister for the Civil Service* [1985] AC 374；本书下面的第四章和第五章将讨论该案。

[77] 参见本书第六章的讨论。

[78] 这些话题将在下述第八章和第九章中加以考虑。

[79] [1948] 1 KB 223，CA.

事项。如果对此问题的答案有利于地方当局，仍有可能说地方当局还是得出了一个不合理的、任何合理的当局均不可能得出的结论。在此情况下，我认为法院也可以进行干预。

格林法官是一位伟大的信托和衡平法律师，而且如我们将在下文对衡平法中的司法监督权的讨论中所看到的那样，这些温斯伯里原则明显是从衡平法适用于控制受托人和公司董事自由裁量权的原则中提取出来的。实际上，安东尼·梅森先生提出，行政法建立在衡平原则的基础上："……行政法……从其早年间起，就仿效了衡平法规制信义权力行使的方式。"[80]但普通法法院也发展了它们自己的原则，在我们今天认为属于合同和侵权的领域里，特定私人企业（特别是公共职业、垄断、公用事业和主要必需品[81]生产企业）被要求应以理性而非武断或反复无常的方式行事。如前所述，多诺霍诉史蒂文森一案的判决给其他"邻里"强加了注意义务（审慎性）。换言之，行政法主要关乎对那些受到决定或行动影响的人的审慎对待；在此意义上，行政法根植于私法。随后章节的讨论将展现这一点。

从身份到契约：公法，私法和强加法律义务

梅因（Maine）认为，先进法律制度的标志是从身份到契约的转变，即随着制度的发展，法律不再以个人在群体（尤其是家庭）中的成员身份为由，强加给个人特别的、不容商量的角色，而是允许个人为了他们自己如何过他们自己的生活而进行磋商。[82]这一洞见部分地引发了下面的观点，即私法的作用不是或不应当是为个人强加义务或者管制个人的活动。这体现在侵权法中：除了在特殊和相当有限的情形下，侵权法不愿给过失强加责任——这被

---

⑳ Sir Anthony Mason QC 'The place of equity and equitable remedies in the contemporary common law world' (1994) 110 LQR 238 at p. 238.

㉑ 参见本书第九章。

㉒ Sir Henry Maine, *Ancient Law* (1861), reprinted (1959) p. 149.

认为是“私人自利被提升到公共美德的时代的价值观”的产物。[83]因此，强加义务被普遍认为是公法的事，而公法一般也仅为了公共利益而强加义务。由此立场出发，可以简单地以义务是强加的还是自愿承担的为标准，决定某一事项属于公法还是私法，从而决定其是否属于司法审查的范畴。

在梅因写作时（1861 年），侵权和恢复原状法律远不及今天的那样发达；义务主要来源由强加转变为合同的这一概括差不多是准确的。但是，即使在那时，普通法也对公共职业或垄断地位强加非合同义务[84]，而衡平法亦给受托人和信义关系中的其他人等强加义务。[85]自此以后，侵权法（特别是过失责任法）发展到要求个人对与其具有广义“邻里”关系的他人承担注意和审慎义务[86]；这也延伸到与之具有邻近关系的他人，如果强加这种义务是公平、正当和合理的话。[87]

梅因关于从身份到契约、从强加的义务到自愿承担的义务之转变的论断对公私之分有这样的意义：有时决定某事项属于公法或私法范畴的一个指标是法律义务（特别是对他人审慎的义务）是自愿承担的还是强加的。换言之，这一区分体现在，在奥赖利诉麦克曼一案后，若案件管辖权来自协议提交管辖或合同，则其将被排除出司法审查的范畴。[88]根据这一方法，如果义务是被强加的，那么它们受公法管辖，反之则不然。这一方法的必然推论是：私法的功能不是或不应当是为个人强加义务。

我认为，这一观点是错误的。“私人”活动是否应受规制和其是否确受规制（本质上是一个事实问题）应该分开对待。我们早就捐弃了法律完全不规制普遍认为本质上属于私人性质的活动这

---

[83] B Markesinis, ‘Negligence, nuisance and affirmative duties of action’ (1989) 105 LQR 104 at p. 112.

[84] 参见本书第九章。

[85] 参见本书第八章。

[86] *Donoghue v Stevenson* [1932] AC 562.

[87] *Caparo Industries v Dickman* [1990] 2 AC 605.

[88] 参见本书第四章。

一原则。大多数人认为婚姻和家长身份这等亲密关系属于“私人”性质，但这类关系在很多方面受到规制，诸如经济支持，财产所有权，在关系持续期间对子女的抚养、关照和教育[89]，以及离婚时对各方义务和权利的调整等。雇佣关系也被广泛规制，无论是在持续期间还是终止时[90]；受托人和受益人之间的关系、董事和公司及股东之间的关系，以及其他信义关系也在很多方面被规制。[91]即使是合同活动也受到很多规制。[92]这些规制不少都通过成文法强加，但普通法和衡平法都对私人活动的规制作出了相当大的贡献。

由此而生的一个问题是：某一关系受到法律规制这一事实本身是否可以将其带入公法范畴。这继而引发了关于公法含义的问题。显然，在司法审查的意义上，对雇佣、信托和婚姻关系的规制不会将它们带入公法范畴。如果把公法的定义拓展至所有法律强加义务的事项，那么法律或生活将没有多少属于私人，而任何关于公共和私人生活的“界分”的观念也就不会引起多大兴趣了。

一个单独的问题是：在何种程度上，用法律来规制私人活动是适宜的。如我们将在随后章节中看到的，有许多反对规制或仅赞成轻微规制的论述。例如，雇佣关系和体育、大学和职业管理组织的活动可能被视作“微法律体制”；它们应被允许进行自我规制，而免受成文法条款或普通法的干扰。[93]在这些关系中，“被规制”的一方（通常是强势的一方）将主张他们的自治利益以对抗规制[94]，或声称如果有任何或过多的法律规制，则将损及他们的活动功效，抑或

---

[89] 参见本书第七章。

[90] 参见本书第六章。

[91] 参见本书第八章。

[92] 参见本书第八章。

[93] 参见，例如 H Arthurs，‘Rethinking administrative law：A Slightly Dicey business’（1970）17 Osgoode Hall LR 1；Julia Black，‘Constitutionalising Self-regulation’（1996）59 MLR 24。关于体育事务中的微法律体制和自我规制，参见本书第九章和第十一章；同时参见 James A R Nafziger，‘International sports law as a process for resolving disputes’（1994）45 ICLQ 130。关于作为微法律体制的雇佣关系和劳动法中的一般规制，参见本书第六章及 Karl E Klare，‘The public-private distinction in labor law’（1982）130 U Pa LR 1358，at p. 1417。

[94] 参见本书第二章关于权力不平衡性的讨论和本书第三章关于自治的讨论。

主张多元主义要求社会生活中有免受法律介入的领域。与此相对，这些关系中弱势的一方将主张规制对于避免针对弱势方的权力滥用是必要的。赞成对私人活动进行规制者还将有基于公共利益的论述，其所关涉的不是对特定个人的伤害，而是诸如保护环境一类的事务。

如我们将在下述章节中看到的，在实践中，法院常常要求雇主、自治机构、大学和专业人员等机构在进行裁量性决策时遵循与司法审查非常类似的标准，即合法性、公平性和理性。这适用于诸如私人信托受托人、公司董事和根据合同条款享有裁量性决策权的合同当事人的决定。大体而言，法院强加此等义务的判决受到了欢迎，因为它们控制了权力的行使，否则权力将损害个人或更广泛的公共利益。

合同义务应当是当事人自愿承担的，这也将合同法完全置于私人领域。一些非合意性责任形式接近于合同，如信赖责任和对责任的自愿承担。这一因素引发了关于合同法基础以及合同终于何处而侵权或恢复原状始于何处的争论。[95]如阿提耶所述："关于合意性和非合意性责任关系的整个问题明显是非常重要的，这不仅是因为它是一个在当下实践中很急迫的问题（法院充斥着在合同法下无责任的侵权之诉），还因为它生动地展现了一些有关债权法总体理论结构的深刻重要性。"[96]在很多不属于得到承认的合同、侵权或信托"案由"的中间情形中，普通法或衡平法（或两者一起）强加了义务并提供了针对错误行为的救济措施。例证包括贸易限制，强加非合同信任和信赖义务的信义关系，以及保密义务。[97]

司法监督权

在司法审查中，法院行使的是司法监督权。这指的是法院界

---

[95] 参见 P Atiyah，*Pragmatism and Theory of English Law*（1987）chapter 1；C Fried，*Contract as Promise*（1981）；参见本书第八章的讨论。

[96] *Atiyah*，at p. 385.

[97] 参见本书第九章。

定机构权力（特别是那些侵扰个人自由权或广泛的公共利益者）的边界，制订行使决策权的规则。通常，法院在行使司法监督权时要求决策者在他们的权力范围内行事，并以负责任的方式行事（即亲自行使裁量权，而不自行约束裁量权或将其转授他人），遵循适宜的程序，而论证过程符合考虑受决策影响者和公共利益的特定要求（无关因素需被排除而相关因素需被考虑，决策者应善意行事，而不能任性、武断或反复无常）。法院并不会在所有行使司法管辖权的案件中强加所有这些要求，而且这些要求的具体内容也会变化；但我们仍应看到它们是具有普遍性的要求。自英国上院就公务员工会理事会诉公务员部长（Council of Civil Service Unions v. Minister for the Civil Service）一案作出判决以来[98]，这些要求可被概括为“合法性，程序适宜性或公正性，以及理性”。我们将在随后的章节中继续使用这一概括。

显然，1981 年《最高法院法》第 31 条和《最高法院规则》第 53 号令所规定的司法审查只是法院行使的诸多公法司法监督权中的一种。其他的例子还有就规划和强制征用决定进行上诉的法定权利；法院在此类案件中可以以各种不具合法性或程序不当（通常由成文法明确规定[99]）为由推翻这些决定。在增值税法中，增值税法庭具有的审查管辖权与司法审查中的温斯伯里式不合理性审查相似，但又不完全相同。[100]在这些法定管辖权中，推翻决定的理由经常与司法审查申请中适用的理由相同。实际上，司法审查的许多原则是在针对规划决定或强制征用令向高等法院提起法定上诉中形成的。

人们常常忘记，私法中也有司法监督权；而在其中，决定的合法性、公平性和理性也可能被质疑。在随后的章节中，我们应当注意到与下述裁量性决策有关的司法监督权：雇主解雇雇员的

---

[98] ［1985］AC 374，HL. 参见本书第四章和第五章关于此案的进一步讨论。

[99] 参见如《强制购买法》和《城镇及乡村规划法》。同见（Law Comm no 226）*Administrative Law*：*Judicial Review and Statutory Appeals*（1994）。

[100] 参见 *John Dee v Customs and Excise Comrs*［1995］STC 941；*Customs and Excise Comrs v Corbitt*（*Numismatists*）*Ltd*［1981］AC 22，HL；*Mr Wishmore Ltd v Custom and Excise Comrs*［1988］STC 723。

决定[101]，受托人和公司董事的决定[102]，垄断性或自我规制机构的决定，进行贸易限制者或行使影响个人在养老金或保险计划等之中的成员资格的合同权利者的决定。[103] 在这些管辖权中，法院要求决策符合合法性、公平性或理性中的一个或多个要求，而这些要求通常与司法审查联系在一起。实际上，私法和公法强加了一系列可以简要称为审慎决策义务的义务。

许多司法监督权的一个特点是，法院不会用它自己就决策者应如何决策的观点来替代决策者的决定；如果某决定违反了合法性、程序适宜性和理性的义务，则法院会推翻决定或认定其无效，因此决策者将不得据此行事；法院也可能会要求重新依法作出决定。这是司法审查和许多其他公法管辖权的立场。但是，在一些司法监督权中，法院可能会用它自己就决策者应如何决策的观点来替代决策者的决定：例如在就自由裁量信托的受托人的决定行使监督权时，衡平法院可能会自行执行信托。[104]在其他司法监督权中，法院还可能就违反审慎决策义务的行为判给补偿，而不局限于宣布决定无效或要求重新作出决定：违反自然正义的合同义务为此提供了一个例证。[105]

公法与私法的交汇融合之处

在很多领域，可能被认定为“公法”的法律会与私法发生交融。[106]我们在这里不应寻求为“公法”确立一个坚实的定义，但无论适用何种一般标准，两者都明显会经常交融：既没有适用特定程序（如司法审查申请或其他特殊程序）的特别要求，也没有仅

---

[101] 参见本书第六章。

[102] 参见本书第八章。

[103] 参见本书第八章和第九章。

[104] 参见本书第八章。

[105] 参见本书第八章。

[106] 为讨论之需，参见如 *Cane*，at pp. 75－6；G Samuel，‘Public and private law：A private lawyer’s response’（1983）46 MLR 558。

因为案件中涉及法定或公共利益而适用的关于裁定救济的特别规则。得以采纳的是一种融合的方法。这一点可以显示出奥赖利诉麦克曼一案中的排他性规则是多么与众不同。该规则要求涉及特定公法问题的案件以申请司法审查的方式进行审理，并强加了较短的时限和许可（现称“准许”）要求。例如，当原告起诉公共当局的过失行为时，经常会产生如下问题：相关机构是“公共”的或行使“公共职能”这一事实是否会影响其民事责任问题，或该机构是否享有管辖权以免于承担侵权责任。[107]此类法院由初审法院处理，而它们在对相关事项作出决定时，会同时适用公法和私法并优先适用成文法条文而非判例法，而不是将它们割裂开来。[108]

在合同案件中也经常会发生公法与私法、成文法与普通法规则的融合，特别是当合同一方当事人是地方当局或政府部门的时候。[109]这时，成文法条文（如限制公共机构签订合同的权利）就与一般私法规则一同发挥作用。但是存在具有公法性质的相关成文法条文并不会导致当事人被要求以司法审查的方式推进案件，或被要求在提起合同之诉之前先通过司法审查程序解决公法问题；其也不会强加较短的时限或许可（准许）要求。公法问题和合同问题在同一程序中一同得到解决。[110]

融合的方式被采纳的另一个领域是恢复原状，尽管在此领域中还有进一步整合的空间。当因为国内税局或关税和消费税局的不法征收而导致付税时，可以获得私法中的恢复原状救济。[111]如果

---

[107] 参见本书第八章。

[108] 参见本书第八章关于侵权的讨论。

[109] 参见 C C Turpin，*Government Procurement and Contracts*（1989）；S Arrowsmith，*Civil Liability and Public Authorities*（1992），'Government contracts and public law'（1990）10 LS 231，*Government Procurement and Judicial Review*（1988），and 'Judicial Review and the Contractual Powers of Public Authorities'（1990）106 LQR 277。

[110] 参见，例如 *Credit Suisse v Allerdale Borough Council*［1995］1 Lloyd's Rep. 315；*Morgan Grenfell v London Borough of Sutton*（1995）93 LGR 554。

[111] *Woolwich Building Society v IRC*（*No* 2）［1992］AC 70，HL. 同时参见 *British Steel v Customs and Excise Comrs*［1997］2 All ER 366，CA。

原告的论辩理由是税收征收所基于的法令是越权行为的话，那么在恢复原状之诉中获胜的必要前提是在推翻相关法令的司法审查申请中胜诉。[112]但一旦相关法令被推翻，则请求返还和主张利息的权利会被认为自纳税人缴税之时起就存在。如果税收是应非法征收而支付且纳税人并不必须先推翻相关法令才能在恢复原状之诉中胜诉，则这个案件将是一个明确的私法恢复原状之诉，尽管法院不得不通过解释和阐释成文法条文来确定征收的合法性。这些事项可以被认为是适合通过司法审查申请来解决的公法问题，但在 *British Steel* 一案中，上诉法院认可了它们可以通过恢复原状之诉得以解决。[113]

在以上各类案由中，公法/私法问题产生于一般案件中，但并不需要遵循较短的时限、准许要求或特殊程序。这里的要点是，在某案件中产生"公法"问题这一事实并不必然决定其所遵循的程序。奥赖利一案中引入的排他性规则寻求在特定案件中割裂公法和私法问题，在这一点上它是独特的。

下一步

在本章中，我们试图在民主与公民权诸理论的语境中讨论公私之分，解释公法和私法的概念，并概括公私之分所带来的若干困难。这为我们在接下来的章节中考虑公法与私法的共同之处（即控制权力，以保护公共和个人利益）和四种民主理论与公民权理论的各个版本设定了框架。下一章中，我们将探究与民主、个人及个人利益保护有关的权力的含义；我们还将考虑法律发展出的控制权力行使的方式。我们的讨论将包括司法审查和特权命令的民主基础的理论。在第三章中，我们将考虑，在公民权理论中，

---

[112] 参见本书第四章关于需要通过单独的程序推翻此等文件的弊端的讨论。

[113] *British Steel plc v Customs and Excise Comrs* [1997] 2 All ER 366, CA. 对比，在初审中，恢复原状之诉被驳回，理由是当事人需先申请司法审查，并且只有在司法审查申请胜诉后，恢复原状之诉才能继续：[1996] 1 All ER 1002, Laws, J.

“价值”和利益的含义是什么，并进而探究我认为公法和私法共同保护的五种价值：个人尊严、自治、尊重、身份和安全。这些共同价值的重要之处在于，它们为法院发展保护个人免因他人行使权力而遭受利益损失的原则提供了理据，无论所谓他人是否系公共机构。这将为之后的章节中的讨论奠定基础——在那些章节中，我们将讨论公法和私法中的这些共同价值和倾向于控制权力的政策如何使法院发展出相关原则，要求当有权者打算以可能损害他们的邻里利益的方式或有损公共利益（如法治和良好治理）的方式行事时，在行动和决策中均应将个人纳入考虑。

第二章

民主、权力及其控制

在第一章中我已经指出，公法在传统上关注国家权力的分配和控制问题。宪法很大部分是法院判决的产物，而它们已经体现了上一章所概述的宪政和民主理论。例如，议会至高立法权原则基本上是法官创造的，并反映出法官采纳了自由多数决主义理论——即相较于其他考量因素或其他权力来源（如君主和皇家特权），法院给予议会权力以优先权。但法院仍然承认若干皇家特权，反映了其在某些领域中采取积极专制主义的方法对待政府。这一方法在公务员工会理事会一案[①]后已经式微：在该案中，法官已准备使原则上可司法裁判的特权性权力的行使受到和成文法权力相同标准的司法审查。当将程序的恰当性或自然正义规则适用于决策过程时，就隐含了一种参与性社群主义的民主理论；而当适用理性原则时，所体现的是审慎利他主义的模式。在随后的章节中，我们将会探究这些原则。但现在，对它们的兴趣主要在于其对权力控制的含义：法院有时愿意而有时不愿意控制政府和（在某些情况下）私人机构的行动和决策过程，以及国家权力和私人权利之间的对应关系。

麦考密克（McCormick）强调了权力对于公法和宪政理论的重要性："……只关注权利而忽略规制权力的原则和规则的宪政理论是不完整和片面的"，因此"公法律师和法学理论家的一项重要任务就是解释和阐述实现公共政策时所应遵循的合理性原则"[②]。

---

① *Council of Civil Service Unions v Minister for the Civil Service* ［1985］ AC 374.

② N McCormick' Jurisprudence and the Constitution；(1983) *Current Legal Problems*, 13 - 30，at p. 20.

主要是因为认可公共机构和私人个体之间权力的不平衡性，所以才对公共机构和其他行使公共职能的组织施加了更广义上的程序恰当性和理性义务。[③] 另一原因是为了促进法治和良好治理方面的公共或共同利益，即使某一特定决策或行动不影响个人利益。一个例证便是佩戈水坝（*Pergau Dam*）案[④]（在该案中，政府的对外援助政策并未对任何个人的利益产生不利影响，却仍被认定为非法）。

在本章中，我将探究司法审查管辖权的传统基础，即公共机构不应逾越它们被授予的权力。[⑤]之后，我们的讨论将扩展至司法审查其他可能的正当理由，而这将引致就法院对私有机构行使权力的控制及救济的正当理由的考量。但首先需要考虑的是，与法院发挥控制权力行使和保护个人利益免受不必要压制的作用有关的权力的性质和意义。

权力的意义和性质

关于权力（特别是国家权力）的意义和性质存在大量的哲学文献。[⑥]然而，我们在这里仅会特别关注权力（无论操于国家还是个人之手）影响他人（无论个人还是公司）行为的方式以及权力对个人利益造成威胁的方式。

韦伯（Weber）对权力的定义在此颇有助益。该定义强调了关系的相关性，而这也正是本书的主题之一。在韦伯看来，权力

---

③ 参见本书第五章对于这些概念的讨论。

④ *R v Secretary of State for Foreign and Commonwealth Affairs, ex p World Development Movement* [1995] 1 WLR 386，DC.

⑤ 越权原则也造成了私法中的问题，但这并不是我们在这里所要关注的。参见 C Clarke and C Otton-Goulder 'The need for wholesale reform on vires issues in public and private law' in J Black, P Muchlinski and Walker (eds) *Commercial Regulation and Judicial Review*, 1998 p. 110。

⑥ 参见，例如，M Foucault 'Disciplinary power and subjection' in S Lukes (ed) *Power* (1986) at p. 229; J Habermas, *Between Facts and Norms*, trans W Rehg (1996) at p. 148。

是“比社会关系中的行动者更有可能无视反对而贯彻其自身意志，不论该可能性的基础为何”⑦ 及“一个人或一群人顶着参与行动的其他人的反对而实现其自身意志的机会”⑧。罗伯特·达尔（Robert Dahl）也关注关系，并指出：“若甲可使乙做乙在其他情况下不为之事，则甲拥有对乙的权力。”⑨

在此意义上，权力在某种程度上是自然和几乎不可避免的——任何负责新生儿的人都对新生儿拥有事实上的权力。但权力也可能为法律所授予、建构或认可，例如法律允许一个人从事或不从事在另一个人看来会给后者利益造成不利影响之事的情况。我们在此主要关注的是法律在建构和控制关系中的权力方面的作用。

在实践中，对权力可以用多种不同的方式分析，而权力在操于公共或者私人机构之手时可以呈现出不同的形式。公共机构以及履行公共或政府职责的私人机构⑩拥有多种权力，而这些权力通常在纯粹的私人关系中没有直接的对应物。例如，公共机构实质上垄断了使用强迫手段贯彻其意志的权利。⑪ 公共机构有权分发现金、许可证和其他馈赠［其中不少可算作赖克（Reich）所说的“新财产”⑫］，并因此有机会影响可能接受馈赠的人的行为；它们拥有事实上或法律上的惩罚权，这些权力可以通过刑事司法制度

⑦ Max Weber，*Economy and Society*（trans G Roth and Wittich 1978）at p. 53.

⑧ Weber at p. 926.

⑨ ‘The concept of power’（1957）*Behavioural Scientist* 2，pp. 201－215.

⑩ 司法审查会触及该等机构和职责：*R v Panel on Take-overs and Mergers*，*ex p Datafin*［1987］QB 815，CA；*R v Disciplinary Committee Jockey Club*，*ex p Aga Khan*［1993］1 WLR 909，CA。参见 Wade and Forsyth，*Administrative Law*（7th edn，1994）pp. 659－667；De Smith，Woolf and Jowell，*Judicial Review of Administrative Action*（5th edn，1995）paras 3. 023－3. 054；P P Craig，*Administrative Law*（3rd edn，1994）pp. 562－577。

⑪ 父母训诫孩子的剩余权力是国家对强制权的垄断的例外。由于欧洲人权法院的一系列决定，对儿童的体罚正在逐渐减少。参见 S Cretney and J Masson，*Principles of Family Law*（6th edn，1997）pp. 617－618。

⑫ C Reith ‘The New Property’（1964）73 Yale Law J 733.

或其他方式（如撤销合作或收回利益[13]）行使。公共机构还拥有通过说服以及源自它们选举或公共地位的权威和合法性而赢得合作的权力。然而，除使用强制力的权利外，很多私人机构广泛拥有与公共机构类似的权力。例如，很多私人机构拥有可以处分的各种财富或资源。这些财富或资源的形式可以是用于支付的现金、聘用要约或解除雇佣关系的权利、授予或拒绝授予从事某职业的证照的权力等。私人机构可以通过收回利益或撤销合作的方式惩罚别人。该等机构可以通过分配资源的方式影响他人的行为和妨害他人的利益，并以此行使对他人的权力。

加尔布雷思（Galbraith）的权力解剖学

加尔布雷思和戴恩提斯（Daintith）的作品中提供了权力分析的有益方式，而不只局限于严格的公共－私人、国家－非国家的权力界分。加尔布雷思在其1983年的作品《权力解剖学》中区分了权力的来源和工具。他未区分公共权力和私人权力，而是采纳了韦伯对权力的定义："将一个人的意志强加于其他人行为之上的可能性"[14]。

根据加尔布雷思的分析，权力的来源有三：财产、品格和组织。所谓品格（领导力）是指"可藉以获得一种或多种权力工具的，体格、心智、言词、道德确信或其他人格特征方面的品质"[15]。财产（也即收入、财富）提供了确保服从或合作的必要方法。它也经常包含了诱致服从的权威要素。至于组织，根据加尔布雷思

---

⑬ 参见，例如，*Wheeler v Leicester City Council* [1985] AC 1054。在该案中，市议会撤回了对一家橄榄球俱乐部使用体育训练场的使用许可，以惩罚其不支持市议会种族隔离政策的行为。Lord Roskill 认定该决定违法，因为该俱乐部未做任何错事而遭惩罚。亦参见 *R v London Borough of Leisham*，*ex p Shell UK* [1988] 1 All ER 938；*R v London Borough of Ealing*，*ex p Times Newspapers*（1986）85 LGR 316；*De Smith*，*Woolf and Jowell* at para 3－042。

⑭ Max Weber *Law in Economy and Society*（1954）p. 323.

⑮ J K Galbraith *The Anatomy of Power*（1983）at p. 6.

的说法，是“现代社会中最重要的权力来源”⑯。这愈来愈多得到承认，特别是在劳动关系中（雇主所掌握的科层制帮助他们在与劳动者和工会的集体谈判中处于有利地位）。（有人提出，抵消这一优势的方法是让劳动者参与到科层进程中来，从而引入参与性社群主义要素以使其民主化。⑰）

根据加尔布雷思的分析，权力的工具亦有三种：惩罚性工具、补偿性工具和影响性工具。惩罚性权力（即惩罚权）通过对不服从行为施加或威胁施加恰当的不利后果来赢得服从。与此相比，补偿性权力（即授予利益权）通过提供正面奖励来赢得服从。影响性权力通过改变信仰来实施（无论借助说服、教育还是“对看似自然、恰当或正确之物的社会承诺”）。这些均会使个人服膺于他人的意志。⑱ 换言之，掌握权力之人可以通过以下方式将其意志加诸他人：惩罚或威胁惩罚他人不合作的行为，引诱或奖励他人合作的行为，“影响”或说服他人合作，或拒绝与寻求关系的人合作。在稍后的章节中，我们将以私有体育管理机构和其他组织的权力为例，说明拒绝入会（作为拒绝合作和授予利益——会员资格——的例证）将如何对个人产生严重的不利影响。

权力的来源和权力的工具有很多联系。例如，具有良好“品格”的人士（也许是魅力型领袖）可能擅长“影响”或说服他人合作。富有之人也许可以收买合作，但在与不情愿的伙伴合作时，品格的力量也是需要的。很多商业机构的权力来源是它们拥有资产或支持它们的组织。当它们向那些它们希望与之有商业往来者施加意志时，它们经常运用补偿性权力：它们为服务和货物出钱。或者它们为顾客提供一个好价钱。如果提供“补偿性”奖励也无

---

⑯ *Galbraith*；亦参见 Galbraith ‘Power and organization’ in S Lukes（ed）*Power*（1986）。

⑰ 参见本书第五章对雇佣关系的讨论，以及 H Collin ‘Market power, bureaucratic power, and the contract of employment’（1986）15 Industrial Law Journal 1；E Jaques *A General Theory of Bureaucracy*（1976）；R Edwards *Contested Terrain*：*The Transformation of the Workplace in the Twentieth Century*（1979）。

⑱ *Galbraith* 1983 at pp. 5－6.

法让一个潜在商业伙伴乐意合作的话，那商业机构也许要用惩罚性权力了——它们可以通过撤回合作或其他利益，或采取各种令人不快或于人有损的方式来惩罚潜在伙伴。

加尔布雷思有意回避了法院在规制权力方面的角色，但他的框架使我们理解权力的性质，由此引出法院如何在其诸多活动领域中参与对权力的规制。例如，刑事法院以惩罚性权力（惩罚权）为工具来实施对个人的控制。但这一权力之所以有效，是因为国家对一种组织（官僚体制）有控制权，否则惩罚将无法实施。在当今的实践中，品格是相对次要的权力来源，因为对权力的行使日趋依赖于组织的存在。组织和它们所支持的复杂活动通常使单一品格难以控制活动。组织日益遵循预先确定的过程和程序运作。这可以使组织成员分享对权力的行使——尽管加尔布雷思认为，所谓组织成员对权力的分享常常只是幻象而已。但是，组织采取的过程和程序是为确保理性决策和回应可能受权力行使影响的人士而设计的：例如由组织自愿设定的或由立法或普通法施加的征询或听证可能被组织决策影响的人士意见的要求，以及决策理性的要求等。[19]

戴恩提斯（Daintith）对权力的分析：“统治权”（imperium）与“所有权”（dominium）

戴恩提斯对权力的分析集中于公共权力，并试图探究法院如何控制加尔布雷思所说的惩罚性权力和补偿性权力。戴恩提斯所使用的术语是“统治权”（imperium）和“所有权”（dominium）[20]。统治权指的是“政府运用法律的命令以服务于其政策目

⑲ 参见本书第六章（雇佣）、第七章（儿童）、第八章（合同关系）和第九章（公共政策）。

⑳ T C Daintith ‘The Techniques of Government’ in J Jowell and D Oliver (eds) *The Changing Constitution* (3rd edn, 1994) chapter 8.

标”；而所有权指的是“运用政府财富实现此目的”[21]。所有权常植根于财产权。法院控制统治权的方式包括：（1）否认政府在缺乏法律授权的情况下立法影响个人自由权的权利[22]；（2）要求对“惩罚性”权力的行使（如通过刑事司法制度进行惩罚，或以强制购买土地的方式要求服从于强力，或通过行使权力拦截、搜查和查封财产）受制于司法上诉和审查；（3）要求行使裁量权者符合合法性、理性和公正性的要求[23]，以及对法律条款作有利于个人的从严解释。

法院对于公共机构行使所有权的控制则没有这么一致。若根据成文法权力行使“所有权”（如在福利体制中给予财务援助的政府权力、授予许可或其他特权的权力），则成文法条文和普通法要求相结合，使法院可以保护个人，以使个人免受不公正或非理性决策的影响。但如果“所有权”是通过普通法下的缔约权行使的，则如我们将在本书第四章所看到的，原则上不存在司法审查，尽管针对这些行为可能存在私法上的司法监督权（我们将在本书第八章和第九章考虑这些问题）。

对于戴恩提斯所分析的统治权和所有权，国家对它们的运用是显而易见的。但它们在私法中亦有对应物，而其不受制于司法审查。例如，私人监管机构（如体育组织、会员协会）制订监管其活动的规则；这不受司法审查[24]，却又对希望参与其活动的人士具有法律约束力（因为若无这些机构的会员资格或若不遵循这些规则，他们就不会被允许参与这些活动）。[25] 这同样适用于诸多团体内部法庭、大学、工会和其他实际上行使立法权的机构。这些活动通常具有的共性是：第三方依赖于内部组织的合作，而这些组织授予或撤回合作的条件却一般不受成文法规制（除反歧视立

---

[21] Daintith，supra，at p. 213.

[22] *The Case of Proclamation* （1611） 12 Co Rep 74.

[23] 关于这些概念的解释，参见本书第一章和第五章。

[24] 参见本书第九章关于体育组织的地位和第五章关于司法审查的讨论。

[25] 本书第八章和第九章将分别讨论会员组织和体育监管机构的地位。

法外）。在稍后的章节中，我们将考虑法院如何规制对该类处于统治权和所有权之间的权力的行使。

权力，多种权力及司法审查的正当理由

我们已经勾画了权力行使的部分方式，权力如何影响个人，如何分析权力以及法院如何控制权力，现在让我们来看看法院在行使公法中的监督性司法管辖权时，如何赋予这样的活动以正当性。这将与我们在稍后章节中提出的论点有关：它提出有关合法性的问题（民主理论或各种民主理论，这样的合法性赋予法院的司法审查角色以正当性）；它也提出法院对私人机构的权力行使施加义务（像法院经常做的那样）的正当性问题。

在法院拥有通过强力执行其判决的机制的范围内，法院是在针对其他国家机构行使国家权力。它们拥有此种管辖权的正当性何在？在很多案件中，议会立法（例如规划和强制征用立法）专门授予它们控制他人活动的权力。但通常在司法审查中，法院管辖权并无专门的成文法基础，它们所依赖的是法院自身在普通法中发展出的权力。

越权规则

直到相对晚近的时期，一般的假定一直是，法院的司法审查管辖权依托于越权规则：法院有权（其实是有义务）调查公共机构是否逾越了通过民主方式（一般通过议会或议会授予的权力）授予它们的权力；如果存在越权，则法院可以给予救济。[26] 法院的这一监督性活动实现了议会的立法意图，因而是正当的。它代表

㉖ 关于对行政法理论（包括越权规则）历史的解读，参见 P P Craig *Administrative Law*（3rd edn，1994）chapter 1。

了一种积极主义的、以统治权为基础的对法院角色的构想[27]，且构成了艾伦（Allan）所说的对民主的多数决主义观点。[28]

根据这一思路，民主制的议会被认为不希望大臣或其他行使成文法的权力者在没有明确立法授权的情况下干涉公民的权利和自由权。[29] 法院假设议会不希望任何行使成文法权力的机构以非法、不公正或不理性的方式行动，这既是为了保护个人利益，也是为了促进合法、公正、理性政府决策所体现的公共利益。换言之，这一思路认为议会把确定行政裁量权准确范围的任务交给了法院。[30] 因此，法院在对决定进行司法审查时所做的一切都是为了实现议会（被认为的）意愿。如韦德（Wade）和福赛思（Forsyth）所述：

> 法院只有一样武器，那就是越权原则……法官必须能够在每个案件中证明他是在执行议会通过授权立法所表达的意愿……在没有明确条款的情况下，法官这么做的唯一方式是找到法案的隐含条款或条件；若对该等条款或条件有所违反，则将被判定为越权。[31]

直到最近，这一合理化司法审查管辖权的方式都被普遍接受，并被认为给司法审查赋予了民主的正当性。大多司法审查案件都是有关质疑被选举机构（如大臣或地方当局）根据成文法权力作出的决定。如果法院自行对那些被选举机构的决策施加各种限制，而非实现议会明示或者默示的立法目的的话，则会被认为是以一种非民主的方式僭越政治家的角色。实际上，这一论点认为，通

㉗ 参见 R Cotterrell ‘Judicial review and legal theory’ in G Richardson and H Genn *Administrative Law and Government Action*（1994）。

㉘ T R S Allan，‘Fairness，equality，rationality：Constitutional theory and judicial review’ in C Forsyth and I Hare（eds）*The Golden Metward and the Crooked Cord*（1998）.

㉙ 参见 the *Case of Proclamation*（1611）12 Co Rep 74。

㉚ M Elliott，‘The ultra vires doctrine in a constitutional setting：still the central principle of administrative law’（1999）58 Camb LJ 129 at p. 144.

㉛ Wade and Forsyth *Administrative Law*（7th edn，1994）p. 44.

过实现议会的意图，法院维护而非削弱了民主政府。法院同样不欲褫夺行政机关的功能，这就解释了为什么法院一般不会以它们自己对实体问题的观点来代替那些经适当授权且通常承担民主责任的决策者的观点。

然而，立法意图原则日渐难以被接受作为司法审查（哪怕是对成文法权力的审查）的基础。1998 年《人权法》劝告法院无论在解释何时通过的立法时，都要尽量使其与公约权利相兼容。[32] 这代表了对立法意图原则的重大侵蚀。进而，如果牵涉欧洲法的话，则法院必须将其置于首位，而非英国议会的立法意图。

对非成文法权力的司法审查

在过去 30 年来［特别是自莱恩（*Lain*）案[33]、公务员工会理事会案[34]和达塔芬（*Datafin*）案[35]以来］，再将立法意图和越权规则作为司法审查管辖权合理化的依据，无论在法院判决基础上，还是在民主理论上都已难以为继。这些案件中法院被要求审查的均非成文法权力；在前两个案件中，被审查的权力来源于普通法（特权），而在后一个案件中则是非成文法的事实权力。因此所谓法院在行使司法管辖权时只是实现议会意图的理论无法给它们介入这些案件赋予正当性。（在公务员工会理事会案中，上议院以国家安全为由拒绝介入，而这一观点的重要之处在于，如果对皇家特权——非议会性权力——的行使具有可诉性，那么它也就具有了可司法审查性。）在《行政法》一书的第 7 版中，作者韦德和福赛思承认："法院拓展对权力的司法控制的技术是延伸越权规则……人为性已经成为一个问题。"[36]

㉜ 参见本书第十章的讨论。

㉝ *R v Criminal Injuries Compensation Board ex p Lain* [1967] 2 QB 864.

㉞ *Council of Civil Service Unions v Minister for the Civil Service* [1985] AC 374.

㉟ *R v Panel of Take-overs and Mergers ex p Datafin plc* [1987] QB 815.

㊱ *Wade and Forsyth* at pp. 42，43.

福赛思曾提出，虽然在莱恩案、公务员工会理事会案和达塔芬案等案件中法院对非成文法权力进行了审查，但这不应被认为削弱了原有立场，即在对成文法权力进行司法审查时，管辖权的基础仍然是法院实现议会的意图。[37] 这一理论试图维持司法审查（至少在其关乎成文法权力时）的宪政或民主合法性。然而，正如克雷格（Craig）所指出的，这一论点不太具有说服力：无论被审查的权力是否基于成文法，对其进行司法审查的基础都是相同的。相应的救济、应采取的程序（司法审查申请）也应是相同的。克雷格提出“两分法对于理性的公法体系少有裨益”[38]。

如我们应当看到的，司法审查的基础多赖于衡平法和普通法的发展[39]，尤其在将司法审查基础成形化的温斯伯里案[40]及 20 世纪 60 年代快速发展这一主题的一系列案件[41]之前的案件（许多是私法案件）。与司法审查所运用的原则类似的原则被用在许多私法的司法监督权中，无论所基于的是成文法（如不当解除劳动合同）、衡平法（如信托或其他信义关系）还是普通法（如在合同中，法院允许且控制裁量性决策）。在这类案件中，实现权力授予人的意图这一观念少有立足之地，而类似司法审查中的义务是由法院强加的。它们被强加该等义务的情形各有不同，但如稍后章节中将呈现的，它们的共同之处在于倾向于保护个人利益或公共

---

[37] C Forsyth ‘Of Fig Leaves and Fairy Tales：The Ultra Vires Doctrine，the Sovereignty of Parliament and Judicial Review’（1996）55 CLJ 122. 亦参见 M Elliot ‘The demise of parliamentary sovereignty. The implications for justifying judicial review’（1999）115 LQR 及 ‘The ultra vires doctrine in a constitutional setting：still the central principle of administrative law’（1999）58 Camb LJ 129。关于对这一理论的批评，参见 Sir John Laws ‘Illegality：the Problem of Jurisdiction’ in M Supperstone and J Goudie (eds) *Judicial Review*（2nd edn，1997）pp. 4. 13 - 4. 19；P P Craig ‘Ultra vires and the foundations of judicial review’（1998）57 Camb LJ 63 and ‘Competing models of judicial review’ [1999] Public Law 428。

[38] Craig，同上，(1998) at pp. 77 - 78。

[39] 参见如下第八章和第九章。

[40] [1948] 1 KB 223.

[41] 例如，*Ridge v Baldwin* [1964] AC 40，有关自然正义；*Padfield v Minister of Agriculture，Fisheriers and Food* [1968] AC 997。

利益免受权力滥用侵扰的政策。这些考量因素似乎将削弱福赛思的观点，即在对成文法权力进行司法审查的案件中，要求决策者遵循自然正义或理性之类要求的唯一依据是立法意图，而由衡平法或普通法对成文法裁量权的行使强加此等义务是不恰当的。对此观点的一个可能的回应是：向行使非成文法权力的公共或私人机构强加公正性和理性义务，不同于向履行基于成文法的公共职能施加类似义务。很难看出这样的界分的正当性在哪里，特别是（如我们在第一章中看到的）当私人机构常常履行公共职能时，将很难界定和区分公共职能与私人职能；20 世纪及更久以来的趋势是取消公共机构的豁免权和特权，并使它们承担至少与私人机构相同的义务。

议会主权

福赛思对越权规则是就成文法权力进行司法审查的真正基础的辩解，是基于这样一种观点：这是此种管辖权唯一的民主化合法性依据。[42] 埃利奥特（Elliot）为越权规则提出了另一种辩护：否认这一规则也就意味着否认议会至上原则。[43] 这里，两股思潮不必要地合而为一：由克雷格[44]和其他人提出的决策中的公正性和理性义务是由普通法施加的观点，以及由伍尔夫法官（Lord Woolf）[45] 和约翰·劳斯先生（Sir John Laws）[46] 在法庭外评论中提出的法院有权推翻极其不民主的立法的观点。

埃利奥特似乎认为，若不再将越权规则作为司法审查的基础，则意味着法院有普通法上的管辖权，在它们认为议会立法与普通

---

[42] 参见‘Collateral challenge and the foundations of judicial review: orthodoxy vindicated and procedural exclusivity rejected’［1998］Public Law 364。

[43] M Elliot ‘The demise of parliamentary sovereignty? The implications for justifying judicial review’（1999）115 LQR 119.

[44] Op cit（1998）at pp. 77－78.

[45] Lord Woolf，‘Droit public-English style’［1995］Public Law 57 at p. 69.

[46] Sir John Laws ‘Law and Democracy’［1995］Public Law 72 at pp. 84－90.

法的决策要求不相一致时，可以推翻该等议会立法的明确条款。他表达了这些要求来自普通法的观点："因此，议会主权原则的本质（即议会立法全能）被捐弃，取而代之的是对议会的立法自由加以束缚。"[47]然而，这误读了反对越权规则的案例。按照迪普洛克法官（Lord Diplock）在公务员工会理事会案中所使用的简洁表达，普通法为决策者施加义务——广义上包括合法性（如权力不得为不恰当的目的而行使，不得被转授，裁量权不能无所节制）及程序恰当性和理性——的观点并不导致法院有权不适用排除这些义务的成文法条款或其他成文法条款。其所主张的只是就普通法而言，且受制于明确相反的成文法条款，在法院具有司法监督权时，裁量权必须依据普通法的要求而行使。鉴于就普通法而言，这些合法性、程序恰当性和理性的要求适用于非成文法决策；若认为它们不适用于成文法裁量权，而成文法裁量权的行使仅仅受制于议会的默示意图，这将是异常的，尤其因为无论所涉权力是否基于成文法，实体上的合法性、程序恰当性和理性要求都是相同的。

越权规则作为司法审查基础的观点缺乏说服力，特别是当法院就行使非成文法权力（如在公务员工会理事会案中的皇家特权，和达塔芬案中私人机构手中的事实权力）行使司法审查管辖权时。约翰·劳斯先生在法庭外评论中将越权规则看作"遮羞布"[48]。这就引出了一个问题：如果越权规则和实现议会立法意图不是司法审查管辖权的正当性来源或依据，那么什么应当是其正当性来源或依据呢？另外，其如何与民主理论相协调呢？

司法审查的衡平法和普通法依据

一种关于行使司法监督权（无论在司法审查还是私法中）的

---

[47] 同上，at p. 124。

[48] Sir John Laws 'Illegality: The problem of jurisdiction' in M Supperstone and J Goudie (eds) *Judicial Review* (2nd edn, 1997) para 4. 34 and 'Law and Democracy' [1995] Public Law 72 at 79.

依据的替代性观点正在浮现：实践中，普通法正在履行一种它在公法和私法中履行了多年的功能，即控制权力（但不是各种权力）的行使，及在立法者未能实现正义时代之实现正义；普通法和衡平法[49]行使控制权的正当性并不依赖于权力源自成文法或立法意图（尽管根据议会主权原则，该等管辖权可以被成文法排除或替代）。[50] 法院干预的正当性问题代表了对多数决主义民主理论（以越权规则为代表）的偏离，并引发了一个问题，即司法审查及一般司法活动（包括在私法的活动）中"控制权力"模式促进了何种其他民主理论。[51] 本书第十二章将提出，事实上，司法审查、在私法中行使司法监督权以及合同和侵权中的很多法律代表了一种向"公民"版本的民主转变的趋势，即要求具有权力的私人机构和公共机构均需在行使权力时考虑被其影响的人士和公共利益。

我认为，司法审查的真正基础是普通法纠正不公的古老功能。[52] 早在 17 世纪早期，由王座法庭通过王权令状行使司法审查权；其并非基于实现立法意图的观点。后者直到 19 世纪才伴随着民主观念的发展成为关注焦点。赛德利（Sedley）注意到，在影响深远的库珀诉旺兹沃思公共工程委员会（*Cooper v Wandsworth Board of Works*）一案中[53]，拜尔斯（Byles）法官用以正当化强加自然正义义务的理由是，虽然成文法并未强加该等义务，但

---

[49] 参见本书第八章（受托人的义务和公司董事）和第九章（竞业限制和公共政策）中有关衡平法中关于司法监督权的讨论。

[50] 参见，例如，D Oliver 'Is the ultra vires rule the basis for judicial review?' [1987] PL 543；B V Harris 'The "third source" of authority for government action' (1992) 108 LQR 626；P P Craig op cit (1998)；Sir John Laws 'Illegality: The problem of jurisdiction' in Supperstone and Goudie (eds) *Judicial Review* (1997) p. 4. 34 and 'Law and Democracy' [1995] Public Law 72 at 79；Sir Stephen Sedley 'The common law and the constitution' in *The Making and Remaking of the British Constitution* (1997) chapter 2。

[51] 参见 R Cotterrell 'The Law of Property and Legal Theory' in W L Twining (ed) *Legal Theory and Common Law* (1986)；T R S Allan 'Fairness, equality, rationality: Constitutional theory and judicial review' in C Forsyth and I Hare (eds) *The Golden Metwand and the Crooked Cord* (1998)，及本书第十二章的讨论。

[52] Craig op cit (1998).

[53] (1863) 14 CB NS 180.

“普通法的正义将弥补立法之失”；赛德利由此注意到，“普通法将阐述其自身的权利”[54]。他指出“公法现代的势力范围要靠滥用权力的概念来表达，而非对其界限的形式化表述”[55]。如本书第六章和第七章将展现的，这已经成为普通法和成文法在诸如雇佣、婚姻和家长制等私人关系中发展的特征；本书第八章和第九章也将展示这也是其他私法领域中的概念。

克雷格支持此种正当化司法审查的方式，并援引了巴格（*Bagg's*）一案中的判决[56]：王座法庭有权：

> 不只更正司法程序中的错误，还要更正法庭外的错误和不端行为（诸如破坏和平，压制臣民，引发纷争、争议、争论或其他形式的不当治理）；因此任何公共或私人的错误或伤害都不会发生，且都会通过恰当法律得到改良或处罚。[57]

克雷格指出，这一判决所支持的观点是，另一个更古老的、且与立法意图和越权规则具有不同根基和目的的正当化理论，为特权救济的演化和司法审查的正当性提供了解释，而且更有力地解释和正当化了现代管辖权。下面让我们探究这一判决。

1615年的巴格案[58]

巴格案的案情体现在莎士比亚的一部喜剧中。詹姆斯·巴格（James Bagg）是普利茅斯（Plymouth）自治市的12位主治安法官之一。自治市的市长和平民剥夺了他的权利，原因是他曾经对市长和平民不恭。巴格从王座法庭发出了调卷令。市长和平民提出了以下答辩：巴格曾依据风俗庄严宣誓，他将善良诚实行事，像善待其他12位主治安法官一样善待前述自治市市长，并对他

---

[54] Sedley op cit（1997）at p. 17.

[55] ‘Public law and contractual employment’（1994）23 ILJ 201 at p. 205.

[56] （1615）11 Co Rep 93b.

[57] 同上，at 98a。

[58] 同上。

们表示尊重。由于普利茅斯是一个港口，常有“许多外来和本地的思想有问题的、进行邪恶和反常对话的人”造访，“他们藐视政府，扰乱和平，除非通过该自治市其他治安法官和居民的妥当尊重，而使自治市市长和其他治安法官的权威得到捍卫、人格免受庸俗的藐视之扰，否则很难使这些人服膺于良好规则和治理”[59]。然而，巴格在过去的几年里“轻蔑不恭”地对待接连几位市长。他当着众多自治市市民的面叫一位市长“骗人的恶棍”。他还在市政厅把另一位市长称作“傲慢的家伙”。还有一次，巴格“以粗野无礼的方式背对（市长），以示嘲笑、蔑视和无礼，并大声对市长说（‘过来亲我吧’）”[60]。

巴格的治安法官同仁们曾给巴格一次改过自新的机会，他却没有这么做；在其后的几次争执之后，他被投票罢免。他却做了各种恶事，包括教唆旅店老板和其他人不遵循国王有关在大斋节（Lent）期间不提供肉食的命令以及质疑要求酒店老板向自治市支付关税的本地风俗。

王座法庭［以首席法官爱德华·柯克先生（Sir Edward Coke）为首］认定，罢免巴格没有任何正当理由。正是在这一背景下，法院作出了前面引用的判决。[61]

就治安法官是否有权罢免其他治安法官这一特别问题，法院认定，只有在有违作为公民或治安法官的义务、损害城市的公共利益和违背誓言的情况下才能进行罢免；而针对首席执政官或同僚的藐视或违反善良风俗的言词不能成为罢免他的适当理由。“而且其理由和原因在于，当一个人是城市或自由市的自由人时，他在政治和其他意义上终生对其自由保有无条件权利，他亦拥有相关法人土地的产权并对其动产享有利益，而且这也许关涉他的生意或谋生方式，他的信用和评断。”[62]对治安法官们行动的进一步反

---

[59] (1615) 11 Co Rep at 94.

[60] 同上，at 95b。

[61] *Bagg's case* at 98a.

[62] 同上，at 98b。

对在于："看起来……他们未经听取他如何就异议作出应答，也未给予他合理警告就采取了行动……这样的罢免是无效的，对当事人无约束力……这样的罢免是对正义和权利的侵犯。"[63]

柯克进一步说，如果一个人被错误罢免，则法官有权颁布回复原状令；而如果对令状的答复本质上是错误的，则他可以起诉——我们现在认为这是一种私法救济。[64]

值得思考的是在本案中，法院是如何解决巴格的利益与对市长和平民大众权威的支持之间的平衡这一问题。因为市长和治安法官们主张有必要支持他们的权威，故这一问题显得格外有趣。从他们当时提出主张的方式可以看出，人们极为担忧如果不尊重良好秩序、不维护权威，那么文明生活有可能会崩溃。（在本书第六章和第七章中，我们将讨论雇佣、婚姻和家长制关系；在那些部分中，我们将看到，在那些关系中支持强势人群权威的考虑在过去如何导致惩罚关系中的弱势人群侵犯强势人群的尊严、自治和尊重的行为。）但在巴格案发生将近五百年后，我们将能够更平静地看待对有权人士说三道四的可能后果；事实上，我们更不倾向于接受关系必须是科层制的（即一方拥有对另一方的权威）。

在巴格案中，王座法庭拒绝了市长和其他治安法官提出的保护其免受批评和不尊重的泛泛主张，而保护了巴格对其在自治市的财产（他的职位）、安全（他的谋生手段可能受到影响）和地位（他的信用和评断）的利益。法院驳回了市长和其他治安法官在巴格未实际违反法律义务的情况下仍将其罢免的请求，由此保护了前述利益；而挑起批评或以不敬方式行事不违反法律（尽管这可能会使他被交付审判）（虽然这些举动可能会导致治安法官采取措施对其举止加以约束）。巴格的利益在很大程度上按照自然正义的要求也需要得到保护。

巴格案也体现出法官如何顾忌决定对个人的影响，以及不合

---

[63] *Bagg's case* at 99a.

[64] 同上。

法性和不公正性如何长久以来成为法院通过调卷令行使司法监督权以干涉决定的理由——这与立法意图规则或越权规则都没关系。王座法庭在本案中的管辖权依据的是法院通过支持巴格的利益和控制市长和治安法官对权力的行使，以实现正义并纠正错误和伤害。

该案在当时及此后多年均饱受争议。它被认为为王座法庭主张了太多的东西，尤其是对公权力的控制。

《英格兰判例集》对此案的评论意见记载道，埃尔斯米尔法官（Lord Ellesmere）对判决持不同意见，他认为该判决夸大了王座法庭的权力：

> 如果王座法庭可以对任何它眼中的治理不善的行为加以修正，那么无论是国王自身及其通过宣示、法例或直接指令等方式审察辨事、行使权力，还是国王治下作为议定所有治理问题主要机制的宫廷协商会议，就都变得没什么用处了。[65]

发展普通法管辖权以控制权力行使

在历史上，执行职务令、调卷令和禁审令是对滥用公权力（有些情况下也包括私权力）的重要救济方式。[66] 但如我们将在稍后章节中看到的那样，私法（特别是侵权法）也起到控制公权力行使（例如滥用职权的侵权）的作用。特权令源自王座法庭。它们被认为是一种特殊的普通法救济，以使和国王联系最紧密的法

---

[65] Ellesmere Observations p. 11，noted at 77 ER at 1278.

[66] *De Smith*，*Woolf and Jowell* 一书的第 14 章介绍了特权救济的历史。早先版本中的附件一“The Prerogative Writs：The Historical Origin”中的历史介绍更全面。亦参见 S A de Smith ‘The Prerogative Writs’（1951）11 Camb LJ 40；L L Jaffe and E G Henderson ‘Judicial review and the rule of law：historical origins’（1956）72 LQR 345 at p. 361；E G Henderson *Foundations of English Administrative Law*（1963）；J H Baker *An Introduction to English Legal History*（3rd edn，1990）；G Drewry ‘Judicial Review：the historical background’ in M Supperstone and J Goudie（eds）*Judicial Review*（2nd edn，1997）。

院可以规制其他下属机构可能的越权行为。如巴格案所示，从早先起，授予令状的基础包括逾越权力或管辖权、为不当目的行事和违反自然正义。

尤其重要的是，除了特权令状外，普通法法院没有授予其他非金钱救济的管辖权。这与衡平法院形成对比：衡平法院发展出了包括禁令和实际履行在内的非金钱救济，而很少给予损害赔偿（当衡平法院给予损害赔偿时，是针对法律上的不法行为，而不是像实际履行一样针对衡平法上的不法行为）。[67] 因此，特权令也许在某些方面可被看作是普通法在特别执行某些法律义务方面采取了与衡平法院相似的方式。而今，这些特权令仅存在于与公共或政府职能有关的方面，但如我们应在之前看到的，调卷令和执行职务令也在某些情况下被用于私人活动。而今在救济意义上的公私之分是相对晚近才出现的。

执行职务令

到18世纪早期时，执行职务令已经成为一项全面的救济，甚至比其现在的形式——恢复原状令状还要全面。[68] "经受损害的当事人申请，执行职务令可以强制执行一系列宽泛的、被错误拒绝履行的公共或准公共义务"[69]。

R 诉巴克案展现了这一点[70]：法院颁布了执行职务令，以强制执行一个被选举成为普利茅斯市长老牧师的人的法律权利，使其可以在红衣主教会议的会议厅布道。曼斯菲尔德法官（Lord Mansfield）认为此特权令状：

---

[67] *Phelps v Prothero* (1855) 44 ER 280；I C F Spry *The Principles of Equitable Remedies* (5th edn，1997) pp. 625 - 632. 亦参见本书第九章。

[68] 参见 Craig op cit (1998) at pp. 81 - 84；Henderson *Foundations of English Administrative Law* (1963)。

[69] De Smith *Judicial Review of Administrative Action* (4th edn)，Appendix 1, p. 515.

[70] (1762) 3 Burr 1265.

被引入以防止由正义缺失和整治缺陷造成的混乱。因此它应被用在所有法律未确立特定救济而根据正义和良好治理应当确立该等救济的情形……在上个世纪内，它已经为了臣民的利益和实现正义而被自由运用。此事项的价值或其对于公共政策的重要性没有被审慎评估。如果有一项权利而没有其他特定救济，则执行职务令不应被否定。执行职务令状被用以接纳讲师、书记官、教堂司事和清道夫等，被用以恢复市政官的优先权，被用以使律师可以在低等法院执业等。自《宗教宽容法》以来，其也应该被扩张适用于保护新教徒，其原理是类比以及那种权利自身内在的逻辑/理路的要求。[71]

曼斯菲尔德法官随后补充说："这里有一项功能，有报酬却无特定法律救济。权利取决于选举。"而这关涉所有选民的利益。"问题的本质是激发人们的激情……如果法院否定这样的救济，则红衣主教会议也许会被诱使以武力抵抗暴力……拒绝给予此令状将使抗议者和他们的宗教崇拜无法得到法律的保护……"[72]

在本案中，福斯特（Foster）法官说："这是一项法律权利。他们的神职人员被宽容和允许：他们的权利得以建立，因此是一项同其他法律权利一样的法律权利。"[73]

尽管曼斯菲尔德法官的观点比较宽泛，但执行职务令在实践中并未被广泛授予。例如，它们没有被用在雇佣案件中，因为违约救济是可得的；它们也不用于确立在学院或大律师公会中的会员或成员权利，因为它们是在巡督员控制之下的内部机构。但曼斯菲尔德法官在附带意见中的潜台词是很清晰的：如果没有替代性的特定救济而根据正义应当有某项救济，则执行职务令在我们现在认为属于私法领域的案件中也是可得的。[74]

---

[71] （1762）3 Burr at 1267.

[72] 同上，at 1269。

[73] At 1268.

[74] 参见 J H Baker *An Introduction to English Legal History*（3rd edn，1990）at pp. 169－170。

R 诉巴克（*R v Barker*）一案有力地展示了执行职务令如何被认为是针对法律上的不法行为的一项救济，在缺少可以获得损害赔偿救济的案由的案件中获得；当涉及公共利益（如支持成文法保障的自由）或公共秩序在不正义的意义上受到威胁时，该救济也可由行使私人职能的私人机构获得。本案的另外一个有趣之处在于，其认为法律（与衡平相对）权利可以独立于合同而产生（在本案中产生于选举神职人员的事实），而这是一种对第三人有约束力的权利（在本案中第三人是指为反对宗教目的而持有土地的受托人）。法院从明确规定有利于信仰自由的公共政策的《信仰自由法》中获得了对这一方法的支持。[75]

调卷令和禁审令

调卷令之所以被发展出来，是为了控制低级法庭（尤其是治安法官）以及纠正他们的错误，禁审令也是一样，尽管其主要被用于限制宗教法院的管辖权。到 17 世纪中叶，首席法官爱德华·柯克先生写道："本法院（作者注：指王座法庭）不只就纠正司法程序中的错误有管辖权，而且就可能破坏和平的司法外轻罪、对臣民的压制或任何其他不当治理有管辖权；所以无论公私，任何错误或伤害都应被纠正或惩罚。"[76] 这是对法院调卷令和禁审令管辖权的扩张性观点，类似于对执行职务令的思路。当时的其他评论者不同意这种观点；他们不认为纠正错误的管辖权可及于所有不当治理，因为这将使法院褫夺国王的职能。[77] 这一观点所基于的假设是若法院履行纠正和惩罚错误或伤害的职能，则意味着法院介入实际的政府治理。而今，有可能从概念上区分行政管理和对

---

[75] 亦参见 *R v Blooer*（1760）2 Burr 1043。在该案中，法院授予执行职务令以恢复威廉·兰利作为小教堂助理牧师的职务；这一规则完全建立在当存在一项世俗权利时，王座法庭将通过执行职务令予以协助的原则之上。

[76] Co Inst，iv 71. *Bagg's* 案中也用了类似的措词，见上文。

[77] *De Smith* 4th edn p. 516.

行政决策的监管，而法院行使纠正和更正错误和伤害的权力并不意味着它们承担行政职能。

到20世纪早期，公认的观点是调卷令不只适用于法院或“司法行为”。“司法行为”被用来和纯粹的行政行为相对。概括而言，司法行为涉及“行使某种权利或义务以决定”影响个人权利的问题的行为。德史密斯（De Smith）、伍尔夫和乔韦尔（Jowell）评论道：“然而，并不意味着所有非行政的影响个人权利的行为都是‘司法’行为。”[78] 即使决策者不是法官，也可能有进行司法行为的义务。在电力公司（*Electricity Comrs*）案中[79]，法官的观点是调卷令用以支持和撤销“有法律权威决定影响臣民权利和有义务采取司法行为的任何机构”[80] 的决定。（这一短语的含义比它看起来要窄，因为调卷令不针对私人仲裁员。[81]）渐渐的，调卷令被限制在行使公共或政府功能的领域。

司法审查中的程序保护

当王座法庭发展特权令时，对申请的被申请人的程序保护要比现在司法审查中的程序保护少得多。例如，根据1886年《刑事办公室规则》，如果涉及调卷令，则可以宣誓陈述书方式提交证据，但存在要求证人出庭接受交叉询问的权力[82]；令状申请可以要求说明理由的动议方式提出[83]，尽管法院有权立即颁发令状。那

---

[78] *De Smith*，*Woolf and Jowell* para 14－024. 亦参见 *R v Woodhouse* ［1906］ 2 KB 501，535，per Flecher Moulton LJ.

[79] *R v Electricity Comrs*，*ex p London Electricity Joint Committee Co* （1920） *Ltd* ［1924］ 1 KB 171.

[80] 同上，at 204－205。

[81] 对比苏格兰的立场：裁决人受制于苏格兰最高民事法院（Court of Session）的司法监督权；参见附录。

[82] 《刑事办公室规则》(1886)，第5条。

[83] 这些令状并非一经申请即可理所当然作出的令状，必须以令法院满意的恰当理由证明它们为何应当出具这些令状：S A de Smith ‘The Prerogative Writs’ （1951） 11 Camb LJ 40，at p. 42。

时，颁发令状不同于给予救济，因为被申请人可以说服法院不应就令状给予法院命令（如恢复原状令）。在颁发令状前，并不需要获得任何法院准许。对于有成文法规定的特殊案件，有 6 个月的诉讼时效；但无成文法规定时则没有。如果是移送公诉书或低级法庭决定的案件的话，则令状的申请人须不拖延地作出寻求调卷令的保证。

当涉及执行职务令时，根据 1886 年规则，申请应以附条件的裁定动议作出；须通知另一方当事人；任何被程序影响的人均可说明理由；须立即执行的执行职务令不需送达。当时，法院命令可以针对私人机构获得也是很清楚的；1886 年《刑事部规则》规定“若执行职务令令状针对企业、公司、法官或公共机构，送达”应当以特定方式“进行”。法院可以在初审中作出任何执行职务令为强制性的命令。[84]

鉴于历史上实际并无公法与私法之分，而且从前受制于特权令状的诸多机构（如巴格案中的普利茅斯公司和 R 诉巴克案中会议厅的受托人[85]）并无民主资质，17 和 18 世纪的法官在发展控制权力的原则时没有区分公法和私法并不令人意外。[86] 他们主要的考虑（如在巴格案和 R 诉巴克案中体现的那样）是维护权利，并通过提供救济避免不正义导致市民骚乱。用今天的术语来说，鉴于很多私人行为和决定也受制于合法性、公正性和理性的要求（该等要求与司法审查中施加的要求相似[87]），而很多受制于司法审查的许多机构也缺乏民主资质（如并购委员会、警察、国家保健制度信托），很难看出普通法（或衡平法）为何不能控制对公权力或私权力的行使（作为法院历史悠久的控制权力的职能的一部分）。如克雷格所提议的，应当提出的问题是“就施加的控制而言，是

[84] 1886 年《刑事部规则》的第 81 条只是简要地触及了禁审令。

[85] (1762) 3 Burr 1265.

[86] 亦参见 Craig (1998) pp. 86 - 89。

[87] 参见本书第一章对司法监督权的讨论和第六至九章对控制私权力的讨论。

否有在规范层面上可以接受的经过缜密分析的正当化理由”[88]。本书随后章节中的诸多讨论将对此问题给出肯定答案。

重新考虑越权规则

我们看到，在巴格案时期并不存在实体意义上的公私之分。在其判决中，柯克讨论了王座法庭颁发调卷令的权力，法官授予恢复原状令状的权力，以及法院在本案和非法入侵、非法拘禁、恐吓、殴击和当事人被错误剥夺特权的案件中给予适当救济的权力。[89] 克雷格写道：“公法与私法之间并无正式的分野，这帮助我们理解为什么在柯克、希思（Heath）、霍尔特（Holt）或曼斯菲尔德看来将司法审查建基于普通法控制公权力的能力毫不奇怪，也帮助我们理解为何法院倾向于将普通法创造的规则延伸至拥有事实垄断的机构。”[90]（这最后一句评论指向对公共职业和其他垄断权力的控制；我们将在下文的第九章讨论这一问题。）然而，在实践中，普通法将合法性、公正性和理性义务延伸至垄断之外，而及于更广范围内的对个人拥有权力的或拥有可能违背公共政策和公共利益的权力的机构。

总之，越权规则和立法意图显然不能解释所有司法审查的行使。普通法试图控制权力（尤其是或公或私的垄断性权力）滥用并不是什么新鲜事。对私人垄断权力和许多对私人权力进行控制的情形都可以被解释为法院提问“考虑到牵涉的教义领域的目标，对在合同和侵权等行为中行使私人权利施加特定限制是否明智、合法和正当”的对应物。[91]

在公法和私法中均有必要控制权力滥用日益广为人们所接受。无疑，这部分是因为我们愈加明白私人权力的集中性以及使它们

---

[88] Craig (1998) at p. 90.

[89] (1615) 11 Co Rep at 99b.

[90] Craig at p. 87.

[91] Craig at p. 87.

受到司法控制的必要性。[92] 实际上，一种有关公民和社区责任 / 公民民主的理论正在发展，并为法院对权力的控制提供了民主正当性。

在其他普通法法域内，普通法可以控制公权力和私权力也得到认可。澳大利亚联邦法院法官保罗·芬恩（Paul Finn）考察了普通法如何"在广泛领域内"[93] 控制权力的行使。他指出，普通法的日常职能是在权力的拥有者与被权力行使所影响的人之间进行调解。他发现了权力行使受到规制方式的各种类型，并提出对这些类型的理解有助于解释法律在诸多领域（如刑事诉讼程序、成文法解释、合同条款的潜在含义、显失公平原则）的晚近发展的性质和启发。[94]

但是，在私法领域中，权力被控制的程度未被广泛认可。人们认为，控制权力行使的唯一方式是司法审查，而任何形式的权力控制都应被归类为"公法"。本书的稍后章节将试图论证这一论点是错误的。

---

[92] 参见，例如 Sir Harry Woolf 'Public law-private law：Why the divide?" [1986] Public Law 220；G Borrie 'The control of public and private power' [1989] Public Law 552；Sir John Laws 'Public law and employment law：Abuse of power' [1997] Public Law 455；Sir Stephen Sedley 'The common law and the constitution' in *The Making and Remaking of the British Constitution*（1997）and 'Public law and contractual employment'（1994）23 ILJ 201。

[93] 'Controlling the exercise of power' 7 *Public Law Review*（1996）86.

[94] Op cit.

第三章

公法与私法的价值

如第一章所述，本书的主题之一是公法和私法建立在共同的价值之上。公法与私法享有共同价值的重要性在于其削弱了这两类法律之间存在分野的观念。稍后章节将进一步探究这一问题。我们在此的主要目的是澄清这一语境下“价值”的含义，并解释我所认为的对法律体系重要的特定核心价值。

法律体系不同层面的一般原则和不同部门中均存在价值。公法律师所熟悉的价值包括法庭工作中的公开、公正和无偏私①，以及行政决策中的公正和理性。② 对于私法律师来说，重要的价值则包括信任和信赖、可靠性和善意。

如同其他学科一样，想要在法律的所有分支所有层面上找到相似的价值显然是不可能的。例如，“到衡平法院起诉者须自身清白”（he who comes to equity must come with clean hands）的格言所体现的价值与“我对邻人负有注意义务”（I owe a duty of care to my neighbour）的概念或行政法中的自然正义规则就没有多少共性。每一原则均表达了某种价值，但每种价值在法律体系中又只有有限和相当特别的适用性。

然而，我认为，在公法和私法的较高抽象层面上正在发展出重要的共同关键价值。这些价值源自普通法、衡平法、成文法的发展和欧盟法的影响（尤其是在人权领域）。普通法和成文法也受

---

① 参见 Franks Committee Report *Administrative Tribunals and Inquiries*（1957）Cmnd 218。

② 参见 *Council of Civil Service Unions v Minister for the Civil Service* [1985] AC 374。

到了欧洲共同体法律的影响：如避免雇佣歧视的措施[③]和在国家行动中的法律确定性及成比例的要求。[④]

覆盖整个法律制度的价值可以被概括为自治性（在行动自由的意义上）、尊严、平等尊重、身份和安全。这些是这里所发展的主题的“核心”价值。如随后章节中的讨论所示，法院和学术评论者在公法和私法中均频频使用这些术语；尽管法院很少探究这些概念，它们却是很多判决明示或默示的基础。我们或许可以说，这些价值明显是法律的一部分，以至于将它们作为这里所发展的主题的支柱有些多此一举。实际上，它们在任何民主制度中都很基本且无处不在，这是不证自明的。但并非从来如此。如下文第六章和第七章关于公私法律关系演化的讨论所示，直到上个世纪，这些价值的利益的重要性才获得法律认可，并在诸如个人与政府关系、雇员与雇主关系、妻儿与丈夫和父母关系等案件中得到保护。而且，如下文所示，这些价值与其他抵消性的价值和利益（如市场需要和支持公私权威的地位所体现的公共利益）存在冲突。

在进而详述这些价值之前，我们需要解释一下“价值”一词的含义。

“价值”的概念

本章和随后章节将主要讨论个人利益如何与其他考虑因素相权衡。个人利益和其他考虑因素可能在诸多法律领域中存在冲突（从家庭法到雇佣、合同、侵权、衡平、贸易限制和其他关系）。“价值”和“个人利益”两词经常被互换使用，但在有些语境下，价值不同于个人利益。例如，公法中的公开、公正和无偏私价值服务于一般公共利益，而不仅仅为了保护特定个人。

---

③ 参见本书第六章。

④ 参见本书第五章。

简明牛津英语词典对价值的定义于我们有所帮助："为其自身目的而应获得尊重之物；具有内在价值之物。"据此定义，价值有关权利义务。[⑤] 当然，有很多东西可以被视为价值：对生命的尊重、对他人的关怀、勇气、真相、美丽、健康……然而，我们的目的是试图找出作为公私法基础的终极和最普遍的价值；在我看来，它们应当是很少的。[⑥]

这些共同的终极价值接近于德沃金（Dworkin）所说的"背景权利"，即"抽象而言，为社会政治决策提供正当性的权利"[⑦]。但这里所使用的价值一词却并非权利，尽管权利是对价值的反映。[⑧] 例如，享有正当程序的权利（在英国法中的术语是程序适当性和自然正义规则）保护了个人的尊严、自治等[⑨]，但它自己并不把那些价值或利益当作权利。澳大利亚联邦法院法官保罗·芬恩在司法外写作的一篇文章中明确区分了权利和价值："难道法律更关注的不是对我们的社会秩序基本的、议会必须尊重的价值（除非有良好和经宣示的理由），而不是授予个人的权利吗？"[⑩]

价值也不同于原则。[⑪] 乔韦尔认为原则关涉"可用以评估规则的规范道德标准"[⑫]。德沃金在《认真对待权利》一书[⑬]中用"原

---

⑤ 但对比下文中 Habermas 对原则和价值的比较。

⑥ 关于价值的含义的一个极简明的讨论，参见 W L Twining and D Miers *How to do Things with Rules* 3rd edn（1991）pp. 138－140。亦参见 L Fuller *The Morality of Law*（1969）。

⑦ R Dworkin *Taking Rights Seriously*（1977）p. 93.

⑧ 然而，德沃金主张最基础的权利是平等关怀和尊重的权利［《认真对待权利》（*Taking Rights Seriously*）第 6 章］。这里的权利概念关乎一项我认为是公私法律基础的终极和无处不在的价值。但这些术语中的权利太过抽象和概括，以致无法执行。

⑨ 参见 D J Galligan *Due Process and Fair Procedure*：*A Study of Administrative Procedures*（1996）chapters 1 and 4；G Richardson 'The legal regulation of process' in G Richardson and H Genn *Administrative Law and Government Action*（1994）。

⑩ P Finn 'Controlling of the Exercise of Power' 7 Public Law Review 86 at p. 89 (1996).

⑪ 关于"价值"和其相关术语不同含义的讨论，参见 B Simpson 'The common law and legal theory' in W L Twining（ed）*Legal Theory and Common Law*（1986）。

⑫ J L Jowell 'The legal control of administrative discretion'［1973］*Public Law* 178，201.

⑬ （1977）特别是第二章和第四章。

则”来指“将被遵守的规范，并非因为它们会促进或保障一项被认为可欲的经济、政治或社会情境，而是因为它们是正义、公正或其他道德维度的要求。因此……无人可从其过失中获益的规范是一项原则”⑭。德沃金的原则是这里所说的价值的运用，但这些价值在抽象位阶⑮上的层次比我们所欲达到的层次要低。例如，德沃金提到了里格斯诉帕尔默一案⑯：一位被祖父在遗嘱中提名的人因为谋杀了立遗嘱人而被认为无权继承。在一个层次上，如德沃金所述，本案阐释了无人可从其过失中获益的格言或原则；在另一个更抽象的层次上（这一层次可被用来阐释高层次价值的运作），继承人拒绝给予其祖父以自治和尊重。⑰

我们刚才已经谈过，简明牛津英语词典对价值的定义将其视为有关权利义务的。与此相对，哈贝马斯区分了价值和原则；他认为：“原则或较高层次的规范可以正当化其他规范，故有关权利义务；而价值是目的性的。”⑱他指出，因为原则有关权利义务，故“具有广泛约束力而不仅仅是被特别偏好的”，并因此具有比价值更强的正当化力量。“价值必须在个案中与其他价值被放在过渡性序列中。因为对此并无理性标准，故对利益的权衡要么武断要么未经慎思，而是根据习惯标准和等级制度得出的。”⑲有效的规范必须能够形成一套一致的法律体系，而具有不同层次的重要性且彼此冲突的价值则必须被相互权衡，以确定在特定情况下什么是好的、最佳的或最不差的。⑳

价值的确在一套体系中的不同层面运作，并且有些是目的性

⑭ *Dworkin* p. 22.

⑮ 抽象位阶是指“从较低层次的抽象到较高层次的抽象的连续分类顺序”，W L Twining and D Miers，op cit at p. 56。

⑯ 115 NY 506，22 NE 188（1889）.

⑰ 参见 Sir John Laws ‘Public law and employment law：Abuse of power’［1997］Public Law 455 at p. 465 关于原则、规则和价值的不同之处的简要讨论。

⑱ J Habermas *Between Facts and Norms* trans W. Rehg，（1996）at p. 255；亦可一般性地参见 at pp. 253 - 261.

⑲ *Habermas* at p. 259.

⑳ *Habermas* at p. 261.

的。例如，被称作 *sigma* 的经济和节俭价值，被称作 *theta* 的正直和衡平价值，被称作 *lambda* 的安全和可靠性价值[21]就是目的性和权利义务性的混合。我认为，经济和节俭不是具有内在权利义务性的，而衡平和安全是这样的。我们需要关注的是权利义务性价值（如自治、尊严）带来的是什么。这并不是要否定有些价值可以是目的性的。

价值必须与法律和法律政策中的其他考虑因素相竞争，这也是它们并非权利的原因之一。例如，支持个人言论自由方面的自治就涉及与另一个人的尊严和隐私受尊重这一相竞争主张的权衡。[22] 经常需要在这些主张之间作出选择。价值经常需要与更广泛的利益相竞争，也需要考虑给予这些价值优先性会有怎样更广泛的影响。例如，支持所有雇员的安全和身份可能对企业的管理造成破坏，而这可能进而伤害企业的生存能力，威胁劳工和其他与企业利益相关人士的福祉。[23] 显然，因为有可能伤害雇员的安全和身份就阻止企业运作中的必要改变是不恰当的。但要求雇主在决策前考虑雇员的利益将保证对这些价值的考虑影响决策，而不必将它们提升为权利。

价值是法官工作的氛围和"背景"的一部分。与我的基础价值概念最接近的大概是尼尔·麦考密克所说的"有关有组织的社会中个人生活应当怎样的背景道德观念"[24]。拉茨（Raz）在一处使用"价值"这一术语指构成或隐含存在行动理由之物。[25] 这是颇有助益的贡献，当然有些行动理由不好，而不能被称作"价值"，尤其不能被认为是对人类条件具有根本意义的价值。

在探究特定的"核心"价值（这是本书主要关注的问题）之

㉑ C Hood 'A public management for all seasons' (1991) Public Administration 3.

㉒ 参见本书第十章关于隐私权的讨论。

㉓ 参见 *Boychuck v H J Symons Holdings Ltd* [1977] IRLR 395 at 396，将在本书第六章中讨论。

㉔ N McCormick 'Juriprudence and Constitution' [1983] Current Legal Problems 13 - 30 at p. 22.

㉕ J Raz *The Morality of Freedom* (1986) at p. 397.

前，需要注意到对于权利的考量被有意排除于将要提出的理论之外。关于权利的文献已浩如烟海，因此这里不必多此一举地加以补充。核心价值比权利更为普遍，而关注于权利将偏离于我们的观点。因此，在稍后关于《人权法》的讨论中，我们将关注《欧洲人权公约》和《人权法》所表达的价值。[26] 如我们已经提到的，价值是权利的基础。而价值也是其他很多东西的基础：原则、司法审查案件中相关考虑因素的观念、有关信赖和贸易限制的法律、公共政策的法律概念。法院、立法机关和行政机关在决定各种事项（从诸如合同、侵权、信托和财产等与人权基本无关而与个人利益极其相关的私法的发展，到启动公民宪章动议，在雇佣法、家庭法、教育法和其他领域立法）时考虑这些事项。因此，我们有意关注价值，而不是随之而来的权利。

五项“核心”价值

我们先前已经提到，公法和私法中普遍存在五项价值，而法院和对欧洲法的决定和条款或成文法进行评论的人也频频提到它们。一个合乎情理的问题是：为什么选择这些特定价值？它们来自哪里？第二个问题将在本章后段加以考虑。关于为什么这些特定价值被当做讨论所关注的核心，理由是它们是实践中被发现实际在公法和私法中均被发挥作用的价值。本书第四至十章有关特定话题的讨论将展示这一点。

这五个词是尊严、自治、尊重、身份和安全，是我们关注的价值，它们是特定术语而并无固定或非常具体的含义。实际上，它们很少被法院明确分析，也很少出现在立法中。但我认为，在实践中，对这些价值的尊重虽然未被言明，却影响了很多公法和私法。在稍后章节的讨论中，我们将试图从司法判决、成文法文本和其他规范中探究和找出这些价值的各个方面。但现在，也许

[26] 参见本书第十章。

有必要宽泛地概括出这五个词在法律渊源中是什么含义，并举例加以说明。在实践中，它们不可避免地相互交叉。

自治、尊严和尊重

第一，自治。这在严格意义上是指，依照自己的律法生活或自我管理。拉茨将自治定义为人们需自谋其生的观念。[27] 他提出，自治的生活是“自我发起”的[28]，而受到强制则是对自治的侵犯。[29] 因此，控制个人受制于他人（无论是国家还是私人机构）的权力或强制的方式与保护自治的考量相关，而且经常在权力不平衡的语境下讨论自治。

自治经常被认为指且仅指在市场中运作的自由。这一狭隘的观念将错失我们试图提出的一项论点，因为它未与我们的其他核心价值相联系。例如，它未考虑在有关关系的法律（婚姻、父母和子女关系）中产生的、被称作“关系性自治”的问题；然而，过去一个世纪的发展增加了该等关系中较脆弱的当事方的自治，而该等发展与市场活动关系不大。[30]

当有关自治的问题在诉讼中出现时，它们通常与一方当即的行动自由——例如，活动和不受身体限制的自由、言论自由、从事自己选择的职业或工作的自由——以及另一方是否和如何有权限制该等自由（通过身体强制、撤销合作、合同或其他方式）有关。自治的这一“行动自由”维度将是本书随后章节的关注焦点所在。

㉗ *Raz* op cit at p. 369. 拉茨辩称，“最终，那些在促进自治的文化中生活的人只有在自治时才能繁盛”（at p. 394）；并一般性地参照 *Raz* chapters 14，15。自治的一个新说法是“自我所有权”，但我不建议在此使用这一术语：参见 A Reeve ‘The theory of property. Beyond private versus common property’ in D Held（ed）*Political Theory Today*（1991）；亦参见 D Held *Models of Democracy*（1987），chapter 9。

㉘ *Raz* at p. 155.

㉙ *Raz* at 154，and pp. 377 et seq.

㉚ 关于关系性自治的发展和这些关系中的其他核心价值的考虑，参见本书第六章和第七章。

自治价值和尊严价值经常被认为相互补充或被一起提及。例如，艾伦发现了对英国式民主的两种解释：多数决主义理论和社群理论，并指出："无论根据哪种解释……被认为是形式合法性戒律的法治，都是对人权和自由权的重要保障。"㉛他接着讲："良知和宗教自由……对于作为我们政治文化中心的人格尊严和个人自治的价值具有根本的重要性。"㉜他辩称，就被他称作"社群主义"的英国政府而言，"个人尊严和道德自治构成公益的必要组成部分"㉝。

正如自治与尊严紧密相关一样，尊严与尊重也密切相连。拉丁语中的"dignus"指的是有价值的，隐含了荣耀和声誉的意思。尊严通常是关于人们如何看待他们自己。在这个语境中，尊严和自我尊重是同义词。一个病人可以独自并有尊严地承受。即使不存在羞辱的见证者，一个人仍可能感觉受到了羞辱。但一个人如何被他人对待可能影响他们如何看待自己。这就是尊重（与自我尊重相对比）与尊严之间的联系。康德的实践命令表达了尊严与尊重相联系的一个方面："无论对待自己还是对待他人，均永远把人视作目的而非手段。"㉞

简明牛津英语词典对尊重的定义包括"重视、体贴"㉟。这宽泛地表达了在考虑公私法律共同价值的语境中"尊重"的含义。一个人从其他人处获得的尊重会影响他与其他人的关系。这包含了平等对待和不歧视；两者都是掌权者的体贴利他主义的体现。对这些联系的承认也见于德沃金有关个人有权获得平等关怀和尊

㉛ T R S Allan 'Fairness, Equality, Rationality: Constitutional Theory and Judicial Review' in C Forsyth and I Hare (eds) *The Golden Metwand and the Crooked Cord* (1998) 15, at p. 18.

㉜ Op cit at p. 24.

㉝ Op cit at p. 17.

㉞ I Kant *The Moral Law* (*Groundwork of the Metaphysic of Morals*) trans H J Paton (1965). 参见 Sir John Law in 'The Constitution: Morals and rights' [1996] Public Law 622 中关于 Kant 观点的讨论。

㉟ 我为这些目的未采用简明英语词典中所说的"由一个人感受或被呈现的服从性重视或尊重"(*deferential* regard or esteem felt or shown towards a person)。

重的论断中[36]，尽管因为以上已述的原因，这将被看作一系列法律价值而非严格的法律权利。

法律当然无法强迫他人在他们的主观观念中“尊重”一个人。但法律自身可以尊重人。例如，法律可以在有关个人的决定作出之前，给予个人机会以听取其自身答辩，并对他们的观点给予经说理的回应。而且，法律可以并且事实上强迫他人（特别是国家机关）做同样的事。这很大程度上是公正和自然正义之要求的目的。[37]

普通法承认尊重个人（包括个人和公司应以尊重待人的观念）的重要性的方式可以通过多种方式说明。为了这里的目的，几个例证就够了。在合同法领域，显失公平的交易原则适用于具有优势的合同一方未尊重对待另一方的情形。[38] 在福莱诉雷恩（*Fry v Lane*）一案中，凯（Kay）法官概括了 19 世纪案件的效力：“……若一个穷困无知且未获独立建议的人以低估的价格卖出东西，则衡平法院可以撤销交易。”[39]在此情况下，法律对交易中的强势一方施加了尊重、体贴和利他的间接义务，如有违反则弱势一方可能获得救济。因此，尊重与体贴相联系，要求在很多情形下采取体贴的行动，并对受到行动影响的人作体贴的决策。我们将在稍后章节中作具体讨论。

平等是尊严和尊重的一部分。歧视是对个人尊严的公然轻蔑，而非理性的歧视行为表明缺乏对个人的平等尊重。当然，有些歧视是有正当理由的：儿童需要特别保护，残疾人应得到雇主的特别帮助以使他们可以工作。我们在此不会深入讨论纠正歧视行动问题，但显然对于积极或消极歧视的合理边界存在争论。

㊱ *Dworkin* chapter 6.

㊲ 参见本书第六至九章有关公私决策过程中的公正程序要求的讨论。亦参见 D J Galligan，如上。

㊳ 注意 Capper 讨论过谈判权力不对等原则和显失公平原则的“神圣价值和共同理解”：D Capper ‘Undue influence and unconscionability：a rationalization’（1998）114 LQR 479 at p. 482。

㊴ （1888）40 Ch D 312 at 322.

雇佣中平等原则的主要概念是：平等（即不歧视）对待是个体劳工的个人尊严受到尊重的权利的一部分；这也是它能在劳动法中有一席之地的原因。[40] 平等（同我们考虑的其他价值一样）与公民权相关。艾伦提出："法律面前的平等被视作平等公民权的一个方面，是所有受制于政府权力的人士获得道德平等或平等尊严的理想……"[41]

尽管平等在不歧视的意义上是公私法律共同的基础价值[42]，显然普通法和成文法条文均容忍相当多的歧视。这为价值不同于权利且价值之间的相互冲突提供了一个例证。例如，在私法领域中，以立法尚未覆盖的原因（如性取向、政治或宗教效忠、年龄、外貌、个人仇恨或友谊）歧视被认为是个人和公司的自由/自治的一部分。[43] 然而，法律的发展方向是承认以尊重对待所有人和尊重个人尊严的重要性。而这也间接通过成文法、欧洲法[44]、普通法的发展影响了公私法律的发展，并因此在不歧视意义上的平等作为尊严和尊重这些共同基准价值的一部分缓慢进入了公法[45]和私法[46]体系。

最后，我们来谈一下尊严、自治和尊重这些价值的起源。它

㊵ 参见 Deakin and Morris Labour Law（1998）at para 6. 2. 2。

㊶ Op cit，Allan p. 17.

㊷ 有关于此，参见 M Taggart 'The province of administrative law determined?' in M Taggard（ed）*The Province of Administrative Law*（1997）；C McGrudden 'Racial discrimination' in C McCrudden and G Chambers（eds）*Individual Rights and the Law in Britain*（1994）；J L Jowell 'Is equality a constitutional principle?'（1994）47 Current Legal Problems 1；亦参见本书下文第六至九章的讨论。关于美国在普通法和平等上的立场，参见 Note，'The anti-discrimination principle in the common law'（1989）102 Harv LR 1193；C M Haar and D W Fessler *The Wrong Side of Tracks*：*A Revolutionary Discovery of the Common Law Tradition of Fairness in the Struggle Against Inequality*（1986）。

㊸ 参见，例如 *Allen v Flood*［1898］AC 1。对比 *Nagle v Feilden*［1966］2 QB 633，以及本书第九章的讨论。

㊹ 包括禁止基于种族、性别或残疾歧视的条款。亦参见 C Barnard 'The principle of equality in the Community context *P Grant*，*Kalanke and Marshall*：Four uneasy bedfellows' 57 Camb LJ（1998）352。

㊺ J L Jowell，'Is equality a constitutional principle?'（1994）47 Current Legal Problems 1.

㊻ 参见本书第九章。

们植根于可追溯到 17 和 18 世纪的自由理论。[47] 在公法中，它们（特别是其自由维度）构成了洛克林称作"规范主义者行事方式"[48]的一部分。"经典自由主义的价值主张个人尊严、个人自由至上、市场的德性以及要求有限政府在法治下运行"[49]。这些在表面上是个人主义者的价值。然而，尊严和尊重价值也具有公民性或社群性，因为它们要求个人在社会中及与他人关系中的地位受到保护。而且，这里提出的五种价值均可在公私法律中找到支持的事实，包括它们需要被彼此权衡。自治，以及其个人主义的组织不过是一系列价值的其中之一；社群性或公民性的价值被强烈地反映在我们需要关注的法律领域中。

关于关系的法律很好地反映了这些价值如何渗透进公私法律之中。我们将在本书第六章和第七章中对此加以讨论。根据 17 世纪晚期的立场，君主与臣民、主与仆、丈夫与妻子、父母与子女之间的关系是等级森严的，强势方对于弱势方拥有完全的权威，甚至在某些方面拥有所有权；随着成文法、普通法和衡平法的发展，弱势方的自治、尊严和尊重受到了更广泛的保护，以免受强势方的权力滥用，而强势方的权威也极大地削弱了。实际上，其基础关系模式已由积极专制主义转变为更具参与性和利他性的模式。

身 份

对于社会学家、政治科学家和法律人来说，身份具有不同的含义。它在这里不只具有传统的法律含义，即施加或授予特定人群（诸如配偶、子女、精神病患者、外国人）的特别法律障碍或特权。法律身份包括"属于法律授予特定法律能力或无能力的特定人群的条件"[50]。获得某些法律身份有时是非自愿的，例如婴儿

---

[47] J Locke *Two Treatises of Government*（1690）.

[48] M Loughlin *Public Law and Political Theory*（1992）chapter 5.

[49] *Loughlin* at p. 84.

[50] Sir Carlton Allen 'Status and capacity'（1930）46 LQR 277，288.

和精神病患者。其他法律身份则是自愿的，特别是婚姻和雇佣。但一旦具有了某个自愿身份，则它的许多附带物就由法律所施加。法律身份可能会给个人施加特定法律权利和义务；这不仅约束关系（如婚姻）的当事人，也约束第三人。在 20 世纪，此类特别法律身份的范围已经明显缩小了。

直到 19 世纪晚期，法律身份对于很多人来说都具有核心的重要性。如我们应在本书第七章中看到的，已婚妇女因其婚姻身份而承受了相当的法律不能；但她也从她的丈夫处获得了社会身份以及让丈夫给她的子女以赡养和社会认可的权利。私生子被认为是不受欢迎的身份；婚生子是特权性的身份，给予孩子以父亲的社会身份以及继承和通过信托获益的可能性（而私生子是得不到这些的）。婴儿受限于很多法律不能，但也享有某些特权和豁免，并且现在仍然如此。这些法律身份反映了社会规范和经济现实；随着规范和现实的变化，法律也在变迁，以与现实保持一致，其基本方向是在可行的情况下平等对待一切个人。

为了本书所发展的论点的目的，我们在宽泛的社会学意义上使用“身份”一词，尽管法律身份的一些附带物与身份的社会维度存在巧合。韦伯把身份看做通常由个人通过其在一个群体内的成员资格而享受的社会认可的一种形式。这种群体并不需要法律承认或认可。例如，在非契约意义上的教会，种族、职业或体育组织，劳工，政党，或家庭和王朝的成员资格可以赋予身份；成员资格影响群体中其他成员和群体外人士看待该成员的方式。

法院承认在“社会”意义上的身份是一种值得获得法律保护的价值。这基本是一种社群主义的价值。在这一方面，法律促进了民主的公民理论和公民权概念的发展，保护个人在公民社会中的地位。

一个人在社会中的地位可能取决于声誉。这也被诸多不同的法律规则所认可。诽谤侵权显然旨在保护身份。[51] 在雇佣关系中，信任和信赖的义务部分旨在保护雇员，以使其免于因受雇于腐败

---

[51] 参见下文第八章。

或不诚实的雇主而遭到品格上的损害。如果雇员因为被错误解雇或雇主违反信任和信赖条款而遭受声誉上的损失的话，则可能获得惩罚性损害赔偿。[52] 个人声誉可在司法审查[53]中和一些私法情形中得到保护，即若某项决定很可能对一个人的品格造成玷污，则应通知该人并使其有机会应对。[54]

我们这里所考虑的意义上的身份也取决于拥有的职业资格和在职业或社会组织（如工会、俱乐部、教会等）的成员身份。有关这类社会组织的成员资格及其排斥和驱逐的判例法正在发展，这反映了对于此类机构之于个人的重要性的认可。例如，当一个人被开除出某个组织（如工会、保险协会或他作为成员的俱乐部）时，应遵循公正和自然正义规则。[55] 这些规则体现了有关权力行使的参与式社群主义理论。

安　全

最后谈到的是安全价值。安全价值指的是依赖或信任与之交往者（包括公共机构）的能力，和得到保护免受危险或风险的条件。[56] 安全与身份相关，因为被高度重视的事实本身就提供了某种安全；在赋予身份的特定群体（如职业）内的成员资格也是如此。

在 18 世纪和 19 世纪，安全受到了法律和政治评论家的重点关注。弗吉尼亚人民代表于 1776 年 6 月 12 日通过的权利宣言第三条称："政府是，或者应当为了人民、国家或社群的共同利益、保护和安全而组建。"法国 1789 年《人权宣言》则规定："第二条　任何政治结合的目的都在于保存人的自然的和不可动摇的权利。

---

[52] *Malik v BCCI*［1997］3 All ER 1 at 9 – 12，per Lord Nicholls. 亦参见本书第八章中的讨论。

[53] 参见，例如 *R v Gaming Board of Great Britain*，*ex p Benaim and Khaida*［1970］2 QB 417。

[54] 参见，例如 *McInnes v Onslow Fane*［1978］1 WLR 1520。

[55] 参见本书第九章。

[56] 简明牛津英语词典。

这些权利就是自由、财产、安全和反抗压迫。”“第十二条 人权的保障需要有武装的力量；因此，这种力量是为了全体的利益而不是为了此种力量的受任人的个人利益而设立的。”[57]

边沁（Bentham）将安全视作立法政策最重要的目标和效用的首要来源。[58] 这些见于他所说的“提供安全原则”和“防止失望原则”，而后者构成了许多罪名存在的唯一理由。[59] 他进一步指出：“强制履行合同的唯一原因是……因不履行而造成的失望。”[60]他认为：“每个人从法律中寻求安全，以对抗灾难或来自外来者、同侪或规则的敌对。”[61]边沁并未在身份上多费口舌，但他指出：“被认为适用于个人的安全的目的是四个独特的占有：人身，声誉，财产和生活条件。”[62]声誉和生活条件明显属于本书就公私法律共同价值所阐述的身份这一范畴。

在边沁看来，安全与信任的观念相联系。凯利（Kelly）指出：

> ……作为边沁论点基础的是这样一种观念：大多重要的利益来源，尤其是那些导致成为现代社会特征的复杂形式的社会交往，是在有关其他人如何行动的信念的复杂形式的语境下发展出来的……对于福利（依赖于一个人的行为如何影响他人的行为）的形成而言，对于他人如何行动的信念是不可或缺的。[63]

凯利辩称，安全是效用最重要的来源，因为它是人身连续性

---

[57] 有关这些文献以及其所代表的自由民主哲学的讨论，参见 E Kamenka ‘The Anatomy of an Idea’ in E Kamenka and A E Tay *Human Rights*（1978）。

[58] 参见 P J Kelly *Utilitarianism and Distributive Justice. Jeremy Bentham and the Civil Law*（1990）p. 73. 其他目标还包括生存、富足和平等。

[59] Jeremy Bentham *Official Aptitude Maximized; Expense Minimized* ed P Schofield（1993），Appendix B ‘On Retrenchment’, pp. 342-346.

[60] *Bentham*，同上，p. 346.

[61] J Bentham *First Lines of a Proposed Code of Law* ed P Schofield（1998）chapter 2，para 1.

[62] *Bentham*，同上，chapter 2，para 1。

[63] P J Kelly，op cit at pp. 78 – 79.

和利益形成的必要条件。[64] J. S. 米尔（Mill）也把安全看作根本性的价值——他提到："……安全，在任何人看来都是最重要的利益……人类不能无安全……除物质营养外，是所有必要物中最不可或缺的……"[65]

布莱克斯通将安全看作每个人就其绝对行动自由作出让步的正当化理由：

> 对任何人而言，只要稍加思索就不会希望保留绝对且不受控制的、做任何他想做的事的自由；这样的后果是每个人都有同样的权力；继而，任何个人都无法安全地享受生活。[66]

根据当代的术语，安全包括，诸如有权实现个人的合法期待[67]——有关掌权者应当审慎利他的权利。值得注意的是，边沁在讨论安全时频频使用"期待"一词，特别是在与防止失望原则有关的讨论中："若要产生失望以及因此由失望的性质所带来的痛苦，之前必然存在期待。"[68]

在普通法和许多成文法中，安全和信任同以前一样重要。奥诺雷（Honoré）在他 1982 年的哈姆林（Hamlyn）演讲中探究了出租人和承租人、雇佣和婚姻领域的成文法立法趋势，并提出它们具有的共同意愿是为这些关系中的弱势方提供安全。[69] 在雇佣关系中，信任和信赖的义务也是安全之重要性的例证。这一义务旨

---

[64] *Kelly*，同上，at p. 73。

[65] J S Mill *Utilitarianism*，*On Liberty and Representative Government*（1910）（ed）at p. 50.

[66] Sir William Blackstone *Commentaries on the Laws of England* vol I，chapter 1，p. 126.

[67] 参见第五章中关于司法审查中合法期待的讨论以及第八章中与合同和信托有关的合法期待的讨论。

[68] J Bentham *Comment* in J H Burns and H L A Hart（eds）*A Comment on the Commentaries and A Fragment on Government*（1977）；亦参见 *Kelly*，op cit at p. 77。

[69] Tony Honoré *The Quest for Security*：*Employees*，*Tenants*，*Wives*（1982）. 他关注这些关系中具有依附性的一方的脆弱性，并探究了社会在何种程度上给予他们更多的安全。

在保护雇员的安全和身份以及雇主的利益。[70] 而且，诸如1967年《虚假陈述法》之类的成文法也意图通过向交易相对方施加值得信赖义务来保护个人的安全。信义义务、诚实信用义务和保密义务[71]旨在促进社会中的信任，并进而促进安全。

安全在保护免受风险和危险方面也有其重要性。与此有关的法律安排见于私人保险（如寿险、人身伤害和意外险、失业保险等）以及福利国家条款（包括保健服务、教育、失业者和遭冗余裁员者的福利）中。[72]

总之，与身份类似，安全价值通过加强个人与其所活动的社会圈的联系，不只促进个人利益，也促进社会或公民利益。换言之，这是一种反映了参与性社群主义和审慎利他主义的民主价值。

竞争性的价值

如上讨论的五种共同价值经常在具体个案中相互冲突。在诽谤案件中，一个人的言论自由（自治）受限于另一个人就其身份、尊严和尊重所享有的利益。本书下文中将提出，法院日渐明确地就这些价值衡量诉讼各方的利益并决定给予它们的相对权重。在随后章节中，我们将展示这样的趋势：在共同价值相互冲突的案件中，法院给予个人而非公司利益更多的权重，且不接受国家机关为其自身目的而可享有这些价值中的利益，并试图以有利于弱者的方式补偿当事人之间的权力失衡。

这些价值经常与其他价值产生冲突。这包括，例如，尊重当

---

[70] 参见 *Malik v BCCI* [1997] 3 All ER 1，HL，以及本书第六章中有关雇佣关系的进一步讨论。

[71] 例如，信赖一旦被给予另外一人，就应当被尊重：*Stephens v Avery* [1988] Ch 449 at 482。

[72] T H Marshall *Citizenship and Social Class*（1950）一书提到，20世纪通过引进由成文法所保护的社会权利，使个人可以以公民身份参与社会。马歇尔所说的这种公民权的“社会元素”是指“从少许经济福利和安全权利到充分分享社会遗产及根据社会主流标准过文明生活的权利在内的一整套权利”，at p.11（强调为笔者所加）。也参见 Honoré at p.117。

权者的所谓需要[73]，良好管理的利益[74]，市场利益和国家安全利益。[75] 议会和政府机关的共同立场是，这些竞争性的利益比本书所探究的共同利益更重要。但如我们将在随后章节中看到的，在法院不得不对我们这里的共同价值和这些其他竞争性的价值之间的权衡作出决定时，我们这里的共同价值成为重要的考虑因素。这与 19 世纪早期的立场有很大不同。例如，如我们将在第六章和第七章对有关关系的法律的发展的讨论中看到的，那时，支持权威和良好管理利益通常被优先对待，而这是一种积极专制主义的方式。这把我们带回了第一章中勾勒的宪政和公民权理论流派：实际上，随着共同价值在法律制度中的重要性的增加，在公法和私法中，积极专制主义模式正在被自由主义、参与性社群主义和审慎利他主义原则所取代。

---

⑬　参见，例如，本书第二章关于巴格案的讨论，第六章关于雇佣的演化的讨论，和第七章中关于婚姻和父母/子女关系的讨论。

⑭　参见本书第四章和第五章关于司法审查的讨论。

⑮　参见本书第五章的讨论。

第四章

公法 1：奥赖利诉麦克曼案

在本章中，我们将关注自上议院在奥赖利诉麦克曼一案[①]作出决定以来司法审查中所体现的公私之分。下一章则将考虑公法如何承认上一章中所探究的共同价值对个人的重要性，以及如何控制（广义上的）国家权力的行使。

奥赖利诉麦克曼案之前

为了把奥赖利案所引入的排他性规则问题放在语境当中，我们将先概括一下此决定之前的立场。如果诉讼当事人希望宣称公共机构或行使公共职能的机构违反了行使决策权的要求，则他有两种主要的程序可供选择。第一，他可以向王座分庭申请进行后来被称为司法审查的程序。在这些程序中，法院有权颁行旧有的特权令状（为我们这里的目的，特别包括调卷令、执行职务令和禁审令），而自 1977 年法院规则改变以来，法院亦有权给予禁制令、声明甚至损害赔偿。调卷令的申请必须在被控诉的事项发生后 6 个月内提出，必须取得申请许可，在庭审中证据通常要以宣誓陈述书的方式提出。很少许可进行文件披露。在此类案件中，被申请人处于具有特权的位置上，因为申请调卷令的时限很短，且申请人需要取得许可。一般说来，特权令状仅可针对公共机构和行使公共职能的机构取得，但是它们的适用程度并未被频繁检验，因为在王座法庭或衡平分庭的程序中可以获得替代性的救济。

申诉人还可以在王座法庭或衡平分庭中获得其他程序。申请

① ［1983］2 AC 237.

人可以通过令状或起诉传票申请声明或禁制令，以质疑公私机构的决策过程。在此适用的是一般私法的诉讼时效期间，而且不要求原告或申请人取得许可。因此，原告可能更倾向于这一程序而非司法审查。可以从判例法中找出这些申请的依据，而且一般说来，判例法并不从实质上区分对特权令状的申请和对声明或禁制令的申请。

因此，在奥赖利诉麦克曼一案之前，人们认为在第53号令和其他程序之间并不存在实质区分。有关合法性、公正性（在程序适宜性的意义上）或合理性［这一对审查依据的分类由迪普洛克法官在奥赖利案后的公务员工会理事会诉公务员部长案（*Council for Civil Service Union v Minister for the Civil Service*）② 中提出］是否适用于某一特定个案的问题并不取决于涉案机构是公是私，或被质疑的职能是公是私。由此发展出的实体规则是：公共机构通常必须符合这些要求，但很多这些规则也适用于“私人”机构或行使私人功能的机构。③

之后，奥赖利诉麦克曼一案的决定出现了。

奥赖利诉麦克曼案

奥赖利诉麦克曼案中的申请人是在赫尔（Hull）监狱暴动后被巡督员委员会处罚的犯人。他们在一个案件中通过起诉传票启动程序，而在1980年的其他案件中通过令状启动程序。当时已大约是暴动4年之后，距离处罚程序也已经过去了好几个月。之所以有此延误，是因为直到R诉赫尔监狱巡督员委员会（圣日耳曼动议）（*R v Board of Prison Visitors of Hull, ex p St Germain*）案④作出决定后，犯人们才意识到他们或许有权就处罚程序进行的方式申请司法审查。奥赖利诉麦克曼案承认犯人原则上可以根据

② ［1985］AC 374. 参见本书第五章中对于本案的进一步讨论。

③ 参见本书第八章和第九章中关于私法中存在这些义务的讨论。

④ ［1979］QB 425，CA和（No 2）［1979］1 WLR 1401，DC.

第 53 号令获得申请司法审查的救济，但他们被要求获得申请许可，而如果逾期则无法获得许可。因此，犯人们决定启动私法程序，而非申请司法审查。

在奥赖利案中，巡督员委员会辩称除非通过司法审查申请，否则法院不能立案审查对它们所作决定以质疑。上议院的迪普洛克法官接受了这一观点，并作出如下决定：

> 在我看来，作为一条一般规则，允许个人通过普通程序寻求论证公共机构侵犯了个人应在公法下获得保护的权利，并以此规避旨在保护这些机构的第 53 号令的规定是违反公共政策的，且构成对法院程序的滥用。[⑤]

迪普洛克法官详细解释了这一排他性规则所服务的公共利益：法院有必要在案件一开始的时候就决定案件是否继续；仅仅在通过令状或起诉传票启动的案件结束的时候行使裁量权拒绝给予救济是不够的。

> 因此，延迟法官有关如何行使裁量权的决定将损害作为赋予这些保护的基础的公共政策：就是说，为了良好治理和可能被决定间接影响的第三人的利益，有必要快速确定它是否产生在公法上有效决定的效力……如前三个上诉人在此上诉所示，就被质疑的决定的有效性而言，质疑可能是基于最终被认为无依据且不被誓言所支持的理由，其不确定的时间可能被拉得很长。除非这一案件可以从一开始就被用简易方式、以滥用法院程序为由而被驳回，否则，第 53 号令的改变所引导的公共政策的全部目的都无法实现。[⑥]

然而，需要注意的是，就奥赖利诉麦克曼案所关注的问题而言，并不存在因侵害第三方利益或良好治理而使人倾向于否定犯人的法院申诉权利的情况。同样需要注意的是，对良好治

⑤ ［1983］ 2 AC 237 at 284 - 285.

⑥ 同上，at 284。

理或管理的考量以及对第三人的损害也会在私法案件中出现⑦，而这可能影响被告的实体义务和原告的权利；但在这些私法情形中，这些考量因素不被认为是否定原告提起和诉诸司法程序的权利的理由。

简言之，支持排他性规则的理由是此规则保护公共机构或行使公共职能的机构，以使它们的决定免于在事件发生后较长一段时间仍被挑战，并以此使它们正常工作，促进良好治理的利益，以及保护它们的权威免受挑战。⑧ 这里有强烈的专制主义和多数决主义的影响。伍尔夫法官为这一规则辩护的理由是，法院在司法审查中的任务是“保证行使公共职能的机构根据法律的要求行使公共职能。许多这些职能会在不同程度上影响许多人。这就有必要避免因司法程序存在所导致的不确定性，以保护政府和其他公共机构的运作以及所有受到决定影响的相关社会公众成员”⑨。这与奥赖利案中迪普洛克法官的论证相呼应。总体而言，法律委员会在考虑行政法中的救济时，相信现在的立场［即“在（1）质疑是基于公法而非其他依据，即质疑仅仅针对公共机构作为或不作为的有效性或合法性；且（2）诉讼当事人不寻求执行或辩护一项完全的私法权利时，诉讼当事人将被要求遵循第53号令”］是令人满意的。⑩ 如我们在随后章节中将要看到的，类似的论据也被用来支持保护私人决策，但实践中，私人决策很少（但并非绝对没有⑪）得到此类保护。

⑦ 参见，例如，本书第六章对雇佣关系的讨论，以及第八章中对公司董事义务的讨论。

⑧ 关于支持英格兰和威尔士《最高法院规则》第53号令和最高法院令第30节的论述的解释，参见 *Administrative Law: Judicial Review and Statutory Appeals* (1994) Law Com 225。

⑨ ‘Droit public-English style’ [1995] PL 57.

⑩ *Administrative Law: Judicial Review and Statutory Appeals* (Law Comm) no 226 (1994) at para 3.15.

⑪ 例如，基于雇佣权利立法，歧视或不当解雇的申诉需在被申诉的事项发生后3个月内提出——参见本书第六章。

与程序排他性相冲突的案例

奥赖利案的判决考虑的是得益于第53号令相当多保护的“公共机构”。公共机构应否享有这些程序性特权是饱受争议的。一种观点是，这样的特权对于良好公共治理的利益是必要的；公共利益比受到决定影响却未迅速挑战这些决定的个人的利益更重要；我们相信，程序特权不会被滥用，因为公共机构一般都直接或间接地承担民主责任，而政治制衡会避免滥用。这一系列答辩理由基本上依赖于积极专制主义和自由多数决主义理论。[⑫] 然而，我们应当看到，第53号令的保护也适用于并不承担民主或政治责任的组织，例如并购委员会。[⑬] 在这些案件中，对于这些特权（通过依赖短期时限以避免其决定的合法性、公正性和合理性受到法院审查，或避免证据披露或对证人的交叉询问）的滥用缺乏政治防护措施。我们也许要问为什么这些私人机构（即使它们行使公共职能）应当享受这些特权。可以说这类机构应当受制于特别严格的司法审查，而它们不应当享有这些程序法特权。

对排他性规则的其他原则性反对是，迅速申请司法审查（以及在任何情况下应在3个月内作出申请）的要求对于潜在的申请人是不公正的。如果公共机构没有在短时间内被挑战，它们就可以随意从事不法行为，而这将损害法治。1936年诉讼时效法案删除了针对公共机构提起的民事诉讼的类似短期诉讼时效，因此现在在侵权诉讼中，“公共”机构和私人机构受制于同样的诉讼时效期间。而且，如我们在第一章中看到的，侵权诉讼可能引发与成文法义务或裁量性决策有关的问题。简言之，司法审查中的短时限是异常的。

适用于司法审查的许可（现在称为准许[⑭]）要求否定了申请人

---

⑫ 参见本书第一章中对于这些理论的讨论。

⑬ *R v Panel on Take-overs and Mergers*, *ex p Datafin* [1987] QB 815.

⑭ 参见 Civil Procedure Rules 1999，Part 50，RSC，rule 3 (1)。

获得法院保护的权利[15]，而这在民事诉讼中并无对应物。法院在涉及许可（现在称为准许）的决定中表现出了不可接受的不一致性。[16] 公共利益可以通过更不严苛的方式得到保护；例如，通过与民事诉讼类似的因未能披露案由而驳回案件的制度，通过讼费规则，通过特定案件的成文法时限，以及通过给予损害赔偿而非禁制令或其他强制令状。[17]

对于排他性规则的主要实务性反对意见是，公法和私法的区分很难适用，而且由于它给当事人带来了不必要的费用，故而是无效率的。自奥赖利诉麦克曼案以来的一系列案件中，法院或适用此规则，或发展出了此规则的例外。[18] 这里不必详尽分析法院如何试图解决这些问题，但法院思路的例证可以用来说明这一问题。

科克斯诉萨尼尔地区政务委员会（*Cocks v Thanet DC*）案[19]的决定是和奥赖利案的决定同一天作出的。原告在郡法院申请损害赔偿，其理由是根据1977年无家可归者住房法案的条款，他有权获得地方当局提供的住房。这一权利享有与否取决于当局认定他无权享受住房的决定是否合法。这一决定被认定为公法决定，并因此只能通过申请司法审查的方式被质疑。[20] 德史密斯、伍尔夫

---

⑮ 参见 A Le Sueur and M Sunkin 'Applications for judicial review: The requirement for leave' [1992] Public Law 102; M Sunkin, L Bridges and G Meszaros*Judicial Review in Perspective*, (1993), Public Law Project, London。

⑯ 参见 A Le Sueur and M Sunkin supra, M Sunkin, L Bridges and G Meszaros supra。

⑰ 参见本书第九章关于损害赔偿的讨论。

⑱ 有一系列尝试概括或合理化排他性规则的例外，或重塑了这一规则以使其可以考虑例外。参见，例如，M Supperstone 'The ambit of judicial review' in M Supperstone and J Goudie (eds) *Judicial Review* (2nd edn, 1998) at pp. 3.25 - 3.31; *Administrative Law: Judicial Review and Statutory Appeals* Law Com no 226 (1994) at paras 3.11, 3.14。

⑲ [1983] 2 AC 286.

⑳ 注意，就 *Cocks* 案的实体问题而言，即当根据立法有权获得住房而未被提供住房时，是否有权获得损害赔偿，上议院在 *O'Rourke v London Borough of Camden* [1998] AC 188 案中决定，这样的私法权利是不存在的。参见 Sir Robert Carnwath 'The *Thornton* heresy expose: Financial remedies for breach of public duties' [1998] *Public Law* 407。

和乔韦尔认为此决定“无可挑剔”，但指出其在包括住房等要求快速处理的法律领域中给原告或申请人施加了负担。

伍尔维奇（Woolwich）诉讼[21]也说明了申请人的负担。在申请人提出恢复原状的主张之前，申请人应当申请司法审查以废止法规。需要提出的问题是：这样的要求会给被申请人或正义或良好治理的利益带来什么好处？很难看出在这样的一个案件中为什么不能通过司法程序寻求（1）推翻法规和（2）恢复原状，而法院可以采取一种“整合”的方式，首先确定法规的有效性问题，继而对恢复原状的救济作出决定。如果存在成文法诉讼时效或准许的要求，则可在该案件中遵循这些要求，但要求两个案件分开进行看起来是颇不必要的。

基础价值和程序排他性

将科克斯案[22]的决定和本书的一些主题（特别是本书前面章节中探究的价值——尊严、自治、尊重、身份和安全——对个人的重要性在法律上获得的认可，以及其如何和与之相对抗的、公共机构或那些行使公共职能的机构免受法院侵扰完成其工作的利益相权衡）联系起来是颇有助益的。在科克斯案中，公共机构的利益战胜了被告的利益。在此决定背后是对两种相竞争的因素的考量：一方面，是原告获得住房的需要，以及由此通过法院主张其权利以保护其安全和尊严的需要；另一方面，是不能使挑战公共机构的决定太过容易的观念。另外，此案中一个默认的假设是，在某些方面，让一个“低级”法院（如郡法院）决定地方当局的决定的合法性问题是不适宜的。然而，需要注意的是，自此决定之后，郡法院被给予了听审无家可归案件中任何法律问题上诉

---

[21] *Woolwich Building Society v IRC*（No. 2）［1993］AC 70，HL，discussed a p. 28 supra.

[22] *Cocks v Thanet District Council*［1983］2 AC 286.

（在地方当局的内部审查之后[23]）的管辖权，而且能够确认、推翻或改变地方当局的决定。[24] 因此，以上提出的两种反对意见在住房领域已经被推翻了。

自奥赖利案和科克斯诉萨尼尔地区政务委员会案之后，趋势大致是在相反的方向上发展的，而且出现了一系列对严格排他性规则的例外。在旺兹沃思伦敦自治市委员会诉温德尔（*Wandsworth London Borough Council v Winder*）案[25]中，法院决定如果民事诉讼（在本案中是占有权之诉）中的被告需要依赖公法问题，则他有权将其作为一个附带问题在民事诉讼中提出，而不必受制于奥赖利案的规则（即这类问题原则上应通过司法审查申请提出）。我们需要再次注意这一决定与我们的主题的相关性。在旺兹沃思案中，涉案的是被告的安全（继续占有他的房屋），而这一决定实际上通过允许在诉讼的尽可能早的阶段提出实体公法问题，而给予这一利益额外的保护。尽管这一案件和其他案件的判决理由没有提到这些利益，但我认为如果不考虑这些利益和价值，就无法解释这一系列案件的决定。

在刑事案件中也出现了有关诉讼被告可以提出附带挑战的类似问题。在这些刑事案件中，被告在答辩中试图依赖对法规或决定的“公法”有效性的质疑。在一系列相反的决定作出后[26]，上议院在伯丁顿（Boddington）案[27]中达成了这样的立场：一个被控诉犯有违反地方性法规之罪的人可以提出地方性法规和在初审中据此作出的决定的有效性问题。

---

[23] 1996年《住宅法》，第202条。

[24] 1996年《住宅法》，第204条。亦参见 *Warsame v London Borough of Hounslow* (1999) Times，21 July CA. 然而，一位住房的申请者可能可以就地方当局行使裁量权申请司法审查，因为向郡法院的上诉是针对法律问题的：*Ali v Westminster City Council* [1999] 1 WLR 384 at 389，per Otton LJ。

[25] [1985] AC 461.

[26] 参见 *Bugg v DPP* [1993] QB 473，*R v Crown Court at Reading*，*ex p Hutchinson* [1988] QB 384；*Quietlynn Ltd v Plymouth City Council* [1988] QB 144；*R v Wicks* [1998] AC 92，HL。

[27] [1998] 2 WLR 639.

将这些刑事案件与这一论点的更广阔的主题相联系，被告的涉案利益经常是他或她的自治（如果有可能被判监禁刑）和身份（刑事有罪判决影响社会中的他人对被定罪人的态度）。我认为，在刑法领域中对排他性规则的放松，体现的是对个人如下主张的认可：对这些价值的尊重应当优于公共机构被允许从事法律法规执行工作的主张，以及法院应通过为挑战公共机构的决定设置路障以保护其权威的主张。

程序排他性的例外

在自奥赖利案之后的许多案例（包括如上提到的旺兹沃思诉温德尔案）中，法院在普通案件中就公共机构的决定行使了司法监督权，其依据是应采用灵活的方法。因此，在水星通信有限责任公司诉通信局长（*Mercury Communications Ltd v Director General of Telecommunications*）案[28]中，法院判定，针对某董事在（合同）许可案件中强加条款的行为，水星公司通过传唤令提出质疑的方法，至少与司法审查同样适宜处理此许可解释问题。首要的问题是：一个私法案件是否构成对程序的滥用。丹尼斯·莱养老金受托人诉谢菲尔德市政委员会（*Dennis Rye Pension Fund Trustees v Sheffield City Council*）案[29]也遵循了这一思路：如果案件主要涉及事实问题，不要求指定法官的特别专长，而所寻求的救济（赔偿一定的款项）在司法审查中是无法得到的，那么提起私法诉讼就不是滥用程序。[30]

在罗伊诉肯辛顿、切尔西和威斯敏斯特家庭医生委员会（*Roy v Kensington and Chelsea and Westminster Family Practi-*

㉘ ［1996］1 WLR 48.

㉙ ［1997］4 All ER 747，CA.

㉚ 亦参见 *Mayer Parry Recycling Ltd v Environment Agency*［1999］1 CMLR 963，Carnwath J。

tioner Committee）案[31]中，罗伊（一位全科医疗执业者）提起民事诉讼，以寻求委员会赔偿他所主张的欠款（他的全部执业津贴）；他的依据是合同或成文法权利。委员会辩称，他只有权获得较少的金额，因为他花了大量时间在私人执业上。上议院允许他的民事诉讼在这样的基础上继续：或因为这完全是一个私法问题，或因为私法权利在诉讼程序中占主要地位而他将不能通过司法审查申请获得他所主张的救济方式（即赔偿）。在本案中，涉案的是原告的部分生计（因此还有他的安全）；这一因素或可解释法院为何倾向于允许他在民事诉讼中一次性提出这一问题，而不是进行两个诉讼程序。（一个基于公法，但他无法获得必要的救济，继而可能是一个民事程序以获得所欠款项。）

公共雇佣和排他性规则

有关公共雇佣的案件给排他性规则造成了特别的困难。公务人员以及合同有公法元素的雇员[32]有权就与他们的“雇佣”有关的决定获得司法审查，而在不存在这些元素的案件中，争议将被认为属于合同争议而不可获得司法审查。[33] 但很难预测法院对于一种特定的雇佣关系会持怎样的观点。有一种观点认为，公共雇主不拥有与私人雇主一样的行动自由，而且它们应当受制于更高的公正性和理性义务，即使是在与它们的“普通”雇员的关系中。换言之，公共雇主无权主张自治，在这一方面它们不同于私人雇主（这可以说明本书第五章指出的一种观念——公共机构没有利益——是如何运作的）；这一因素可能影响它们受制于合法性、公

---

[31] ［1992］1 AC 624. 亦参见 *Andrew v Institute of Chartered Accountants of England and Wales*［1998］1 All ER 14 and *Trustees of Dennis Rye Pension Fund Trustees v Sheffield City Council*［1997］4 All ER 747。

[32] 参见 *Ridge v Baldwin*［1964］AC 40；*Malloch v Aberdeen Corpn*［1971］1 WLR 1578，HL。

[33] 参见，例如 *R v East Berkshire Health Authority, ex p Walsh*［1985］QB 152；*R v BBC, ex p Lavelle*［1983］ICR 99。参见本书第六章的进一步讨论。

正性和理性义务的程度。弗里德曼（Fredman）和莫里斯（Morris）提出，在雇佣案件中应当有一种统一的程序，因为这将给法院以更大的灵活性，使其可以以其认为合适的方式对权力的行使加以限制，而无论权力属于公共还是私人机构。[34] 随着约束公共机构所有行动（甚至包括“私人”活动）的《人权法》的问世[35]，在雇佣案件中进行公私之分变得更加困难了。

总而言之，排他性规则在开始被证明在实践中极难操作（主要是因为许多案件同时涉及公法和私法问题）后，已经被严重收缩了，而另一种更为灵活的方式（即考虑通过私法程序是否会造成对程序的滥用[36]）被采纳。然而，严格的时限和准许的要求使司法审查的申请人与私法诉讼的原告相比处在比较不利的位置。

实质的公私之分？

在本章的第一节中，我已经指出，在奥赖利案之前，公法与私法之间并无实质之分。在一些案件中，作出私人决定的私人机构同公共机构一样被要求承担合法性、公正性和理性义务。[37] 然而，从那时开始，由迪普洛克法官在奥赖利案中确定的界分就开始发挥作用，所以对两个问题——“申请人或原告享有哪些权利”

---

[34] 参见 S Fredman and G Morris ‘The costs of exclusivity. Public and private re-examined’［1994］Public Law 69，esp p. 84；and ‘Public or private? State employees and judicial review’（1991）107 LQR 298。

[35] 参见本书第十章。

[36] J A Jolowicz 批评了奥赖利案诉诸“对程序的滥用”作为驳回案件的理由的做法，原因是“存在停止对程序的滥用以保护司法管理的权力，而这不能通过泛泛地诉诸公共政策而被合理化……迪普洛克法官的多少有些傲慢的、对驳回或终结诉讼的权力……忽略了无数除在极端案件中不宜使用这种权力的警告，而其对于保护诉讼当事人获得听审的权利缺乏足够考虑”。参见‘Abuse of the process of the court：Handle with care’1990 CLP 77 at p. 92。

[37] 参见，例如，*Lee v Showmen's Guild of Great Britain*［1952］2 QB 329（chapter 8）；*Re Baden's Deed Trusts*（*McPhail v Doulton*）［1971］AC 424；*Nagle v Feilden*［1966］1 All ER 689；*Wood v Woad*（1874）LR 9 Exch 190；*Breen v Amalgamated Engineering Union*［1971］2 QB 175（chapter 9）。

或“被申请人或被告对被申请人（原文如此，似应为‘申请人’——译者注）负有哪些义务”——被认为取决于被申请人或被告是否是公共机构或行使公共或政府职能。（使用“被认为”一词是明智的，因为如我们将在本书第八章和第九章看到的，实践情况并非如此。）换言之，存在实质的公私之分的假设缓慢地渗透进我们的法律体系。现在的立场是：如果一个机构是公共机构或行使公共或政府职能，则一般而言，他/她/它将承担特别的合法性、公正性和理性义务（这些义务的具体内涵因个案而异）——用之前章节所用的术语就是体贴决策的义务——而这些义务被认为不适用于私人机构或纯粹行使私人职能的机构。

伍尔夫法官断言：“……毫无疑问，自引入了司法审查的新程序以来，公法的原则或本质发生了极端的变化。”[38]德史密斯、伍尔夫和乔韦尔评论道：“司法审查的原则可以延伸个人权利；例如，它给个人以被咨询的权利，*而在私法中个人没有这样的权利*（斜体由本书作者所加）。”[39]然而，这一评论未能考虑私法中诸多要求私人机构在决策中也承担程序公正义务的情形。[40]

当第53号令和最高法院法案（给予改革以成文法效力）分别于1977年和1981年进行改革时，并未考虑到它们会导致实质界分。斯卡曼法官说，第53号令和1981年最高法院法案下的新程序“既未拓展也未缩减实体法”[41]。然而，比特森（Beatson）颇有先见之明地评论说：“从长期来看，从救济层面上考虑什么是公法案件具有实质原则层面上的效力。”[42]他欢迎这种可能性，理由是其可能会导致对行政法更原则性的思路，对行政机构的合法需求更

---

[38] 参见‘Droit public-English style’［1995］PL 57，at p. 58。

[39] Judicial Review of Administrative Action，para 3-029.

[40] 参见，例如，*De Smith*，*Woolf and Jowell*，paras 3-016，7-012. 这一问题将在本书第六章到第九章中加以探讨。

[41] *IRC v National Federation of Self Employed and Small Businesses*［1982］AC 617 at 647.

[42] J Beatson‘“Public” and “Private” in English administrative law’103 LQR (1987) at p. 38.

敏感，却更少强调行政法的“控制”模式（行政法将法院看作抵消国家干预的角色）。[43] 但是，过去20年的趋势是许多过去由国家机构行使的职能日渐转而由私人机构行使，而且成文法和普通法都将合法性、公正性和理性义务延伸至私法关系。[44] 因此，想要区分“行政机构”和其他机构或为了确定其法律义务和特权的目的界定“国家”变得越来越难。

伍尔夫法官欢迎实质性的公法/私法之分的发展。他断言：“……有必要存在一种不同且更高的标准以适用于公共而非私人机构，而法院要求公共机构行使公共职能时符合这种标准。我确信，这样的特征为程序之分提供了坚实的基础。”[45]他还说：

> 区分公法和私法问题的重要性远不止在于挑战某项活动的程序的正确性。例如，它决定了谁可以提起诉讼程序。曾经的观点是，只有那些在某些方面受到活动的影响大过该活动对公众整体的影响的人才能提起诉讼，但现在被普遍接受的观点是，应当对诉讼资格问题采取一种更加慷慨的方式。这对于确保不会发生出现了公共不当行为却无人有权寻求救济的情形是必要的。法院应当欢迎公益诉讼当事人……这种界分是必要的，还因为法院要求公共而非私人机构遵循另外一些原则和标准。法院可以而且确实也要求行使公共职能的人遵循比从事私人活动的人更高的标准。这就是公法所关涉的全部内容。司法审查所做的是提供一种救济（通常在其他救济无法获得的情况下），以使机构在行使公共职能时遵循那些标准。[46]

西蒙·布朗（Simon Brown）法官在R诉IRC（联合利华有限公司动议）（*R v IRC, ex p Unilever plc*）案中也注意到了司法

[43] 这里，Beatson 提到了 Harlow and Rawlings *Law and Administration*（1st edn, 1984）pp. 39－51. 现在参见（2nd edn, 1997）chapter 2。

[44] 我们将在本书第六章到第九章中考虑这些内容。

[45] ‘Droit public-English style’［1995］PL at p. 61.

[46] Op cit. at p. 62.

审查和私法对权力行使的控制之间存在的重要区别：

> 考虑私法行动中个人以公法程序中被批评为不公正的方式行事是否会受到处罚无疑是有益的；人的行为和关系最终一般是由私法根据被接受的公正原则来规制的。但是我们必须提防对任何所建议的对应物的过分依赖：它们更可能带来误导而非帮助……一般而言，公共机构被要求以高度原则化的方式行事，有时则受制于比适用于私人之间的公正义务更严格的公正义务。[47]

西蒙·布朗法官继而提到了穆斯蒂（Mustill）法官在矩阵证券（Matrix Securities）案中提到的“应当鼓舞整个公共生活的公平交易的精神”[48]。

因此，在司法审查中程序和实体产生了关联。例如，公法与私法之分在如下方面均发挥着重要作用：既决定何时有必要以申请司法审查的方式审理案件、可以由谁和针对谁提起引发公法问题的司法程序以及可以给予怎样的救济，又在很大程度上决定法院在决定这些问题时所适用的原则。[49] 这一发展与本章开始部分概述的奥赖利案决定之前的趋势背道而驰。在本书第八章和第九章，我们将考虑私法中的立场，包括在何种程度上私人决策者在作出私人决定时应当承担审慎决策的义务，并将以此开始构建一种解决排他性原则带来的问题且整合了公法和私法的替代性思路。同时，我们应当继续关注公法。

检验一项决定或行动是否受制于司法审查的标准之一是权力的来源。从原则上讲，如果权力是基于成文法的，或者权力来自皇家特权[50]，那它就是可以被司法审查的（受制于可司法裁量性问

---

[47] ［1996］STC 681，695.

[48] *R v IRC*，*ex p Matrix Securities*［1994］1 WLR 334 at 358.

[49] De Smith，Woolf and Jowell *Judicial Review of Administrative Action*（5th edn，1995）at para 3－002.

[50] *R v Criminal Injuries Compensation Board*，*ex p Lain*［1967］2 QB 864；*Council of Civil Service Unions v Minister for the Civil Service*［1985］AC 374.

题)。然而，这一“权力来源”检验标准对于一项决定是否仅可以通过司法审查挑战并不是决定性的。由于存在事实上的权力而作出的决定[51]，因而也许也可以根据第 53 号令接受司法审查。不过，当然只有在依据事实上的权力作出的决定具有公共性或政府性而非合同性或纯私人的情况下，此决定才能被审查。

根据 1998 年《人权法》，公共机构的所有行动都必须与公约(指《欧洲人权公约》——译者注)权利相协调，这也包括“私人活动”[52]（尽管并不清楚在何种程度上这会导致私法上的或司法审查中的救济)。就现在的目的而言，与此相关的一点是当人权问题出现时，权力的来源就是无关的，而决定性因素是被申诉的活动是否由公共机构所进行。[然而，甚至私人机构从事的公共活动和私人活动之间的区分也变得不那么重要，因为法院发展出了与公约相一致的（私法）普通法——1998 年《人权法》第 6 条要求它们这么做。[53]]

公法保护的权利

排他性规则取决于“公法保护的权利”（用迪普洛克法官在公务员工会理事会诉公务员部长案[54]中的话来说）和私法保护的权利之间的分别。迪普洛克法官在公务员工会理事会案中考虑的是什么“权利”完全不清楚。公务员工会理事会案关涉的是被咨询的“权利”，以及归属于工会的“权利”。如果迪普洛克法官在讲“公法保护的权利”时指的是就决策中的程序适宜性和理性而享有的权利，那么，如本书第六章至第九章将要阐释的，这样的权利也存在于私法情形中。它们并非特别的“公法保护的权利”。例如，雇主在解雇特定的雇员之前必须遵循公正的程序，受托人在作出

---

[51] *R v Panel on Take-overs and Mergers*, *ex p Datafin plc* [1987] QB 815.

[52] 参见本书第十章。

[53] 参见本书第十章。

[54] [1985] AC 374.

裁量性决定时必须以合法和理性的方式行事，会员制组织在开除会员时必须公正行事，体育监管机构必须在就其会员和利益申请者作出决定时理性行事。这些本质上并非公法权利或义务。

如果迪普洛克法官所考虑的是实体权利（例如归属于工会的权利或自由权、享有住房的权利、接受适当教育的权利、以难民身份进入本国的权利、获得特定福利利益的权利），则很难以有意义的方式将其归类为“权利”。在公务员工会理事会案中，涉案的是归属于工会的剩余自由。如果“权利”意味着因权利而可获得的救济，那么这一术语在司法审查中是没有意义的：在大多数司法审查案件中，可以获得的救济只有特权令状、禁制令或声明，而这些并不是作为权利被给予的。

我认为，迪普洛克法官对公法保护的权利和私法保护的权利的区分实际上不可能坚持太远。正义组织－万灵学院委员会（Justice-All Sours）的报告《行政司法：一些必要改革》的结论是：“我们不相信可以以一致的方式作出清楚的区分。‘公法’这一术语有助于提醒法院和执业者：在很多行政法案件中，有一些需被支持的价值和利益超越通常作为个人间诉讼对象的私人权利，但是，在我们看来，认为存在一种可以被清晰界定为公法权利的权利的观点是危险的。”[55]

萨维尔（Saville）法官在评论英国钢铁股份公司诉海关案（*British Steel plc v Customs and Excise Comrs*）时，清楚地表达了这样的立场：“……在过去十年左右，有一系列有关此主题的诉讼，其中很多走到了上议院。这些案件引发并取决于最复杂的论点，例如所谓‘私’法和‘公’法之间的区别和不同、权利的性质是‘私人’的还是‘公共’的、‘私人’权利是否取决于‘公共’义务的履行……这样的诉讼令法律和我们的法律体系声名狼

---

[55] （1988）para 6.20. 此报告指出了 *Cocks v Thanet District Council*［1983］2 AC 286 案中的困难（如上所述）；亦参见 *Davy v Spelthorne Borough Council*［1984］AC 262。

藉，而且在我看来也理当如此。”[56]

可司法裁量性

公务员工会理事会案认定来自皇家特权的权力行使可受司法审查，如果涉案的职能具有可司法裁量性的话。就此而言，此案标志着对使用特权权力来说，从积极专制主义思路（即对这类权力的行使而言，只有权力是否存在的问题可被审查，而行使权力的公正性或理性则不受审查）的急速转变。公务员工会理事会案的决定用一种结合了参与社群主义（要求程序适宜性）和审慎利他主义（要求理性）的思路替代了原有的思路。基于皇家特权行使的很多职能原则上是可司法裁量的，特别是与文职部门有关的权力。但很多则不然：例如在公务员工会理事会案中，不具有可司法裁量性的权力就包括条约制定和对外关系。[57] 迪普洛克法官在公务员工会理事会案中断言：从原则上讲，合同权力应当被排除出司法审查。但甚至这条规则也不是永恒的：在涉及行使合同权力的地方政府案件中，法院也乐意行使司法审查管辖权。[58] 需要注意的是，在很多合同案件中，对于决策中违反义务的行为可以在合同下获得替代性的私法救济。[59]

---

[56] ［1997］2 All ER 366 at 379.

[57] 有关于此，亦参见 *R v Secretary of State for Foreign and Commonwealth Affairs*, *ex p Rees-Mogg*［1994］QB 552。

[58] 参见 *Wheeler v Leicester City Council*［1985］AC 1054；*R v London Borough of Lewisham*, *ex p Shell UK Ltd*［1988］1 All ER 938；*R v London Borough of Ealing*, *ex p Times Newspapers*（1986）85 LGR 316. 在 *R v BBC*, *ex p Referendum Party*［1997］EMLR 605 案中，有一项附带评论提出了如下可能性：若政府以合同方式承担以公正方式对待（特别是政治争议的）主题的义务，则该义务被认为具有“政府性”，并因而受制于司法审查：Times 29 April 1997。有关进一步讨论，参见 Murray Hunt ‘Constitutionalism and Contractualisation’ in M Taggart（ed）*The Province of Administrative Law*（1997）at pp. 27－33。

[59] 参见本书第八章和第九章的讨论。

公共或政府职能

某一事项是否应通过司法审查处理的一个检验标准是：被挑战的权力、职能或活动是否具有公共或政府性质。这一标准形成于达塔芬（*Datafin*）案；该案主要将权力来源于合同的机构排除在司法审查之外。[60] 阿加·卡恩（*Aga Khan*）案将达塔芬案中的“公共元素”重构为“政府”元素，但这并未被证明更易适用。在R诉英联邦希伯来人联合圣会首席拉比（瓦赫曼动议）(*R v Chief Rabbi of the United Hebrew Congregation of Great Britain of the Commonwealth*，*ex p Wachmann*）案[61]中，西蒙·布朗法官指出：

> 如果要将某一机构的决定称作有公法后果的公法决定，则其所意味的不止是公众对于该决定有很大的利益或顾虑，或实际上该决定可能有公共后果。若要吸引法院行使司法监督权，则对于涉案的决策权不仅要有公共利益，还要有潜在的政府利益……当非政府机构被认为可受审查时，则其一般需要作为监管体系的不可分割的一部分来运作；这一机构尽管不是基于成文法的，却要得到成文法权力和惩罚的支持，而这也明显意味着政府顾虑的存在。[62]

在R诉威尔谷地区市政委员会（宾克斯动议）(*R v Wear Valley District Council*，*ex p Binks*）案[63]中，很难看出地方当局的决定中什么是公共的或政府性的。当局拥有城镇市场广场的土地，而申请人常常在该市场广场上停靠其热狗摊。申请人拥有许可，但地方当局却撤销了这一许可。法院认定，地方当局在撤销许可前需要给宾克斯（Binks）夫人以听审。为了确立对司法审查申请

[60] 关于合同和法院的司法监督权，参见本书第八章。
[61] [1993] 2 All ER 249.
[62] 同上，at 254。
[63] [1985] 2 All ER 699.

的管辖权，法官必须确信存在公共或政府性元素，而法官也表示他确信存在这样的元素。

我认为，这一认定并不令人信服。这并不是说法官不应认定对宾克斯夫人负有公正义务。我将适时指出，在公法和私法上施加该等义务是有依据的，因为该决定会对她的生计乃至安全产生重要影响：对于是否存在自然正义义务这一问题而言，认定决策中存在公共或政府性元素这一步骤是多余的。

自奥赖利案以来的判例法，特别是达塔芬案[64]，确立了这样一种立场：在传统意义上非公共的、且不承担民主责任的机构现在享受第 53 号令的程序保护，且受制于更高的合法性、公正性和理性义务（即审慎决策义务）。它们之所以受制于第 53 号令并不必然是因为这些机构的性质，而是因为它们所行使的职能。在达塔芬案中的并购委员会是一个没有法律人格的非公司组织，也没有基于成文法、普通法或特权的权力。它与申请人并无合同关系。实际上，用约翰·唐纳森法官（Sir John Donaldson MR）的话来说，该委员会没有任何“明显的法律支持方式”。但是，它行使巨大的事实权力——它可以撤销承认和在城市中获得承认和“会员资格”的利益，也可以不予合作。[65] 诚然，它的权力以成文法为基础，而且它获得了国务大臣的支持，但它实际上并不对国务大臣或议会负责。[66] 该案的结果是：一方面，私人机构被要求承担更高的审慎决策义务；另一方面，它有权获得第 53 号令所给予的特权，特别是短时限和准许的要求。

自达塔芬案的决定以来，还有若干进一步的案例认定不直接或间接承担民主责任的、非基于成文法的监管机构应受司法审查，并有权获得最高法院规则第 53 号令所提供的形容性法律特权。这些机构包括人寿和基金监管组织（LAUTRO）、广告标

---

[64] *R v Panel on Take-overs and Mergers, ex p Datafin* [1987] QB 815.

[65] 参见本书第二章关于权力和合作的讨论。

[66] 亦参见 *R v Panel on Take-overs and Mergers, ex p Guinness plc* [1990] 1 QB 146。

准局和职业机构及其委员会。[67]

然而，在另一系列案件中，法院拒绝通过司法审查行使司法监督权以控制行使监管权力的有权私人机构的决策过程。但是，这并不必然意味着排除它们在私法中的控制。这些情形多数发生在体育领域，我们现在将要讨论它们。

被排除出司法审查的机构：体育监管机构和实质的公私之分

有关体育机构不受司法审查的重大案例是1983年的劳诉国家赛狗俱乐部（*Law v National Greyhound Racing Club*）案。该案从衡平分庭开始审理。[68] 俱乐部（赛狗的监管机构）决定剥夺原告的许可。上诉法院决定本案不可受到司法审查，因为俱乐部的权威完全来自当事人之间的合同，所以这里行使的权力中没有公共元素（而这是根据第53号令行使司法审查的一个必要元素）。[69] 但是，如本书第九章将要说明的，在该案中无法通过司法审查获得救济并不意味着无法通过私法程序获得救济。在决策中存在公正性和理性义务并不取决于涉案机构是公还是私，或是否行使公共或政府职能。

---

[67] 关于私人机构被认定受制于司法审查的案例，参见：*R v Advertising Standards Authority*，*ex p Insurance Service plc* [1990] COD 42；*R v Advertising Standards Authority*，*ex p Insurance Service plc* [1990] 2 Admin LR 77；*R v British Pharmaceutical Industry Association Code of Practice Committee*，*ex p Professional Counselling Aids Ltd* [1991] COD 228，10 BMLR 21；*R v Panel on Take-overs and Mergers*，*ex p Guinness plc* [1990] 1 QB 146；*R v Advertising Standards Authority Ltd*，*ex p Vernons Organisation Ltd* [1992] 1 WLR 1289；*R v Lloyd's of London*，*ex p Briggs* [1993] COD 66；*R v Life Assurance Unit Trust Regulatory Organisation Ltd*，*ex p Ross* [1993] QB 17。

[68] [1983] 1 WLR 1302，CA. 参见本书第九章关于此案的进一步讨论。

[69] 关于将来自合同或基于合意提交管辖权的权利排除出司法审查，参见 P Cane 'Self-regulation and judicial review' (1986) *Civil Justice Quarterly* 324；J Beatson 'The Courts and the Regulators' (1987) *Professional Negligence* 121；S Arrowsmith 'Judicial Review of the Contractual Power of Public Authorities' (1990) 106 LQR 277；J Black 'Constitutionalising Self-regulation' (1996) 59 MLR 24。参见本书第五章关于 *Law* 案的进一步讨论。

R 诉足球协会有限公司（足球联盟公司动议）（*R v Football Association Ltd*，*ex p Football League Ltd*）案[70]与劳案有所不同，特别是因为联盟并未通过在衡平分庭以传唤令的方式推动案件，而是申请对足球组织进行司法审查。它失败了。罗斯（Rose）法官评论道：

> 尽管（足球组织）实际上具有垄断权力，其决定对于与其之间无合同约束的众多公众成员都很重要，但在我的判决中，（足球组织）还是一个权力和义务均只来自私法的民间机构……若以其为公共机构为依据而将为控制政府及其创设机构的权力而发展出的原则适用于足球的管理机构，则（用今天的流行语来说）将导致巨变。在我看来，它也会导致对日渐稀缺的资源的不当运用。

所以，理由不只是足球组织并不受制于司法审查，还有规范政府权力滥用的原则（简言之，合法性、公正性和理性原则）不适用于不行使公共或政府职能的私人组织。（这并不排除合同义务或在适当案件中贸易限制责任的可能性。[71]）足球协会案认为公私之分既是实体性的也是程序性的，即如果不是基于合意或者贸易限制，则不能施加公正性和理性的义务。

在 1993 年的 R 诉赛马俱乐部纪律委员会（马辛贝德-芒迪动议）(*R v Disciplinary Committee of the Jockey Club*，*ex p Massingberd-Mundy*）案[72]中，申请人试图挑战赛马俱乐部对某执事主席的批准的撤销。法院拒绝进行司法审查，理由是：第一，如尼尔法官和罗奇法官所说，因为决定中完全没有公共元素，故其是不可司法审查的；第二，如尼尔法官所说，被申请人的任何决定都是不能被司法审查的（这一点是劳案所决定的，并对高等法院分庭具有约束力）。然而，罗奇法官对劳案是否排除了没有当事人

---

[70] ［1993］2 All ER 833.

[71] 参见本书第八章和第九章。

[72] ［1993］2 All ER 207，DC.

之间合同的情况下的司法审查提出了疑问。他表示："或许在有的案件中，赛马俱乐部的执事的权威并非来自他们和受他们的行为或决定伤害的人之间的合同，或者说并不完全来自合同。在我看来，如果产生了这样的案件，那么问题就是赛马俱乐部这样的行为或决定是否受制于司法审查？可能获得一个不同于劳案中的法院所给出的答案。"[73]这里的一个强烈假设是：如果法院对于赛马俱乐部有管辖权，该管辖权应通过司法审查而非私法实现。

在R诉赛马俱乐部（拉姆赛马场动议）（*R v Jockey Club*，*ex p RAM Racecourses*）案[74]中，一个赛马场的所有者试图挑战赛马俱乐部的比赛分配。他们主张了一项声明、一项调卷令、一项执行职务令和一项禁制令。当事人之间并无合同关系。他们主张他们对于被给予预定日期拥有合法期待。他们的司法审查申请遭到了拒绝，因为他们所依赖的陈述并非明白无误的，而且并未向他们直接作出。但高等法院分庭的斯图尔特-史密斯（Stuart-Smith）法官在作出决定时也依赖了这样的事实：他感到他应受劳案决定的约束而认定本案中被挑战的决定并不受制于司法审查，尽管如果没有劳案的话，他会认定它们应接受司法审查。[75] 西蒙·布朗法官赞同斯图尔特-史密斯法官的看法，但他不同意尼尔法官在马辛贝德-芒迪案中有关赛马俱乐部永远不应受司法审查的观点。[76] 他同意俱乐部的多数决定属于民间性的因而免受司法审查，但也认为："……有时，例如这里被挑战的行使准许可权的情况，我个人认为赛马俱乐部应受司法审查。"[77]

在R诉赛马俱乐部纪律委员会（阿加·卡恩动议）（*R v Disciplinary Committee of the Jockey Club*，*ex p Aga Khan*）案[78]中，司法审查再次被拒绝；这里，申请人与被申请人有合同关系，

---

[73] At 224.
[74] [1993] 2 All ER 225，DC.
[75] At 244.
[76] At 245.
[77] At 248.
[78] [1993] 1 WLR 909，CA.

故如果会员合同中存在规制体育决策程序和过程的明示或默示条款，则有可能存在一项合同救济。[79] 掌卷法院的法官助理认定，俱乐部不是一家公共机构，其权力完全不是政府性的，故其决定不受制于司法审查。法夸尔森（Farquharson）法官认定，赛马俱乐部的地位和权力中没有公共元素，而且赛马俱乐部也不发挥公共或政府性角色。霍夫曼法官认定，赛马俱乐部完全在私人领域运作，而其活动受私法规范。其权力并无公共来源，它们在性质上并不具有政府性，而是直接或间接地通过合意运作。然而，霍夫曼法官也提到了这一事实：当私人权力据称被滥用时，可能存在一系列司法审查之外的私法和其他救济：合同法（他认为合同法为阿加·卡恩提供了充分的救济）、贸易限制原则、限制性贸易惯例法案、欧共体条约第 85 条和第 86 条“以及法律中所有其他限制私人权力越界的工具”。

简言之，自 1983 年的劳案以来，法院一直认定体育监管机构并不受制于司法审查，有时是因为其权力来自合同[80]，有时则是因为成员资格合同可能为合同其他当事方的不平寻求救济提供替代渠道[81]，而有时是因为这些案件中的涉案职能或机构本身都不被认为具有“公共性”或“政府性”[82]。

---

[79] 当个人和监管机构之间存在合同时，则施加了一个条款，要求机构公正行事。在苏格兰，若违反了合同下的自然正义要求，则可以获得损害赔偿：*Tait v Central Radio Taxi*（*Tollcross*）*Ltd* 1989 SC 4，First Division［出租车司机提起一项基于合同的诉讼，要求就被告（出租车司机是被告的成员）的纪律惩戒委员会（该纪律惩戒委员会要求出租车司机辞职或排除其成员资格）违反自然正义而获得损害赔偿］。但是，就因对决策权力的不慎行使而造成的损失并不导致损害赔偿责任：*Wright v Jockey Club*（1995）Times，16 June，noted in *De Smith*，*Woolf and Jowell* at p 168。

[80] 参见，例如，*Law v National Greyhound Racing Club*［1983］1 WLR 1302，CA；*R v Disciplinary Committee of the Jockey Club*，*ex p Aga Khan*［1993］1 WLR 909，CA。

[81] *Ex p Aga Khan*［1993］1 WLR 909，CA.

[82] 例如，*Law*，supra，*R v Football Association*，*ex p Football League Ltd*（1991）Times 22 August；*R v Disciplinary Committee of the Jockey Club*，*ex p Massingberd-Mundy*［1993］2 All ER 207，DC；*Ex p Aga Khan*［1993］1 WLR 909，CA。关于国际体育机构的立场，参见 James A R Nafziger 'International sports law as a process for resolving disputes' 45 ICLQ（1994）130。

这些案件中经常未被言明的假设是：普通法无法在司法审查或贸易限制之外施加合法性、公正性和理性义务。所以，公法—私法之分的一个假定元素是不履行公共或政府职能的机构不负有“公法”义务。这就是公私实质之分的全部内容。我已经在本章中指出，该等义务并不必然是公法义务。在本书第八章和第九章中，我将进一步阐述，在某些情况下，在普通法和衡平法中可以找到在私法中施加合法性、公正性和理性义务的依据，而这也包括对体育监管组织的决定的挑战。换言之，尽管这些组织一般而言并不受制于司法审查（因为它们不从事公共或政府性活动），但它们仍可能负有同公共机构相似的义务：实质的公法—私法之分并不存在。[83]

结　论

在奥赖利诉麦克曼案和公务员工会理事会案的决定之前写作的一篇文章中，哈洛提出：作为一套自主规则的“公—私”分野完全无法与英格兰的传统相协调，也几乎不能对现代行政法必须克服的诸多困难的解决作出任何有意义的贡献。[84] 就排他性规则，她指出：“排他性管辖权将不可避免地导致毫无生机的管辖权诉讼，而分散对实体问题的注意力……‘公—私’之分在今天是无关且没有内在价值的。”[85]我认为，自奥赖利案的决定后的案件（以及实际上公共管理的发展包括对送达责任的私有化和合同排除）体现了这一观点。

奥赖利诉麦克曼案的决定被证明是难以操作的，而法院也承认了诸多例外。但这一决定的存在导致了这样一种观点，即司法审查的实体法不同于私法。此案对于公法与私法之间的所谓区别

---

[83] 参见本书第九章的讨论。

[84] C Harlow ‘“Public” and “Private” law：Definition without distinction’ 43 MLR（1980）241 at p. 242.

[85] Harlow，op cit at p. 251.

的关注分散了对如下事实的注意力：在奥赖利诉麦克曼案的决定之前，公法和私法之间就决策者是否对被决定影响的人负有审慎决策义务这一问题并无明确的实质分野。这当然不是说，所有私人机构和所有公共机构在这一方面均负有相同义务。但我认为，找出公法与私法的相似之处而非不同之处将帮助我们解决奥赖利诉麦克曼案的决定所导致的诸多困难。在随后的章节中，我将指出并分析这些相似之处和它们对于分野的意义。

第五章

公法 2：利益、权力和民主

在本章中，我们将关注作为一种保护个人和公共利益以及控制权力的管辖权的司法审查。在第二章中，我们考察了将越权规则作为此种管辖权的民主基础的理论，并提出在现实中，越权并非理由；司法审查的基础是普通法中纠正不正义的要求。在第四章中，我们探究了由奥赖利诉麦克曼一案确立的排他性规则。在本章中，我们关注司法审查和发展欧共体公法体系的基础，并指出在这些体系中保护利益的方式。我们也将指出导致法院拒绝行使司法监督权的抵消因素，以就此建立起司法审查和私法的相似之处。

公法价值

同私法一样，在公法中也可以找出不同层面、不同领域的一系列价值。例如，费尔德曼（Feldman）关注于上议院判决中所隐含的价值，包括同议会有关的民主精英主义价值、有关中央政府的对权威的服从、对地方当局滥用权力的控制以及对专业人士和公共管理者的服从。[①] 加利根（Galligan）展示了价值如何在程序公正的要求中得以表达，包括尊严价值和尊重价值。[②] 弗兰克斯（Franks）报告[③]考虑了约束法庭和调查的原则，并提出了公开性、公正性和中立性价值。

---

① D Feldman ‘Public Law Values in the House of Lord’（1990）106 LQR 246.

② D J Galligan *Due Process and Fair Procedure*：*A Study of Administrative Procedures*（1996）.

③ Report of the Committee on Tribunals and Inquiries（Cmnd 218）（1957）.

这些价值中有些是程序导向的；弗兰克斯原则就是一例。另一些则与实体有关，例如保护个人免受国家危害、支持个人尊严和服从于国会。哈洛和罗林斯指出，在公法理论与法院判决和成文法法条的实际内容之间存在相对应却常常不一致的因素。在某些方面，行政法展现出它们所称的“红灯”趋势，即为了个人的利益限制国家。在另一些方面，行政法采取（或直到晚近一直采取）“绿灯”的方式；法律的作用是便利国家行动而将保护个人的任务交给政治进程。在这两极之间则是黄灯区域，即行政法既保护个人，又便利政府进程。[④] 鉴于我们的关注点是保护个人，下文考察的是本书第三章所提出的核心价值如何在司法审查中发挥作用。将案例分成不同类别是颇有裨益的：我们将以程序公正和合法期待为起点，进而讨论合理性审查的一些后果。

程序公正

我们将在稍后章节中看到程序公正如何成为对某些私人决策的要求：例如解雇劳动者的决定[⑤]和驱逐出专业协会、工会和养老金及保险安排的决定。[⑥] 但程序适当性被普遍认为主要是一项公法原则。[⑦] 也许这是因为上帝将亚当和夏娃逐出伊甸园常常被用来作类比；在他们被驱逐前，上帝自然给了他们一个机会自陈理由。该事件所牵涉的是他们在所有“核心”或共同基础价值中的利益。亚当指责夏娃。他们获得了同样的、颇为严酷（甚至不成比例?）的惩罚。

在里奇诉鲍德温（*Ridge v Baldwin*）案[⑧]中，上议院推翻了

---

④ C Harlow and R Rawlings *Law and Administration* (2nd edn, 1998) chapter 3.

⑤ 关于雇佣，参见本书第六章。

⑥ 参见本书第八章和第九章。

⑦ 参见 G Richardson ‘The legal regulation of process’ in G Richardson and H Genn *Administrative Law and Government Action* (1994) 关于公正义务的一系列理由的讨论。

⑧ [1964] AC 40.

直到此案之前的法院实践，即若决策者不是以司法形式（与行政形式相对）行事，就不存在自然正义的义务。之前否定在行政决策过程中存在自然正义义务的审查标准关注的是决策的过程，而不是决定对于个人的影响；这种审查标准一直是循环论证：如果你以法官身份行事，则你有以司法形式行事的义务（“像法官一样”）。在其他情况下则不存在此义务。这隐含了积极专制主义关于决策者地位的概念。在里奇案中，里德法官认定，只要对权力的行使会影响个人权利或利益，则初步看来就存在以符合自然正义的方式行事的义务。[⑨] 该判决因此将更宽泛的参与社群主义原则引入此情形下的决策中。

由此产生一个问题：对决策者采用公正程序的要求服务于什么目的？加利根否定其目的仅仅是使决定的“受害者”参与决策；他辩称就这些义务而言，最具说服力的理由是“参与具有将导致正确或最佳结果的工具性价值”[⑩]。公正程序可能影响决定的实体质量，特别是它们或可确保“受害人”的利益被加以考虑并得到保护，而如果“受害人”不能影响决策就不能获得这样的保护。这种思路展示了参与社群主义原则和审慎利他主义如何交互：前者促使后者适用于掌权者和受决定影响的人之间的关系。

我们将在第八章和第九章中指出，私法大多是以受害人和影响为导向的：里奇诉鲍德温案将公法案件对于自然正义的关注由被申请人（他/她所参与的活动的性质）转向了对申请人的影响，以及申请人受到该等决定影响的利益的性质。这使公法和私法在这方面更加接近。

里奇案中的申请人（一位未经通知且未获适当机会陈情即遭解雇的首席治安官）的利益是他作为首席治安官的身份、他在社区中的一般地位（因为遭解雇使他的声誉受到了玷污）和他因损失养老金而受到影响的安全。他的尊严也受到了影响：因为决定

---

⑨ Lord Reid at 114；see also Lord Hodson at 130.

⑩ 参见 D J Galligan *Due Process and Fair Procedure*：*A Study of Administrative Procedures*（1996）at 143。亦参见 *Galligan* chapter 4，passim。

未经他参与即作出，这意味着他对相关事项没有什么有用或相关的话可说。当然，他的自治也受到了影响，因为相关决定剥夺了他以他希望的方式谋生的权利。本案的事实为决策应遵循公正程序的要求所基于的共同价值提供了有力证明。在实践中，正是决定将影响个人利益这一事实或明或暗地使法官要求遵循正当程序。⑪ 例如，在库珀诉旺兹沃思公共工程委员会（*Cooper v Wandsworth Board of Works*）案⑫中，原告的财产权（他从中获得了在自由使用其财产意义上的自治和安全）得到了自然正义义务的保护；在R诉巴恩斯利大都会自治委员会（胡克动议）(*R v Barnsley Metropolitan Borough Council*，*ex p Hook*）案⑬中，涉案的是申请人生计方面的安全。

在R诉西米德兰兹郡警察局局长（卡罗尔动议）(*R v Chief Constable of West Midlands Police*，*ex p Carroll*）案⑭中，法院认定，在一名见习治安官被怀疑犯罪的情况下，未经惩戒听证就解雇他是不公正的。他的声誉身份以及他与失去工作一并失去的安全是导致法院作出这一判决的因素。⑮ 在这些案件中，庭审可以给申请人额外的保护，以确保决策者适当地了解事实和申请人的立场，而且当需要理由时，也可以确保决定是理性的。换言之，程序公正旨在确保个人就尊严、自治、尊重、身份或安全的利益不会被一项缺乏根据或不理性的决定以非理性或不合比例的方式损害。

这并不是否认在一些有关程序适宜性的案件中，涉案的可能是个人在这些价值中的利益之外的价值。例如，公正性也会带来

---

⑪ 参见，例如 L Tribe *Constitutional Law*（1978）at p. 503：保护个人尊严意味着个人须被告知他为什么受到了不利的对待，并且须就将对他所做之事征询他的意见。

⑫ （1863）14 CBNS 180.

⑬ ［1976］3 All ER 452.

⑭ （1995）7 Admin LR 45.

⑮ 亦参见 *McInnes v Onslow Fane*［1978］1 WLR 1520，Megarry V-C 关于如下内容的讨论：在决定会玷污一个人的声誉的情况下有对自然正义的需求，而若不会玷污一个人的声誉则在申请案件中没有这样的需求。

公开性，从而带来可追责性，从而不只保护个人利益，也保护商业利益和一般公共利益免受不理性或思虑不当的决定的损害。[16]

说明理由的要求使得受决定影响的人既可以知道为什么（以表示对他们的尊重），又可以在决定系基于非法或不理性的理由时质疑该决定。虽然说明作出决定的理由尚不是一项一般性的要求[17]，但判例法建立起的规则是除非有力的公共政策要求不陈述理由，否则一般应当陈述理由。[18] 例如，在如下情况需要陈述理由：决定会玷污申请人的声誉[19]，涉案的是个人自由权[20]或其他被高度重视的利益[21]，或决定看起来是异常的。[22]

迄今讨论过的程序适宜性案例主要关涉的是自然正义中"莫听一面之词"（*audi alteram partem*）的方面。该规则的另一方面是任何人都不得担任其自己案件的法官；这本质上是一项利他主义或无偏私原则，或者在司法审查中是一项公共服务和考量原则。这一义务在私法中也有对应物：例如受托人不能从信托中获利[23]，又如具有垄断性质的会员机构不能为了其自身利益以"擅断或反复无常的方式"行事或限制贸易[24]；自然正义中的"莫听一面之

---

⑯ 参见，例如，*Re Pergamon Press*［1971］Ch 388；*R v Independent Television Commission*，*ex p TSW Broadcasting Ltd*［1996］EMLR 291，HL；*R v Secretary of State for the Environment*，*ex p Norwich City Council*［1982］QB 808。

⑰ 参见，例如，*R v Gaming Board of Great Britain*，*ex p Benaim and Khaida*［1970］2 QB 417；*R v Aylesbury Vale District Council*，*ex p Chaplin*［1998］JPL 49，CA。参见 *De Smith*，*Woolf and Jowell* para 9-039-9-041。

⑱ 参见 *R v Ministry of Defence*，*ex p Murray*［1998］COD 134；*De Smith*，*Woolf and Jowell* chapter 9。

⑲ 参见，例如，*R v Civil Service Appeal Board*，*ex p Cunningham*［1992］ICR 816；*McInnes v Onslow Fane*［1978］1 WLR 1520。

⑳ *R v Secretary of State for the Home Department*，*ex p Doody*［1994］1 AC 531 at 565，per Lord Mustill.

㉑ *R v Higher Education Funding Council*，*ex p Institute of Dental Surgery*［1994］1 WLR 242，Sedley J.

㉒ 参见 Sir Patrick Neil 'The duty to give reasons' in C Forsyth and I Hare（eds）*The Golden Metwand and the Crooked Cord*（1998）。

㉓ 参见本书第八章。

㉔ 参见 *Ipswich Taylors' Case*（1614）11 Co Rep 53a，77 ER 1218 一案和本书第九章。

词”规则（nemo index）维度类似于“莫听一面之词”规则（audi alteram partem），也不是公法原则所独有的。

总体而言，在司法审查（以及私法[25]）中要求程序公正的理由包括接受保护个人利益的需要，有时要求决策者以利他主义或者无偏私方式行事。艾伦根据公法中两种相对立的理论区分了自然正义的理由：一是多数决主义，其主要考虑执行推定的议会的自由意志；二是社群主义，其旨在促进平等公民权和民主理论。[26] 它们大致与本书第一章中勾画出的民主理论中的自由一多数决主义和参与一社群主义维度相对应。鉴于私法当中也有自然正义规则[27]，而在该语境下无从适用多数决主义观念，艾伦所认为的社群主义观念可以最好地解释公法和私法在自然正义和程序公正方面的共性。“一个人对影响他的利益之决定的参与确认了他作为公民的尊严：他被寻求公共目的方面的配合，而不是被看待为行政的客体。”[28]在私人情境中，我们可以将“公共目的”替换为（雇主、工会和其他受到自然正义规则约束的私人组织的）“私人目的”；而有关公民行动自由、身份或安全应受尊重的尊严同样成立。

合法预期

如我们在第六至九章中将要看到的，合法预期在其他法律领域中也有对应物：在合同中，其对应于对信赖利益的保护；在衡平法中，其对应于对那些可以依赖衡平法中的承诺禁反言和在信托下享有利益的人之利益的保护。[29] 在这些私人情境中，法律保护个人的安全，即他们信任和依赖他人的能力。例如，在利物浦出

㉕ 参见本书第六章至第九章。

㉖ T R S Allan ‘Fairness, equality, rationality: Constitutional theory and judicial review’ in C Forsyth and I Hare (eds) *The Golden Metwand and the Crooked Cord* (1998).

㉗ 参见第六章（雇佣），第八章（合同）和第九章（公共政策）。

㉘ Allan, supra, at p. 30.

㉙ 尤其参见 Robert Walker J in *Scott v National Trust* [1998] 2 All ER 705, at 716，参见第八章的讨论。

租车案[30]中，现有出租车司机的安全（即生计）可能因公司增加该领域中牌照的决定而遭受风险。而且，就该案所关涉的事实，即出租车经营者已经被引致预期会被咨询，而公司应遵守其咨询的承诺，该案支持了被承诺咨询者的安全，即他们信任或依赖公共机构的能力，以及对他们的安全（即生计）的保护。

卡恩动议（*Ex p Kahn*）案[31]认定内政部应当遵循它所发布的给将要收养来自海外的儿童的收养者的标准。该案是支持收养者行动自由意义上的自治，以及身份[32]和安全（在一些社群中，儿童被认为将保障他们的父母在年老时的安全）的一个例证。拉多克（*Ruddock*）案[33]则给予人们一定程度的安全，以使他们的电话免遭随意和超出公布的规范之外的窃听，并保护人们的尊严和自治（与了解个人的隐私将得到尊重相伴）。

这些有关合法预期的案件表明法院如何将信任视作个人安全，乃至公共利益[34]的重要来源。（在稍后章节中，我们将看到私法也将信任、信赖和依赖义务施加给予个人交往者，特别是在以其他方式影响个人安全的事项，如合同[35]、雇佣[36]和信托[37]中。）因此，虽然司法观点和司法外观点就合法预期的程度有不同意见（特别是实质预期在何种程度上可获得与程序保护相对的实体保护[38]），我认为合理预期被保护（在其被保护的情况下）的原因在于保护

㉚ *R v Liverpool Corpn*，*ex p Liverpool Taxi Fleet Operators' Association*［1972］2 QB 299，CA.

㉛ *R v Secretary of State for the Home Department*，*ex p Asif Mahmood Khan*［1984］1 WLR 1337.

㉜ 在巴基斯坦社会中，有一个孩子的社会重要性很可能比种族在英格兰社会中更大。

㉝ *R v Secretary of State for the Home Department*，*ex p Ruddock*［1987］1 WLR 1482.

㉞ 参见本书第三章关于安全和信任的讨论。

㉟ 参见本书第八章。

㊱ 参见本书第六章。

㊲ 参见本书第八章的讨论。

㊳ 参见，例如，*Sedley J in R v Ministry of Agriculture*，*Fisheries and Food*，*ex p Hamble Fisheries*［1995］2 All ER 714；*R v Secretary of State*，*ex p Hargreaves*［1997］1WLR 906；Lord Irvine o Lairg QC in［1996］Public Law 59 at p. 73。

个人利益，特别是安全和作为安全重要方面的信任。实际上，这是作为法治的一个方面的法律确定性原则所关乎的内容。从这一视角出发，要求公共机构信守承诺并因此向其施加审慎利他主义的义务以保护合法实质预期就毫不奇怪了。[39] 显然，必须考虑政府为了公共利益而改变政策的需求，但这并不能排除要求公共机构保障其给特定个人创设的合法预期。

在一些情况下，合法预期应受到尊重与公共机构应当是可信和一致的原则存在正当的例外：例如，在决策者认为变更政策符合公共利益，而如果因为个人对他们将就如何对待有合法预期就不变更政策，则会严重牺牲公共利益。然而，公共机构就特定个人可以合法变更政策的程度可能取决于该变更对个人多么严重，以及该变更的公共政策理由多么有力。例如，在卡恩动议案中，对潜在收养者的损害非常严重，而让政策遵循其原已发布的政策给公共利益造成的损害则微乎其微：在英国之外并没有一大群等待被收养的儿童。另一方面，在R诉内政大臣（哈格里夫斯动议）（*R v Secretary of State for the Home Department, ex p Hargreaves*）案[40]中，改变允许囚犯在一定时间后返家假的政策导致了囚犯的预期落空，但法院认定内政大臣有权为了他所认为的改善公共安全和增加公众对司法管理的信心的利益更改政策。法院认为，它有权决定对政策的更改是否符合温斯伯里案的不合理性标准，但无权权衡公正性和合比例性。在早先的芬德利（*Re Findlay*）案中，斯卡曼法官强调了在监狱案件中，“内政大臣不得不考虑的事项的复杂性”的重要性和“管理假释的公共利益的重要性”[41]。在休斯诉卫生和社会安全部（*Hughes v Department of Health and Social Security*）案[42]中，迪普洛克法官认为政府更改政策的自由“是我们政府的组成方式内在决定的”。

---

[39] 关于实质合法预期以及司法审查和民主的理论，参见 Allan，op cit，pp. 31－34。

[40] ［1997］1 All ER 397.

[41] ［1985］AC 318 at 337－338.

[42] ［1985］AC 776 at 788.

普雷斯顿诉 IRC（*Preston v IRC*）案[43]表明了在合法预期案件中双方信任的重要性。在该案中，一个纳税人同意撤回对某些资本损失和利息的主张，并在他提供的信息的基础上获得了税收评估。税务署后来寻求重新评估。上议院原则上认为如果长官们做了相当于违约或违反陈述的事情，则或可进行司法审查。然而，在本案中，纳税人没有披露其他对税务署的决定很重要的信息——他没有"作出审查员有权预期和明显依赖的全面披露"。因此，该纳税人在这个意义上是不可信的。他也输掉了案子。

从这些有关合法预期的案件中，可以找到对反专制主义、反多数决主义、亲参与主义和亲审慎利他主义的民主概念的支持。这些民主概念认可个人利益的重要性不仅体现在他们的自治中，也体现在他们的安全和在公民社会中有一席之地或可参与公民社会之中。

理　性

我们将在随后的四个章节中看到针对武断或反复无常的私人决定能得到怎样的救济。根据雇佣中的不公正解雇规则，雇主不得在"对雇员行为的合理反应范围"之外行事。[44] 私人信托的信托人在行使裁量权时必须以合理的方式行事。[45] 养老金信托人不得考虑无关、不恰当或不理性的因素，但它们的决定不能是任何理性信托人机构在恰当行事时都不会作出的。[46] 董事对公司负有诚信的信义义务。[47] 他们一般而言不得限制他们将来的裁量权，而他们也必须作出独立的判断。[48] 诸如工会等管控机构处于信义地位，因此

---

[43] ［1985］AC 835.

[44] Per Browne-Wilkinson J in *Iceland Frozen Foods Ltd v Jones* ［1983］ICR 17 at 24－25.

[45] *Re Turner* ［1897］1 Ch 536. 参见第八章。

[46] 参见 *Edge and others v Pensions Ombudsman* ［1998］2 All ER 547，Sir Richard Scott VC。

[47] P Davies *Gower's Principles of Modern Company Law* （6th edn，1997）（henceforth Gower） pp. 599－623. *Percival v Wright* ［1902］2 Ch 421.

[48] *Gower* pp. 608－610.

承担以诚信的，而非腐败的、随意的或反复无常的方式行事的一般义务。[49] 公共职业的监管者和体育及其他职业的管治机构负有不得以随意或反复无常的方式行事的义务，而这种义务可能包含不得歧视的义务。[50]

这些显然与司法审查中不得以温斯伯里式的不合理方式[51]或公务员工会理事会诉公务员部长式的不理性方式[52]行事的义务相对应。只有当决策者超出他被授权的范围之外决策时，他的决定才会受到审查。对于雇主而言，合理性测试的边界的对应物很明确。[53] 这明显与雇主受限于合理性审查标准相对应。在司法审查中，决策者会在如下情况下受到审查：他考虑了无关因素、没有考虑相关信息、以恶意的方式行事，或他的决定是如此的不合理以至于任何理性的决策者都不会作出这样的决定。其与私法决策的对应关系也是很明显的。[54]

在公法和私法中，反对非理性的规则（在其适用时）旨在保护个人利益。它们要求关切，这正是本书第一章所勾勒的民主理论的负责利他主义维度的一个方面。随着《人权法》[55] 于 2000 年生效，这些利益将得到更大的保护，包括将理性的实质标准引入体系，以及限制裁量权的范围。这一法案将导致司法审查的转向：原先主要是形式上的理性概念，这一概念“规避了公正对待和平等正义一般原则的适用”[56]；此后转向“审慎利他主义”概念，即

---

[49] 关于工会，参见 *Maclean v Workers' Union* ［1929］ 1 Ch 602；关于俱乐部，参见 *Dawkins v Antrobus* （1881） 17 Ch D 615。

[50] 参见本书第九章的讨论。

[51] 参见 *Associated Provincial Pictures Houses v Wednesbury Corpn* ［1948］ 1 KB 223。

[52] ［1985］ AC 374，HL.

[53] 参见本书第六章。

[54] 本书第一章提到，Lord Greene MR 是一位衡平法院专家；他在构建 *Wednesbury* 案的审查标准时明确借鉴了控制裁量权的衡平法原则。

[55] 参见本书第十章。

[56] Allan （1998） at p. 27. 但对比 J L Jowell and A Lester ‘Beyond *Wednesbury*: towards substantive principles of administrative law’ ［1987］ Public Law 386。

决策者“不能随意如他所愿给予一项根本权利高或低的重要性”[57]。考虑到与司法审查中的理性原则非常相似的理性原则在私法中也得到了适用，而在私法中不可能有实现推定立法意图的托辞，这里的逻辑看起来是这样的：公法和私法中的理性标准的目的都是，或者都将更多地提升普通法中的“审慎利他主义”目的。

温斯伯里标准：相关性和不相关性

在大多数涉及相关性问题的公法案件中，授权性法案规定或暗示了相关考量因素。大多数判例法是有关规划和强制征收的；在这里，个人利益将被置于重要位置，即承认拒绝规划许可或强制征收土地将不可避免地侵扰个人作为所有权人的自治和安全。制度构建的方式是：它为个人提供保障，但也将其与邻里和一般公众的利益相权衡。

在司法审查中，只有不多的案件是从普通法而非成文法中提取相关利益的。但惠勒诉莱斯特市议会（*Wheeler v Leicester City Council*）案[58]为个人利益如何被认为在相关性问题上也具有重要地位提供了具有启发性的指导。一家英式橄榄球俱乐部委员会所在地的地方当局要求所有委员会成员表示反对与南非建立体育上的联系，否则就不得使用议会所拥有的体育设施。这一要求被认为是非法的，理由是：该要求在俱乐部没有做错任何事的情况下惩罚俱乐部，而给俱乐部造成了不合法的压力。前一项理由实际上要求理事会尊重俱乐部成员有形成和表达他们自己观点的自由，所以关涉的是自治和尊重；后一项理由主张自治，即免受制于实际上限制行动自由的权力行使的自由。理事会的权力来自它对于俱乐部所使用的土地的所有权（在加尔布雷思的概念中称作补偿性权力）[59]，尽管它是由 1906 年的《空地法案》（Open Space Act）

---

[57] Allan (1998) at pp. 27 - 28.

[58] ［1985］AC 1054.

[59] 参见本书第二章有关加尔布雷思的讨论。

监管的。在惠勒案中，所关涉的是俱乐部使用由理事会提供的设施的安全问题，而有利于俱乐部的判决保护了俱乐部对设施的持续使用。

歧 视

歧视性决策是对个人尊严的侵犯。[60] 如艾伦所说："根据平等公民权原则的要求，不平等的施加负担（或拒予利益）应依照受影响的个人尊严的重要性而具有更严格的正当化理由。"歧视将带来若干问题：第一，作为歧视基础的特征（性别、性取向、年龄等）的相关性；第二，决策者应当给予个人体现在受到平等对待和不被次等对待中的尊严之重要性的权重。普通法案例内部对歧视有彼此不同的对待。我们将在本书第九章中看到，在公共职业案件和公共政策案件［如内格尔诉费尔登（*Nagle v Feilden*）案］中，普通法是反对歧视的。然而，在涉及取得俱乐部会员资格的领域中，法院记录表明它们更偏向会员的自治，而不是偏向试图取得会员资格者免受歧视的尊严和自由。

在司法审查案件中，法院在遇到具有歧视性的决定时也有不同的态度。[61] 歧视可以被认定为是非理性的，从而落入了迪普洛克法官在公务员工会理事会案[62]中划分的审查理由类别中。在克鲁泽诉约翰逊（*Kruse v Johnson*）案[63]中，法院认定内部章程因"对不同类别进行了偏祖的和不平等的对待"，故是不合理的，且因此而无效。在 IRC 诉国家自主就业和小企业联盟（*IRC v National Federation of Self Employed and Small Businesses*）案[64]中，上议院表示，如果法院发现 IRC 对不同类别的纳税人进行歧视，则

---

[60] 参见本书第三章关于尊严和歧视的讨论。

[61] 参见 J L Jowell 'Is equality a constitutional principle?'（194）47 Current Legal Problems 1。

[62] *Council of Civil Service Unions v Minister for the Civil Service*，supra.

[63] ［1898］2 QB 291.

[64] ［1982］AC 617.

法院可以介入。在普雷斯科特诉伯明翰公司（*Prescott v Birmingham Corpn*）案[65]中，法院认定给老年人发放免费公交卡是不合法的，因为这具有歧视性，尽管这样的歧视有利于一般意义上的弱势群体。

然而，在罗伯茨诉霍普伍德（*Roberts v Hopwood*）案中，法院认定一项妇女平等薪酬政策是怪异的，并推翻了这项政策。法院也不愿将军队中歧视同性恋的政策认定为非法。[66] 所以，在此领域中，法院对待歧视的方式并不一致，也没有采取在面对歧视时支持个人尊严的统一政策。

关联性和权重

在私法的司法监督权（例如与限制贸易、雇佣、信托和董事义务有关的情况）中，法院一般任由决策者决定给予相关考量因素多少权重。然而，如本书第九章所示，内格尔诉费尔登案可以作为这样一个例证，即法院谴责决策者并没有给予原告依其希望的方式谋生的重要性以充分权重。但一般而言，在私法案件中，权重问题并不会困扰法院。司法审查案件却有所不同。[67]

判例法对于有关在司法审查中需要给予相关因素多少权重的问题的处理方式并不一致。在皮克韦尔诉伦敦卡姆登自治市（*Pickwell v London Borough of Camden*）案中，福布斯（Forbes）法官称："在行使司法监督权时，法院并不关心一项重大因素是否获得了恰当的权重：给予特定因素的权重应由行使裁量权的机构来决定；在用法院自己对相关因素的重要性的观点取代相关机构观点方面，法院所做的并不会比其他法定裁量权更多。"[68]

但是，后来的案件体现了另一种观点。西格拉摩根郡议会诉

---

[65] ［1955］Ch 210.

[66] *R v Ministry of Defence*，*ex p Smith*［1996］QB 517，CA.

[67] 参见 T R S Allen 'Pragmatism and theory in public law'（1988）104 LQR 422。

[68] ［1983］QB 962 at 990.

拉弗蒂（*West Glamorgan County Council v Rafferty*）案[69]为个人在核心价值中的利益如何被认为重于其他考量因素提供了一个良好例证。该案也说明公共机构本身对于价值（如以其希望的方式使用财产的自由）并无利益，因此它们自己的利益不能在权衡中被加以考虑，但公共利益应被加以考虑。[70] 在拉弗蒂案中，议会因为要开发一块自有土地而决定将吉普赛人赶出这块土地。该决定遭到了挑战。吉普赛人是土地入侵者，但理事会多年来也一直违反了为居住或出入此区域的吉普赛人提供充分住所的法定义务。理事会试图将吉普赛人驱赶出去并申请了占有令，而吉普赛人则通过申请司法审查来推翻理事会的决定作为回击。理事会并未向吉普赛人提供任何替代性住处。拉尔夫·吉布森（Ralph Gibson）法官指出［斯莱德（Slade）法官和约翰·梅高（John Megaw）先生也同意］：“根据我对法律的理解，法院并不因为在问题双方都有需要加以考虑的因素而不能认定一项决定无效。如果不支持驱逐的因素的权重应被一个合理的、适当了解其义务和权力的理事会认为是具有压倒优势的，则相反的决定若被挑战则不能被支持。”[71]

在拉弗蒂案中，涉案的是吉普赛人的安全：如果他们被驱逐却又没有被提供替代的住处，则他们没有合法的地方可住，他们的孩子也不得不更换学校。这些考虑因素，加上理事会违反了为吉普赛人提供住处的义务的事实，必须和理事会的财产权相互权衡。显然，财产权本身不能超越其他考虑因素（包括吉普赛人的利益），而上诉法院因此准发调卷令，以推翻理事会申请占有权的决定。

这一案件体现出法院如何不但要求考虑相关因素（如决定对

---

[69] ［1987］1 All ER 1005.

[70] 参见本章稍后部分关于国家利益的讨论。

[71] At 1021. 亦参见 South Oxfordshire District Council v Secretary of State for Environment ［1981］1 WLR 1092. 在该案中，法院推翻了内政大臣在一项规划案中的决定；在该案中，内政大臣对某个被认为相关的情形给予了不当的权重。亦参见 *British Oxygen Co v Ministry of Technology* ［1971］AC 610——不应对一项政策给予过高权重。

个人的影响），而且要求对相关因素给予恰当的权重——法院负责认定所给予的权重是否恰当。同样的方法也体现在“超温斯伯里”判例法中；在这些案件中，有时涉案的是生命权。因此，在布格达凯伊诉内政大臣（*Bugdaycay v Secretary of State for the Home Department*）案[72]中，如果政治庇护申请人申请失败而被遣返回国，那么他的生命将面临危险。布里奇（Bridge）法官提出：“（法院审查权）的范围界限是众所周知的……我认为，在这些界限之内，法院必须有权根据决定所涉事项的重要性对行政决定进行更严格的审查，以确保它们在任何方面均无瑕疵。所有人权中最根本的便是个人的生命权；当一项受到挑战的行政决定被认为关涉申请人的生命时，该决定的依据必须受到最严格的审查。”[73]这就意味着，决策者在这样的案件中权衡相关因素时，应当给予生命权很高的权重。

在 R 诉内政大臣（布林德动议）(*R v Secretary of State for the Home Department*, ex p Brind）案[74]中，尽管法院判决有利于内政大臣，阿克纳（Ackner）法官仍强调，在涉及基本人权的案件中，须对干涉该等权利的正当性理由进行严格审查[75]；布里奇法官认为，在言论自由案件中，只有重要且相冲突的公共利益才能使对言论自由的限制具有正当性。[76] 这些案件均要求决策者对受到决定影响者的某些特定利益给予特别权重。[77]

---

[72] ［1987］AC 514.

[73] At 531. 亦参见 *R v Secretary of State for the Home Department*, *ex p Launder*［1997］1 WLR 839，HL。

[74] ［1991］1 AC 696.

[75] 同上，第 757 页。

[76] 同上，第 748－749 页。一般性地参见 P Walker ‘Unreasonableness and proportionality’ in M Supperstone and J Goudie（eds）*Judicial Review*（2nd edn，1997）。

[77] 亦参见 *R v Secretary of State for the Home Department*, *ex p Handscomb*（1988）86 Cr. App Rep 59。在该案中，内政大臣决定不释放一名囚犯，因为该囚犯在几年前被短暂释放时犯下了一桩轻罪。经权衡相对较小的轻罪和囚犯自由权的重要性后，该决定被认定为是不合理的。参见 J L Jowell ‘Restraining the State. Politics，principle and judicial review’［1997］CLP 189 at 208。

理性——审查的强度

区分审查的权重与强度是有益的。这两个词有时可以被互替使用，但在这里它们被用来区分审查的两个方面。对权重的考量关涉的是决定对个人影响的严重性，特别是决策者应就他们的利益而给予的权重。与此相关的是审查的强度，而这取决于受到审查的机构的性质以及一般的决策和上诉/审查结构。[78] 我们在此特别考虑的是对影响个人利益的决定进行审查的强度。如布莱克（Black）和穆奇斯基（Muchlinski）所述："仅仅决定机构是或应当是公共的且受到司法审查并不是争论的终点……随之而来的问题是应当适用于该机构决定的审查的恰当强度等级。法定和非法定机构是否应当受到不同强度的司法审查?"[79] 在实践中，例如，商业监管者在理性方面受到的司法审查强度比其他被告受到的更低。这是由诸多原因造成的。在通常的案件中，并购委员会之类的机构"保留有非常宽泛的裁量权，以判定如何行使其自己设定的任务，而法院把自己的角色视为对直接和显而易见的案件所设的最后保障"[80]。沃克（Walker）指出："在对不合理性进行的审查中，我认为可以说法院已经认识到，对并购进行快速有效的监管是如此重要，因此在认定相关决定明显偏离逻辑或普遍接受的道德准则，并已超出合理性界限时，法院应当格外谨慎。"[81]对自我监管机构而言，合法期待的标准看起来也更低一些。[82]

---

[78] 参见 *De Smith, Woolf and Jowell*，supra paras 1－055－13－069。

[79] J Black and P Muchlinski 'Introduction' in J Black，P Muchlinski and P Walker (eds) *Commercial Regulation and Judicial review* (1998) p. 9.

[80] Per Woolf L J in *R v Panel on Take-overs and Mergers*，*ex p Guinness Plc* [1990] 1 QB 146 at 193.

[81] P Walker 'Irrationality and commercial regulators' in J Black，P Muchlinski and P Walker (eds) op cit at p. 165.

[82] 参见 Colin Scott 'Regulatory relations in the UK utilities sector' in J Black，P Muchlinski and P Walker (eds) op cit pp. 38－41；*R v British Advertising Clearance Centre*，*ex p Switfcall District Council* (1995) LEXIS Enggen Library，cases file。

降低审查强度乃至拒绝审查的另一原因是，决策者具有法院所不具有的专业知识，而这实际上导致相关问题较之那些不需要决策者具有专门知识的案件更不具有可司法裁量性。[83] 另外，还有一种观点认为，监管机构经常构成“微法律体制”，因此根据宪政多元主义原则，法院对其加以干涉是不对的。[84]

然而，对“微法律体制”进行审查的适当性和强度问题不限于司法审查。它们也见于私法中的司法监督权中。有关对体育监管机构的审查的争论中就包括强度问题。[85] 对于不干涉“微法律体制”的顾虑可以部分地解释佩奇诉赫尔大学巡督员（*Page v Hull University Vistor*）案[86]的决定，即大学巡督员的决定不受制于司法审查，除非他在其管辖权之外行事、以完全与其司法角色不相容的方式滥用权力、或违反自然正义规则。同样的理由也支持着雇佣关系不应受法律监管的观点（这一观点看起来在英国并没有获得什么支持）。[87]

另一方面，倾向于对“微法律体制”进行审查（尽管可能是一种比较松的审查）的考量因素是，这些机构有法定义务按照符合社区规范和价值，尊重每个个人的自由、权利、充分参与机构自我管治过程的能力。[88] 实际上，即使它们是“私人”机构，它们也需要符合参与社群主义和负责利他主义的管治模式。这似乎是英国法中的主流观点，并反映在法院接受对监管机构进行司法审查的管辖权的案例，司法审查之外的法定条文（如本书第六章所

---

[83] 这一因素或许可以解释在 *R v Higher Education Funding Council*，*ex p Institute of Dental Surgery*［1994］1 WLR 242，DC一案中拒绝进行司法审查的原因。

[84] 参见，例如 H Arthurs ‘Rethinking administrative law：A slightly Diccy business’（1979）17 Osgoode Hall LR 1。

[85] 参见本书第八章的讨论；James A R Nafziger ‘International sports law as a process for resolving disputes’（1994）45 ICLQ 130. 亦参见 Julia Black ‘Constitutionalising Self-regulation’（1996）59 MLR 24 关于让自我监管机构受制于司法审查的讨论。

[86] ［1993］AC 682.

[87] Karl E Klare ‘The public-private distinction in labor law’（1982）130 U Pa LR 1358 at p. 1417.

[88] Black and Muchlinski，supra，at p. 7.

述的雇佣权利），以及与合同、贸易限制和本书第八章及第九章讨论的其他情形的审慎决策义务有关的普通法之中。

公法价值——概述

总之，考虑到公法中的价值，特别是我们所指出的公法和私法所共享的价值在司法审查中被反映的程度，有强有力的观点一般性地支持保护个人在行动自由、尊严、尊重、身份和安全上免受国家干涉的利益，除非这样的干涉是成文法明确授权的，或者有与之相反的公共利益考量。在一些案件中，法院正在发展参与社群主义和负责利他主义的模式，即在作出影响个人利益的决定时要承认和权衡个人利益。这些价值必须以不同于私法的方式与公共利益相互权衡；相比于公法，私法中更少权衡公共利益和私人利益，而更多考虑平衡相互冲突的私人利益。这将我们带至下一个问题：国家是否像掌握权力的私人机构一样拥有可能合法发展以对抗私人利益的自有利益？

国家利益

我们将在随后的四个章节中看到，私人决策者在进行决策时承担着不同的利他主义义务。信托人不得从信托中获利；医生必须为了患者的利益行事（尽管这些利益究竟应由患者还是医生来界定并不清楚）；专业机构不得仅仅为了其自身利益行事；雇主对雇员负有义务；父母对孩子也负有义务。然而，一般规则是：除上文列出的具体例外情形外，私人和商业机构可以以他们自认为符合自身利益的方式行事。国家机构在这方面有什么不同吗？国家机构常常主张其有权获得五项核心价值中的利益。如前所述，在拉弗蒂案中，理事会主张作为财产所有权人依其所愿使用土地的权利。在惠勒诉莱斯特市议会案中，理事会试图像私人土地所有权人一样自由地使用土地。[89]

究其本质，公共机构和政府官员或大臣个人不时寻求保护他们自己的行动自由（自治）、尊严和他们自认为应得的尊重。公共机构也经常考虑保护其自身身份和安全，以免受公共意见和问责的压力——例如，如我们已经在本书第二章中所看到的对巴格案的解释，普利茅斯市长和平民表达了对保护其自身权威的顾虑，这表面上看是为了公共秩序，但或可怀疑这是为了他们自身的尊严、尊重和身份。

在更早的鲁克诉威瑟（*Rooke v Withers*）案中，爱德华·柯克先生考虑了一个有关下水工程委员行使裁量权的案件。他说："……尽管委员会的话给了委员们按照他们自己的裁量权行事的权威，但他们的活动应被限制在符合理性和法律规则的范围内，因为裁量权是一门科学……而他们不能按照他们的意愿或私人感情行事。"[90]（在该案中，下水工程委员对一个土地所有权人收取罚款，用以维修河岸，而这会使得其他水权人也获益。这一决定被认定违背法律和理性。）

服从权威

这些案件引发了如下问题：支持拥有公共权力者的权威所体现的公共利益，以及个人和处理公共机构和他人纠纷的法院对于公共机构的服从。它们也引发了关于积极专制主义在司法审查中的地位的问题。在巴格案和鲁克诉威瑟等案件中，法院表达了对权威的怀疑态度。但是许多案件表明司法对公共机构（特别是王室）的服从。造舰税（*Shipmoney*）案、R诉汉普登（*R v Hampden*）案[91]

---

[89] 亦参见 *R v Somerset Country Council, ex p Fewings* [1995] 1 WLR 1037, CA. 并注意 Laws J 在一审中的评论意见：[1995] 1 All ER 513（将随后讨论）。

[90] (1958) 5 Co Rep 99 at 100.

[91] (1637) 3 State Tr 826.

和利弗西奇诉安德森（*Liversidge v Anderson*）案[92]可以证明这一点。法院仍服从于议会，而不以不合理为由而推翻议会批准的法案。因此，在诺汉丁郡市政委员会诉国家环境部长（*Nottinghamshire County Council v Secretary of State for the Environment*）案中，斯卡曼法官说："如果建议的行动符合法案条文……法官就不能以行动导致不合理的结果为由而认定行动所依据且下议院所知晓的指示不合常理且必须被推翻。因为这是属于大臣和下议院的政策问题，除非大臣有不善意或错误的行为。"[93]

国家机关在主张它们自有的"核心"潜在价值利益时，其动机经常是利他的：有效和有效率的公共治理要求行动自由，可追责性昂贵且妨碍管理效率，而国家安全将使整个社会得益。保持有权机构的尊严对于国家利益（特别是外交政策）是重要的。

就此而言，雇主在私法中的特权与之相对应；如我们将在第六章中看到的，法院在何为公司利益方面服从于雇主的观点。法庭试图"在雇主为了生意的利益（其持续繁荣最终决定所有人的利益）控制其所负责的生意的需要和雇员的合理自由之间找到平衡"[94]。

公共机构享有多少自治?

在国家自治领域，英格兰判例法发展出了两股不同的潮流。伍尔夫法官认为，公共机构同私人机构一样享有私人生活。[95] 1979年的马隆（*Malone*）案认为拥有法律人格且其范围并未被明确限

---

[92] ［1942］AC 206. 多数法院判决，"合理理由相信"并不意味着必须有客观上合理的理由相信，但大臣必须相信他的想法是合理的。结果就是人身保护令的申请人可以因大臣如是说而被拘留。

[93] ［1986］AC 240 at p. 250. 亦参见 *R v Secretary of State for the Environment, ex p London Borough of Hammersmith and Fulham* ［1991］1 AC 351。

[94] *Boychuk v H J Symons Holdings Ltd* ［1977］IRLR 395 at 396.

[95] 'Public law-private law：Why the divide?' ［1986］Public Law 220 at 223.

制的国家机构拥有与个人一样的行动自由[96]，因此它们不必以公共利益或其他标准为由正当化它们的行动。这是一个有关电话窃听的案例，其假定电话窃听本质上并不是非法的（无论是在侵权还是其他意义上），故进行电话窃听的决定不受司法控制。在1993年的希比特和桑德斯（*Hibbit and Saunders*）案[97]中，法院认为不能对合同投标过程进行司法审查，即使该案中的投标人被政府机关不公对待；因此，法院支持了公共机构（至少是行使普通法缔约权的王室）在此活动领域中拥有同私人机构一样的行动自由和自治。[98] 管辖权的全部观点（越权原则[99]）——而这是英格兰司法审查的核心所在——的基础是：在权力的范围之内[100]，公共机构有行动自由（自治），而法院不能对此加以干涉。

然而，英格兰有关公共机构自治问题的法律正在发生变化。现在，有观点认为，公共机构必须依据被承认的标准来赋予其行动以正当性，而不能简单依赖于与个人所享有的相同的行动自由。劳斯法官在1995年的R诉萨默赛特郡市政委员会（福温斯动议）（*R v Somerset County Council, ex p Fewings*）案中认为：

> ……对私人而言，规则是你可以随意做任何法律不禁止的事。这意味着公民个人的自由不取决于任何独特的、肯定

[96] *Malone v Metropolitan Police Comr* [1979] Ch 344, Sir Robert Megarry V-C. 亦参见John Allison就国家作为法人相关法律的讨论，'Theoretical and institutional underpinning of a separate administrative law' in M Taggart (ed) The Province of Administrative Law (1997) at pp. 74 - 75。

[97] *R v Lord Chancellor, ex p Hibbit and Saunders* (a firm) [1993] COD 326, (1993) Times, 12 March.

[98] 亦参见 T C Daintith 'Regulation by contract: the new prerogative' [1979] *Current Legal Problems* 41 and 'The Executive Power Today' in J Jowell and D Oliver (eds) *The Changing Constitution* (3rd edn 1995); B V Harris 'The "third source" of authority for government action' (1992) 108 LQR 626。

[99] 参见本书第二章的讨论。参见 De Smith, Woof and Jowell *Judicial Review of Administrative Action* (5th edn) paras 5 - 041 - 5 - 043; D Oliver 'Is the ultra vires rule the basis of judicial review?' [1987] Public Law 543; B V Harris 'The "third source" of authority for government action' (1992) 108 LQR 626。

[100] *Associated Provincial Picture Houses v Wednesbury Corp* [1948] 1 KB 223, per Lord Greene MR.

> 的、必须从法律书籍中探寻的正当化理由。这种观念是对英格兰法律传统的诅咒。但公共机构的规则正相反，并整体而言具有另一种特点。这种规则是所有行动必须被确定的法律正当化。公共机构并不享有为其自身利益的法律权利的遗产……这一规则对于保护人民免受掌权者的武断干涉是必要的。[101]

约翰·劳斯先生在他的“公法和劳动法”（Public Law and Employment Law）一文中重复了这一立场。[102]他提出，公法和私法的真正差别在于：“对私人而言，不被禁止者即可为，而对于公共机构而言，所有行动必须被确定的法律正当化。”（重要的是，他继续说：“但两者背后的法律原则都是相同的，即滥用权力不被允许。”[103]）

值得注意的是，这一宽泛的说法和上文中提到的马隆案及希比特和桑德斯案的决定并不一致，但它概括了向新的立场的转变，即公共机构没有自有利益或剩余的、不受审查的自由。它们负有利他主义和公共服务的义务，也无权就自身权利主张对其尊严、自治、尊重、身份或安全的保护：实际上，它们受制于审慎利他主义原则。

即使公共机构是财产的所有权人，它们也并不享有哈里斯（Harris）所称的“合法地自利开发的关键特征”[104]。黑兹尔诉伦敦哈默史密斯和富勒姆自治市（*Hazell v London Borough of Hammersmith and Fulham*）案[105]反映了这样的观点：法院认定地方当局并不像私人所有权人一样享有随意使用其占有的钱财的自由（例如达成有风险的贷款互换协议）。哈里斯的结论是，公共机构的“所有权”其实只是“准所有权”，因为对其行使财产所有权人

---

[101] ［1995］1 All ER 513. 参见 G Nardell ‘The Quantock Hounds and the Trojan Horse’［1995］Public Law 27。

[102] ［1997］PL 455.

[103] 同上，at p. 466。

[104] J W Harris ‘Private and non-private property：what is the difference?”（1995）111 LQR 421，at p. 433.

[105] ［1992］2 AC 1.

的一般性权利的自由存在限制。[106]

法院更早先的一个例子［即帕特菲尔德诉农业部长案（*Padfield v Minister of Agriculture*）[107]］表明，大臣无权为其自身利益（包括逃脱议会谴责的利益）行事。在该案中，厄普约翰（Upjohn）法官认为，决定或政策不能基于政治考量。[108] 公共生活标准委员会的公共生活七原则中包括无私义务，该义务否认公共机构有权为了其自身利益行事。[109] 实际上，利他主义和公共服务义务是英国宪政理论的支柱。

有关保密的判例法为公共机构无受到法律保护的自有利益这一立场提供了进一步的例证。因为公共部门雇员对雇主所负的保密义务不及私人部门雇员，对“职务”信息的披露未必违反保密义务。[110] 所以，例如当披露符合公共利益时，就不涉及违反保密义务。[111] 尽管公共部门中也有保密义务，但它们也只有在与公共利益不相冲突时才会得到支持。[112] 另一方面，“告密”的公共雇员易遭解雇或纪律处分程序[113]，这也表明在此领域中公共机构享有类似于

---

[106] J W Harris，op cit.

[107] ［1968］AC 997.

[108] 对比 *R v London Borough of Waltham Forest*，*ex p Baxter*［1987］3 All ER 671，CA：一位地方政务会委员认为某项决定是不合理的，却仍然按照党派界限投票，因为他相信党内团结对于大选竞争而言非常重要，并认为他的党派的政策大体符合公共利益，尽管就此特别方面而言，他觉得决定是错误的（at 676）。Sir John Donaldson MR 认定，地方政务会委员认为对地方政府领域的利益而言他的党派应重新执政，并在投票时考虑这一因素是正当的。

[109] Cm 2850 at p. 14. 下议院采纳了 *Code of Conduct and Guide to the Rules Relating to the Conduct of Members*：282 *HC Official Report*（6th series）cols 392－407，24 July 1996；Third Report from the Committee on Standards and Privileges HC（1995－96）no 604；the *Ministerial Code*（1997）也支持这一观点，即对政府机构的行动自由须加以限制。

[110] 参见本书第九章有关违反保密义务的讨论。

[111] Initial Services v Putterill［1968］1 QB 396.

[112] 参见 *A-G v Jonathan Cape*［1975］3 All ER 484，QBD，and *A-G v Guardian Newspapers*（*No 2*）［1990］。在这两个案件中，披露义务不关涉公共利益是任何保密义务的前提。亦参见 L Vickers ‘Whistleblowing in the public sector and the European Convention on Human Rights’［1998］Public Law 594。

[113] 参见本书第六章的讨论。

隐私权的权利。(但是，随着1998年《公共利益披露法》的通过，该等公共“隐私权”已经被极大地削弱了。)

韦德和福赛思指出：“不受限制的裁量权的整体概念对掌握着仅得为公共利益而行使的权力的公共权威而言是不恰当的……只有在权力是为了掌权者的个人利益而被授予时，裁量权才是绝对的。显然这不能适用于公法。”[114]

无私义务和对剩余行动自由(即自治)的否认一直被贯彻于地方当局(通常是拥有明确的有限权力的法定机构)的活动中。法院一直乐于通过将这些机构的权力限制于授权性法案所明确授予的范围，从而限制它们的行动自由，也乐于对这些机构施加比一般私人机构更高的行为准则[115](虽然如我们将在本书第八章和第九章中看到的，掌握权力的私人机构日益承担更高的义务)。在合同权力系基于成文法而非普通法行使的领域中[116]，投标过程或许也是可审查的：在R诉法律援助委员会[多恩公司(一家公司)动议][*R v Legal Aid Board, ex p Donn & Co (a firm)*]案[117]中，奥格纳尔法官认定，在多方诉讼中不签订代表普通原告的合同的决定可能在司法审查中受到挑战。理事会不享有同拥有自治权的私人一样的缔约自由。

---

[114] Wade and Forsyth *Administrative Law* (7th edn, 1994) at p. 393. 亦参见Taggart *Corporatisation, Privatisation and Public Law* (1990)。

[115] 参见，例如，*R v London Borough of Ealing, ex p Times Newspapers* (1987) 85 LGR 316(地方当局图书馆因政治原因抵制报纸的行为被认定为非法)；*R v London Borough of Lewisham, ex p Shell UK Ltd* [1988] 1 All ER 938(地方当局因政治原因而抵制某公司产品的行为被认定为非法)；*R v London Borough of Bren, ex p Assegai* (1987) 151 LG Rev 891, DC(对地方当局楼宇公共区域的准入限制被认定为非法)；*Wheeler v Leicester City Council* [1985] AC 1054(因政治原因而撤销使用地方当局体育场的许可的行为被认定为非法)；*West Glamorgan County Council v Rafferty* [1987] 1 All ER 1005, CA(地方当局对其土地的占有主张因其未能满足提供合法区域的义务而被驳回)；*R v Wear Valley District Council, ex p Binks* [1985] 2 All ER 699(地方当局撤回给某摊位经营商在当局土地上设置摊位的非正式许可的决定需接受审查——参见本书第四章关于这一案件的讨论)。亦参见S Arrowsmith 'Judicial review and the contractual powers of local authorities' (1990) 106 LQR, 272。

[116] 参见*R v Lord Chancellor, ex p Hibbit and Saunders*, supra。

[117] [1996] 3 All ER 1.

德比郡市政委员会诉泰晤士报（*Derbyshire County Council v Times Newspapers Ltd*）案[118]是法院判决公共机构不享有同个人一样的法律上的利益、权利和自由的显著例证。在该案中，上议院认为："民主选举机构应受到不受限制的批评。就诽谤进行民事诉讼的威胁将不可避免地限制言论自由"[119]，并因此认定地方当局在普通法上不享有提起诽谤之诉以保护其管治声誉的权利，因为使政府机构享有该等权利将与公共利益相悖。因此，涉案当局不得提起诽谤之诉[120]——该等民事诉讼的目的是保护一个人在社会中的尊严、尊重、身份和安全。[121] 该决定一般性地适用于行使管治和管理职能的政府机构（不限于选举产生的机构），也可能包括行使更广泛职能的公共机构。[122] 该原则也适用于政党。[123] 该等原则在何种程度上适用于行使公共职能的私人或私有化机构却并不清楚。[124]

欧洲法对英格兰公法的影响

在欧洲共同体中，公法新体系正在发展；其来源包括共同体条约、指令（特别是公共采购方面的指令），欧洲法院的法理分析[125]，以及被视作共同适用于诸多成员国的一般法律原则。欧洲法院所发展出的技术很可能影响成员国公法的发展，而实际上，各国

---

[118] ［1993］AC 534，HL.

[119] 同上，per Lord Keith at 547。

[120] 除了恶意诽谤的情况。

[121] 参见本书第三章和第八章。

[122] 参见 Barendt 'Libel and freedom of speech in English law' ［1993］ Public Law 449。但关于议会成员是否可以就议会职能提起诽谤之诉，参见 *Hamilton v Al Fayed* ［1993］3 All ER 317，CA；1996 年《诽谤法》，第 13 条。

[123] *Goldsmith v Bhoyrul* ［1997］ 4 All ER 268，Buckley J.

[124] 参见 *Reynolds v Times Newspapers* ［1998］ 3 WLR 862；I Loveland 'The constitutionalisation of political libels?' ［1998］ PL 633。

[125] 参见 T Hartley *The Foundations of European Community Law*（4th edn，1998）；De Smith，Woolf and Jowell *Judicial Review of Administrative Action*（5th edn，1995）；J Schwarze *European Administrative Law*（1992）。

的公法体系也确实相互影响。交互影响的过程正在发生。[126] 就英格兰公法而言，法国和德国的制度很可能是对其影响最大的。英格兰公法已经感受到了大陆法中成比例性、合法性和平等性原则的影响。[127] 而英格兰法在程序适宜性领域的发展也影响了欧洲的发展。

欧洲法中的公私之分

让我们来考虑欧洲法在公私之分方面对英格兰法的可能影响。在欧洲法以及大陆法系成员国的法律中，公私之分的确存在。[128] 在许多成员国中都有单独的行政法院，而适用于公共机构的实体法也不同于适用于私人机构的实体法。[129] 由此产生的一个问题是：欧洲大陆法系的立场是否会影响英格兰法，以使其保持或发展出确定的公私之分；或者英格兰普通法自身的发展逻辑或其他地区普通法系[130]的影响会在此问题上占据上风。

欧盟法对英国法强加公私之分的一个方面是共同体的垂直效力和水平效力问题（将在本书下一节中讨论）。欧洲法的影响也体现在其他一些领域，如司法审查的依据和基本人权的概念。本章中将简要考虑其在司法审查中的影响，而本书第十章将处理基本人权问题。

垂直和水平直接效力

欧盟法公私之分的核心是一系列有关条约条文和指令条文水

---

[126] J Bell 'Mechanisms for cross-fertilisation of administrative law in Europe' in J Beatson and T Tridimas (eds) *New Directions in European Public Law* (1998).

[127] 参见 De Smith, Woolf and Jowell *Judicial Review of Administrative Action* (1995) chapter 21。

[128] 有关大陆法立场的简要讨论，参见本书第一章。

[129] 一般性地参见 J Schwarze *European Administrative Law* (1992)。

[130] 参见，例如 M Taggart (ed) *The Province of Administrative Law* (1997)：该书中提到了澳大利亚、加拿大、英格兰、新西兰、南非和美国行政法的发展，以展示以上这些国家如何遇到相似的公私之分问题，普通法在没有成文法限制的情况下是如何灵活地寻找解决方案的。

平和垂直直接效力的规则。通过欧盟条约，成员国有义务赋予共同体文件（如条约条文、指令、规则和决定）以效力。条约条文是否有直接效力这一问题取决于条款是否清楚明白、不附加任何条件且不取决于共同体或国家机关采取进一步行动。[131] 规则或许能够带来个人可在成员国法院执行的权利——在这种情况下，它们直接适用且直接有效。[132] 从这个意义上说，它们和英国国会法案或成文法文件是相同的。与此相对，指令仅就“所实现的目的”而言是具有约束力的，而各成员国可以选择实现那些目的的形式和方法。因此，一般的期待是成员国会采取立法手段执行指令，而指令本身不是直接有效或适用的。然而，在某些情况下，指令不经成员国采取行动即可具有直接效力。这种情况是指：执行的期限已过，相关事项不附条件且足够确切，以及其会带来个人权利。[133] 在这种情况下，个人可以针对国家机构执行那些权利，但不能针对私人机构执行；也就是说，直接有效的指令具有垂直效力，但无水平效力。[134] 欧洲法中公私之分就是这样运作的。[135] 关于某特定机构是否为国家机构，取决于该机构是否系“国家的衍生”，包括医疗机构（如在马歇尔案中）、以其官方身份行事的首席警督[136]、地方当局。[137] 国家机构被认为也包括“无论其法律形式，根据国家所采取的措施，负责在国家控制之下提供公共服务，并为此目的具有超越适用于个人之间关系的、来自一般适用规则的特别权力的机构”[138]。上议院认定其包括私有化之前的英国燃气[139]，而高等

[131] 参见 *Hartley* p 191；*Van Gend en Loos* [1963] ECR 1。

[132] 欧盟条约，第 249 条（以前为第 189 条，经阿姆斯特丹条约更改条文号码）。

[133] *Becker v Finanzamt Munster-Innenstadt* [1982] ECR 53；*Van Duyn v Home Office* [1974] ECR 1337.

[134] *Marshall v Southampton and South West Hampshire Area Health Authority* [1986] ECR 723.

[135] 参见 *Hartley* pp. 206－211。

[136] *Johnson v Chief Constable of the Royal Ulster Constabulary* [1986] ECR 1651.

[137] *Fracelli Costanzo SpA v Comune di Milano* [1989] ECR 1839.

[138] *Foster v British Gas* [1990] ECR I－3313.

[139] *Foster v British Gas* [1991] 2 AC 306.

法院认为其包括私有化后的水务公司。[140]

然而，欧洲法中存在垂直的公私之分这一事实并不能解释为何英格兰国内公法应有实质的公私之分，以使公共机构负有而私人机构不负有决策中的公正性和理性的特殊义务，并为公共机构或行使公共职能的机构提供特殊的程序特权。指令可能具有垂直直接效力的一个原因是：成员国从它们不采取执行措施的错误中获益是不正确的[141]，但这一理由对国内公法和私法以及排他性规则而言并无说服力。

违反欧洲法的国家责任

如果某成员国未能执行欧共体法律，它可能需对因此而遭受损失者承担赔偿责任：参见弗朗科维奇诉意大利（*Francovich v Italy*）案。[142] 该责任的前提条件是：所涉法律旨在创设个人权利，在损失和未能执行之间具有直接因果关系，以及成员国的违反足够严重。无论哪个国家机构需对未能执行欧共体法律负责，责任都会产生。[143]

这一立场，以及在《人权法》下国家可能对违反公约权利[144]承担损害赔偿责任的事实使在国内"公"法以及欧洲和《人权法》案件中发展出损害赔偿救济更为可能。这通过引入一种形式的侵权责任而缩小了公私之分；除此之外，在英格兰法中，通过司法审查只能取得非惩罚性救济。

---

[140] *Griffin v South West Water Services* [1995] IRLR 15.

[141] 参见 *Hartley*，pp. 206－211。

[142] [1991] I-ECR 5357.

[143] *R v Secretary of State for Transport*，*ex p Factortame*（No 3）[1991] ECR I－3905；王座分庭认为申请人有权获得补偿性损害赔偿，但无权获得惩罚性损害赔偿：*R v Secretary of State for Transport*，*ex p Factortame*（No 5）[1998] 1 All ER 736。

[144] 参见本书第十章。

欧洲法中的审查依据

欧洲法院从成员国法律体系中阐述和采纳的一般法律原则包括法律确定性、成比例性和平等性。[145] 提到这些原则的大多数案件都无关个人利益，而是关乎商业事务。然而，它们是有影响力的法律渊源，推动了法治和良好治理（无论个人是否受到影响），而它们也为私人机构利益免受欧共体活动影响提供了一些保护。

法律确定性主要关乎法律的追溯力，因此与戴西亚（Diceyan）所称的英格兰法中的法治比较接近。它促进个人的安全——这在法语中被称作“sécurité juridique”。法律确定性的一个方面是保护合法预期；这一原则通过施加可靠性义务来保护依赖于他人的人的安全，并同时促进信任。德国法律术语“Vertrauensschutz”或“保护信赖”传达了这一观念。其中一个案件提出了在雇佣关系中这一原则如何保护个人安全：在欧盟委员会诉欧盟理事会（*EC Commission v EC Council*）案（被称作第一雇员薪水案）[146] 中，委员会诉称，理事会并未给予欧共体雇员足够的加薪。理事会、委员会和雇员协会曾就加薪计算公式达成了一致意见，并同意将其适用3年。法院认定，这带来了一个协议会被遵循的合法预期，而理事会制定的偏离于协议的新薪资表是无效的。这里，值得注意的是，实质预期得到了保护，而在英格兰法中，这种预期原则上是不受保护的。

合比例性被认为是另一一般法律原则；虽然其被认为可能构成非理性的一部分，在英格兰尚未被直接认可。[147] 当这一原则被主张时，法院必须决定被质疑的措施是否对相关人士施加了不成比

---

[145] 一般性地参见 *Hartley* chapter 5。

[146] [1973] ECR 575.

[147] 参见 *De Smith*, *Woolf and Jowell*（1995）paras 13 - 070 - 13 - 086；J L Jowell and A Lester ‘Proportionality：neither novel nor dangerous’ in Jowell and Oliver (eds) *New Directions in Judicial Review*（1988）。

例的负担，并给相关利益以不确定但相当大的权重。如克雷格和德布卡尔（de Burca）所述："这些利益必须被给予某些权重或价值，因为这是任何权衡的必要前提。"[148]法院也必须判定给予公共利益怎样的权重，因为如果不是两方面都有一些权重，那也就没法进行权衡。随着其发展，这一原则很可能为英格兰法下权衡个人利益和公共利益提供一些有益的指引。

平等原则也是欧洲公法的一部分，并已经在一系列案件中被用来反对非理性的歧视。[149]

最后，欧洲法也把获得听证的权利认定为一般原则："如果一个人的利益看起来会被公共机关的决定所影响，则他必须被给予表达他的观点的机会。"[150]

概述和总结

如本章所示，司法审查很大程度是关于控制政府或公共权力行使的，尤其是当行为或决定侵害个人利益的时候。其发展反映了本书第一章所勾勒的宪政理论。特别是，司法审查从积极专制主义转向更强调参与和利他的方式。在司法审查和欧洲法中，法院均向公共决策者施加审慎义务，这保护了个人的自治、身份和对公民社会的参与（即其公民权）。司法审查中所施加的公正性和理性标准反映了参与社群主义和审慎利他主义民主理论的结合。国家本身并没有自有利益，这是不同于个人的。

欧洲将毫无疑问地继续影响英格兰公私之分和公法的发展方式。特别是，欧洲法要求国家对违反欧洲法承担损害赔偿责任

[148] *EC Law*（1994）at p. 341.

[149] *Skimmed Milk Powder* case［1977］ECR 1211（将只使奶农获益的要求强加于所有牲畜农被认定为违反了平等原则）；*Sabbatini v European Parliament*［1972］ECR 345（除特殊情形外只付津贴给家庭男主人的要求被认定为无效）。

[150] *Trans Ocean Marine Paint Association v EC Commission*［1974］ECR 1063，at para 15 of the judgment.

[体现在弗朗科维奇案[151]和法克特拉姆（*Factorame*）案[152]的判决中]，这使得英格兰公法更有动力向倾向于损害赔偿的方向发展；而这将进一步消解英格兰的公私之分。

⑮ ［1991］ I - ECR 5357.

⑯ ［1991］ ECR I - 3905.

第六章

有关关系的法律1：个人、国家和雇佣关系

本书第一章中指出，英格兰法的早期著者（包括布莱克斯通[①]、黑尔[②]和奥斯丁[③]）在他们著作的部分章节中讨论了“有关人的法律”。在他们的著作中，他们关注于君主一臣民、雇佣和婚姻的关系。用现代术语来说，君主一臣民关系可以被称作个人与国家、公共或政府机构之间的关系，并自然属于公法范畴。雇佣和婚姻则通常被认为是私人关系，尽管它们在很大程度上受到法律规制。

黑尔将国王和臣民之间的关系称作“政治”关系[④]，而其他关系被称作“民间”关系。[⑤] 布莱克斯通认为雇佣、婚姻和父母/子女关系是私人生活中的“重大关系”[⑥]。虽然君主一臣民关系一直被认为在若干重要方面与其他关系不同，但如我们将要展示的，它们之间也存在很强的相似性。

我们在本章和下一章的目的首先在于说明个人一国家、雇佣、婚姻和父母/子女关系在过去的一个世纪左右如何发展，因为这展现了本书第三章中所提出的“核心”价值渗入这些法律领域的历史。稍后章节将说明这些价值如何在其他私法领域中运作。这些关系的法律维度已经发生的变化很好地展现了本书第三章所提出

① 参见 Sir William Blackstone *Commentaries on the Laws of England* vol 1。

② Sir Matthew Hale *An Analysis of the Civil Part of the Law*（4th edn，1779）.

③ J Austin *Lectures on Jurisprudence*（5th edn 1995）404－405，744－759.

④ Sir Matthew Hale *An Analysis of the Law*（1713）London，Walthoe，section XIV，p. 45. 根据 Hale 的理论，个人或政治团体这一类别包括军队或法律创设的团体（section XXII，p. 56）。自然人之间的关系包括政治性的和民间性的——后者包括被继承人和继承人、所有人和承租人、监护人和被监护人之间的关系。

⑤ *Hale*，supra，section XIV，p. 45.

⑥ *Blackstone* vol 1，chapter 14，at p. 423.

的观点：个人在尊严、自治、尊重、身份和安全方面的价值已被认可为公法和私法的共同价值。但它们也突显了这些价值之间（尤其是自治、尊严、尊重和身份、安全之间）的冲突（因为它们会影响关系中当事人的利益）以及这些价值和其他价值（如尊重权威）之间的冲突。

其次，在本章和稍后章节中，我们将说明为保护这些利益而采取的法律技术。在普通法上，一开始每种关系中的弱势方对于强势方都几乎完全服从。但在过去一个多世纪的时间里，关系中的弱势方得到了解放。因此，例如，对于在个人－国家关系和雇佣关系中的个人可能产生不利影响的决策，法院承担了司法监督权；这样的管辖权分别是通过司法审查和雇佣法庭对不公正解雇案件的管辖权实现的。在刑法、侵权法和衡平法中也有对这些关系中的这些利益的实质保护，而这些多在过去的一个世纪才得到发展。例如，刑法近期才将婚内强奸刑事化；君主的侵权责任只能追溯到 1947 年的《王权诉讼法》；衡平法发展了信托法，赋予不具所有权的伴侣以受益权，以有权占有婚内住房；成文法条文则建立了婚姻单独财产制，赋予对婚内住房的占有权，并引入了法院对离婚财产转移的管辖权。

君主－臣民关系

如下对君主－臣民关系或国家－个人关系的解释将必然是比较概括的，旨在展现其与其他“重要”关系的对比和对应性。

王室对于臣民的义务原来依托于准封建联系：国王（作为接受封臣之绝对臣服的领主）有义务维护和保卫他的子民，以回馈人民对他的服务和服从。黑尔列出了人民针对国王和他的所有下属官员所享有的权利和自由权，即人民需受到国王和官员的保护，并在生计、自由权和财产方面根据王国法律被依法对待。[7] 但直到1947年的《王权诉讼法》之前，都无法在法院提起诉讼以促使国王履行其义务。君主个人和王室实际上对司法程序享有豁免权，即使在违约和侵权领域也是如此。这是君主“完美”或永无过失特权的一个方面。[8] 对此的理论和历史解释无疑来自君权神授，但更可能的实用主义解释则是主权的权威应被维持和保护，以避免政府崩溃所导致的混乱——即霍布斯对“利维坦”的正当化理由。[9] 在本章和稍后章节对其他关系的讨论中也将提到对侵害关系中当事人权威的后果的类似顾虑。[10]

各种机制被发展出来以削弱王室豁免原则，包括权利请愿书，但直到《王权诉讼法》生效，对国王提起民事诉讼才成为可能；而直到M诉内政部（*M v Home Office*）案[11]的判决后，国王的大臣才会因违反法院命令而被判藐视法庭罪。因此，近年来，臣民方能通过诉讼来执行君主—臣民关系中的王室义务。

在普通法上，君主对于其臣民拥有类似于财产权的权利。这里并无民主因素。人民只是臣民，而非公民。主权被期待为了他的臣民的利益行使权力，但这些义务不能依法强制执行。君主对于臣民的权力包括兵役权：直到查理二世复辟，男性都可以被通过令状或征兵令强制征召入伍；他们可能被强制在海军服役[12]，若伤害一个男性而使其无法参与国防（服役），则构成重伤罪、重罪和侵权。臣民对君主所负的义务（即王权所隐含的内容：服从和服务）被称作“效忠”，这也是封建时代的遗产。[13] 这些建基于信

---

⑦ *Hale*，section XIII，p. 42.

⑧ 参见 *Blackstone* vol 1，chapter 7 at p. 246。

⑨ T Hobbes *Leviathan*（R Tuck，ed 1991）。

⑩ 亦参见本书第二章关于权力和权威以及巴格案的讨论。

⑪ ［1994］1 AC 377，HL.

⑫ 普通法允许抓壮丁：*Ex p Fox*（1793）5 Term Rep 276。自1815年来，这一制度被废弃，转而通过自愿方式征召入伍。

⑬ 黑尔（Hale）列举了人民对于国王所享有的权利和负有的义务：坚持和荣誉，忠诚和服从，这些都来自效忠名下；以及履行那些权利和义务、关税、补贴，这些根据普通法或议会立法而应由国王确定。*Hale*，section XIII，p. 42.

任和信赖。[14] 效忠是“将臣民约束于国王以换取国王给予臣民的保护的联系和纽带”[15]。(如我们应当看到的，婚姻关系和主仆关系中弱势一方也负有类似的服从和服务义务。谋杀被效忠者被认为是谋逆[16]：如果受害者是君主，则构成重谋逆罪[17]；在其他情况下，则是轻谋逆罪。[18])

个人从国家中的解放

就个人和国家的关系而言，现在的立场当然是不同的。王室和其他国家机关（如警察和地方当局）原则上受制于法治。王室仍在特权之下享受特定类型的剩余普通法权力，而特定的公共机构则受益于侵权豁免。[19] 有关个人和国家关系地位的法律已由臣属的概念演化为公民的概念[20]——尽管是一个比较不成熟的公民概念，根据这一概念，个人享受由特定法律保护的自由权和权利，包括通过投票、参选、行使自由言论和自由结社权等参与政治进程和社群活动的权利。王室强行征召入伍的权力现在受到成文法的规制，且受限于正式的程序（正式程序排除了之前实践中的随

---

⑭ 参见 *Blackstone* vol 1，at p. 366：“在封建制度中，每一个土地主都服从于其再分封领主或领主，而租客或封臣从这些人或其祖先处获得它们；在领主和封臣之间存在相互的信任或信赖：领主应保护他所授予封臣的领土的享有，而另一方面，封臣应忠于领主，并保护其免受敌人侵害。”

⑮ *Blackstone* vol 1，p. 366.

⑯ 参见 *Blackstone* vol. 4，chapter 14：“… 割裂世俗或基督教联系，如果伴以谋杀，则呈现为一种新的犯罪，即轻谋逆罪（*parva proditio* 或 *petit treason*），而其并不亚于一系列谋逆罪：而这只是一种加重程度的谋杀；尽管因为违反了私人效忠，它被指责为一种较次要的谋逆……轻谋逆罪……可能以三种方式发生：仆弑主、妻弑夫、传教士弑其上司。”

⑰ 参见 *Blackstone* vol 4，at pp. 74 - 76。

⑱ 参见 *Blackstone* vol 4，at pp. 203 - 204。

⑲ 参见本书第八章关于豁免权的讨论。

⑳ 关于英国公民的法律概念参见 D Oliver ‘What is Happening to Relations between the Citizen and the State?’ in Jowell and D Oliver（eds）*The Changing Constitution*（3rd edn，1994）。亦参见 D Heater *Citizenship*：*The Civic Ideal in World History*，*Politics and Education*（1990）。进一步参见本书第十二章的讨论。

意性)。

王室被认为对市民负有责任而不是享有权利。从权力到责任的转变是渐进式的。例如,洛克认为,王室有义务保护财产权。(这种从权力赋予权利的观念到权力赋予责任和利他主义义务的原则的演进在其他关系中也有所反映,特别是下文中讨论的父母和子女之间的关系以及雇主和雇员之间的关系。)不同于很多个人,王室无权在其活动中追求其自己的权利和利益。[21] 劳斯法官在R诉萨默赛特郡市政委员会(福温斯动议)(*R v Somerset County Council, ex p Fewings*)案的一审中有力地表达了这一立场:"公共机构并不享有为其自身利益的法律权利的遗产……"[22]原则上讲,国家机构在对待个人时被要求按照合法、公正和理性原则行事[23]——换言之,它们负有审慎决策的义务。曾经随意行动的范围被在很大程度缩减了。因此,与布莱克斯通所描绘的图景显著不同的是,现在的立场是:个人在其与国家的关系中享有很大程度的自治,而参与社群主义和审慎利他主义理论的元素也被引入这种关系之中。至少个人尊严应得到尊重,而个人安全不能被随意剥夺。如其他章节所述,所有内容在这些方面当然不是完美无瑕的,但与布莱克斯通所描绘的图景的对比展现了一种趋势的重要性,即在公法的发展中承认个人就核心价值所享有的利益的重要性。我们将回到这一问题。

雇 佣

雇佣关系给予雇员社会身份,而他们的工作是大多数人财务

---

[21] 参见本书第五章的讨论。

[22] [1995] 1 All ER 513. 参见 G Nardell 'The Quantock Hounds and the Trojan Horse' [1995] Public Law 27。

[23] 参见 *Council of Civil Service Unions v Minister for the Civil Service* [1985] AC 374。

安全的主要来源。[24] 这一观点被很好地体现在加拿大的涉公共服务部门雇员关系法（*Reference re the Public Service Employee Relations Act*）一案中："工作是个人生活最重要的方面之一，它给了个人以财务支持和（同样重要的）对社会有所贡献的角色。一个人的受雇佣是他或她身份、自我价值和感情安康感的必要组成部分。"[25] 但考虑到雇员和雇主之间权力的不平衡性，前者在其关系中的尊严、自治和尊重很容易受到干涉。迪金（Deakin）提出"缺失的是个人就雇佣所享有的尊严和自治获得保护的权利的统一概念"[26]。而且，如我们应当看到的，雇主的特权扩展至解雇权并因此去除了雇员通常所依赖的安全。

随后的讨论将考虑法律如何处理关系的这些方面。篇幅所限，我们无法涵盖所有内容，而目标在于试图指出法律在这一方面的趋势。如果我们考虑普通法的立场、成文法的发展和欧洲法[27]的影响，则这些趋势会被突显出来。

在普通法上，雇佣关系从法律视角来看，历史上是一种身份关系，而不是当事人之间的合同安排。[28] 仆从的工作义务依赖于他的身份（工种类型），而他的工钱在不同时期由该区域的治安法官或成文法确定。[29] 对于无纪律行为可以施以刑事制裁。[30] 这种关系本质上被认为是一种人身关系，一种个人主义关系。[31] 但就这里的

㉔ 参见 Simon Deakin and Gillian Morris *Labour Law*（2nd edn，1998），该书提供了对与雇佣关系有关的法律的出色和全面的解释。

㉕ Per Dickson LJ in [1987] 1 SCR 313 at 368. 这些考虑因素使法院决定在解雇之前须有公正审判，作为合同中的默示条款。这一点表明对决策者强加程序的背后如何体现对核心价值的认可。

㉖ S Deakin 'The utility of "right talk": Employees' personal rights' in C Gearty and A Tomkins *Understanding Human Rights*（1996） at p. 357.

㉗ 参见 *Deakin and Morris* para. 2. 6。

㉘ 参见本书第三章中关于"身份"概念的讨论。

㉙ *Blackstone* vol 1，chapter 14.

㉚ 关于历史，参见 *Deakin and Morris* chapter 1。

㉛ 参见 Bob Hepple and Sandra Fredman *Labour Law and Industrial Relations in Great Britain*（2nd edn，1992） para 49－51；B Hepple chapter 18 in G S Bain（ed） *Industrial Relations in Britain*（1983）。

目的而言，使人感兴趣的地方在于历史上雇佣关系与臣民一君主关系、婚姻关系、父母一子女关系有很强的对应性；前述每种关系都由法律规定，被认为是高度个人化和具有人身性的，并涉及当事人之间很强的专制和科层关系。

自19世纪中叶起，雇佣关系的法律性质转变为合同关系，而这是由一系列涉及高层雇员情况的案件引起的。㉜ 这仍然是法院看待此种关系的方式。但是，法律给这种关系强加了诸多义务，使其具有了身份关系的某种特征。如迪金和莫里斯所述："合同可以说创造了一种形式的身份，而这作为约束当事人关系的规范的一种来源，与他们之间的明文协议是相互分离的。"㉝

雇佣法中的公法价值

根据现在的1996年《雇佣权利法》第92条，被解雇的雇员有权要求就解雇原因得到书面解释。这不过是被普遍地（如果错误地）认可的公法价值被引入私人关系的例证之一。但法院也发展了一系列技术（如默示合同条款或越权原则㉞），以将通常和司法审查联系在一起的价值（公正和理性）引入合同雇佣关系中。例如，法院认定存在这样的默示合同条款：如果雇佣机构（如工会）规则要求在一定条件下才能解雇，则应给予被解雇者以听审/听证的机会。㉟ 法院甚至还提出对于所有雇佣合同而言，在解雇前有程序适当性的默示义务㊱，但这暂时看来还不是法律。

在克拉克诉BET（*Clark v BET*）案中，雇佣合同规定，每年审查和增加的工资完全由雇主自行裁量决定。法院认定，若雇

㉜ 参见，例如，*Emmers v Elderton*（1853）13 CB 495；*Turner v Goldsmith*［1891］1 QB 544；*Price v Mouat*（1861）11 CBNS 508；and *Deakin and Morris* at para 1.2。

㉝ At p. 132. 关于这一点一般性地参见 *Deakin and Morris* para 3.2。

㉞ 参见 *Deakin and Morris* para 5.3。

㉟ *Stevenson v United Road Transport Union*［1977］ICR 893.

㊱ *R v Derbyshire County Council*，*ex p Noble*［1900］IRLR 332 at p. 337.

主在行使其裁量权时反复无常或恶意而为，使工资没有增加，则这样的行为构成对合同的违反。[37] 有法律渊源支持在依赖于某个可能对雇员不利的合同的明确条款时雇主应"合理"行事的观点。例如，副御前大臣布朗一威尔金森（Browne-Wilkinson）认定，职业养老金计划条款赋予雇主的同意增加养老金的裁量权并非无条件的：雇主虽无义务同意增加，却有义务善意行使其权力，并避免武断或反复无常的结果——这一系列审查标准与司法审查中的温斯伯里不合理性标准非常类似。[38] 然而，这一领域的普通法正在发展，很难充满信心地说雇佣合同中的雇主在侵权中有一般性的公正和理性义务。[39]

私法中对于违反雇佣合同的救济措施已有所发展，为面临雇佣方面的不利变化、纪律惩戒措施或解雇的员工提供保护；这些保护措施在很多方面与利益受到公共机构决定不利影响的人士在司法审查中享受的保护类似。[40] 例如，可以用禁制令限制雇主单方更改合同或以违反合同条款的方式解雇员工的意图。[41] 然而，获得禁制令的情况并不常见，很多员工也没有法院可以强制执行的工作保障条款。

这些发展代表了法院对之前立场（即服务合同不能被特别地强制执行）的偏离，原因是其意识到很多雇佣合同实际上并不是真正"人身性的"。因此，如果事实上信任和信赖关系仍然存在于雇主和雇员之间，法院将更愿意提供禁制令的救济；这曾经发生在一个雇主为应对工会的压力而意图解雇的案件中。[42]

一般与公法结合在一起的标准也体现在公共雇佣中。这部分

㊲ ［1997］ IRLR 348 at p. 349.

㊳ *Imperial Group Pension Trust Ltd v Imperial Tobacco Ltd*. ［1991］ IRLR 66；关于雇主的合理性义务亦参见 *United Bank Ltd v Akhtar* ［1989］ IRLR 507。

㊴ 参见 *Deakin and Morris* 中的讨论，para 4. 2. 2。

㊵ 参见本书第四章和第五章。

㊶ K Ewing 'Remedies for breach of the contract of employment' 52 Camb LJ 405, at p. 406；亦参见 *Deakin and Morris*，para 5. 3. 6。

㊷ *Hill v C A Parson & Co Ltd* ［1972］ Ch 305. 亦参见 *Irani v Southbampton and South West Hamppshire Health Authority* ［1985］ IRLR 203。

可以归因于法院曾经就公务雇佣所采取的立场，即王室和公务员之间没有雇佣合同。[43] 因此，要求在解雇或改变雇佣条款和条件之前适用公正程序的默示合同条款没有适用空间。对公务员委任的合同性质的否认来自这样的恐惧：如果受到合同约束，则国王行使裁量权会受到限制，从而不利于公共利益。[44] 这一立场使法院将公务员与王室和其他公共领域雇主的关系视作一种公法关系，从而在某些有限情况下受到司法审查，特别是在这种关系中存在成文法支持的情况下。[45] 这是可能的，因为一般而言，合同的存在[46]将排除司法审查：这一论断在不存在合同的情况下明显不适用。[47]所以，例如，在马洛赫诉阿伯丁公司（*Malloch v Aberdeen Corpn*）案[48]中，学校在解雇老师之前，有义务遵守自然正义规则，理由是在委任中存在法定身份或保护[49]（而在私人雇佣合同中没有隐含这样的义务[50]），或存在公共雇佣因素或可受保护的职务或身份的情况下会产生这样的义务。[51]

公共雇佣的另一"公法"维度是过去的实践带来了这样一种合法预期，即在作出影响雇员安全或身份的决定前应当咨询工会，而法院原则上通过要求咨询来保护这种预期[52]（除了在牵涉国家安

---

[43] 参见 *Dunn v R* [1896] 1 QB 116。

[44] 参见 *Rederiaktiebolaget Amphitrite v R* [1921] 3 KB 500；*Ayr Harbour Trustees v Oswald* (1883) 8 App Cas 623。

[45] 参见，例如 *Malloch v Aberdeen Corpn* [1971] 1 WLR 1578。参见 Sandra Fredman and Gillian Morris 'Public or private? State employees and judicial review' 107 LQR (1991) 298；*The State as Employer: Labour Law in the Public Services* (1989) chapter 3；*Deakin and Morris* paras 3. 6。

[46] 参见，例如，*R v East Berkshire Health Authority, ex p Walsh* [1985] QB 152。

[47] 一般性地参见 *Deakin and Morris* para 3. 6。

[48] [1971] 1 WLR 1578, HL.

[49] Per Lord Reid, at 1586 and Lord Wilberforce at pp. 1595 – 1596.

[50] *Ridge v Baldwin* [1964] AC 40 at 65.

[51] Per Lord Wilberforce at 1595 – 1596. 关于苏格兰有关司法审查申请和公共雇佣的立场的解释，参见附录。

[52] 例如，在 *R v British Coal Corpn ex p Vardy* [1993] ICR 720 案中，雇主如果未能在决定关闭矿井前咨询工会，则其决定会被认定为无效，原因是其破坏了咨询的合法预期。

全等情况下[53])。

更晚近以来，公务员可能有雇佣合同的观念开始被接受。[54] 一般而言，在这些案件中，除非合同有成文法支持，否则司法审查是不可能的。[55] 但是，这类合同很可能隐含了在解雇前采取公正程序的要求。[56] 如果决定具有一般适用性的话，则可能还有平行的司法审查管辖权。[57] 但是，有关公务员是否以及何时可以对影响他们的决定（最常见的是解雇决定）申请司法审查与何时可以基于合同法起诉这两个问题上的普通法很难相互协调。[58]

斯蒂芬·赛德利先生（Sir Stephen Sedley）在法庭外指出，在20世纪60年代末，“公法所发展出的原则（主要基于权力概念）开始覆盖雇佣法原则”[59]。他提出，法院规避了穆尔科克（*The Moorcock*）案所确立的原则[60]，通过引进和施加公法原则（特别是在公共雇佣合同中），使得只能为了合同效力而推出默示的合同条款。[61]

但是，公共雇佣中的合同权利和救济可能比司法审查中的更窄且不及其有效。少有雇佣合同明文规定自然正义义务；这些义

---

[53] 在 *Council of Civil Service Unions v Minister for the Civil Service* [1985] AC 374 案中，如果“国家安全”没有胜过咨询工会的义务，则该等义务仍然存在。

[54] 参见 *R v Civil Service Appeal Board*, *ex p Bruce* [1988] 3 All ER 686; *McClaren v Home Office* [1990] ICR 824，在该案中上诉法院认定可能存在雇佣合同。在 *R v Lord Chancellor's Department*, *ex p Nangle* [1991] ICR 743 案中，法院认定公务员确有雇佣合同。亦参见 S Fredman and G Morris ‘Judicial Review and Civil Servants: Contract of Employment Declared to Exist’ [1991] PL 485。

[55] 参见，例如 *R v East Berkshire Health Authority*, *ex p Walsh* [1985] QB 152; *R v BBC*, *ex p Lavelle* [1983] ICR 99。

[56] 参见 *R v East Berkshire Health Authority*, *ex p Walsh* [1984] 3 All ER 425；亦参见下文关于不公正解雇的讨论。

[57] 参见 *De Smith, Woolf and Jowell* para 3-066。这是苏格兰的立场：参见 *Watt v Strathclyde Regional Council* 1992 SLT 324 和下文中附录的讨论。

[58] 参见 Fredman and Morris, ‘Public or private? State employees and judicial review’ 107 LQR 298。

[59] (1994) 23 ILJ 302 at 204. 亦参见 Sedley J in *Aspden v Webbs Poultry & Meat Group (Holdings) Ltd* [1996] IRLR 521。

[60] (1889) 14 PD 64.

[61] S Sedley ‘Public law and contractual employment’ (1993) 23 Ind LJ 201.

务一般也不能默示推出。[62] 雇佣合同也不含有要求雇主在决策时理性行事的明确义务（相当于司法审查中的义务）。不公正解雇案件中很少给予恢复原状的救济。法院不愿意在纪律惩戒或解雇程序中给予禁制令。与此相对比，调卷令对于推翻解雇决定是有效的，而这事实上带来恢复原状的结果。[63]

不公正解雇

19 世纪发生的雇佣关系从身份向契约转变所造成的一个结果是：它使公务员可以就不当解雇进行起诉。然而，在实践中，对于武断的解雇而言，还没有有效的保护措施；损害赔偿很可能微不足道，一般只有在通知期内才能获得损害赔偿；而如我们所看到的，直到晚近，法院才在有限的情况下用禁制令要求在解雇前遵循合同条款规定的程序。如斯蒂芬·赛德利先生指出的："普通法的失败要部分对引进成文法管辖权负责……"[64]

1971 年《劳资关系法》引入了不被不公正解雇的权利。[65] 根据不公正解雇条款（现见于 1996 年《雇佣权利法》），如果雇员认为他们被不公正解雇，则他们可以向劳动法庭申请恢复原状、重新雇用或者获得赔偿。[66] 除非法庭给予延期，则雇员必须在被解雇

---

[62] *Ridge v Baldwin* [1964] AC 40，at p. 65，cf *R v Derbyshire County Council*, *ex p Noble* [1990] IRLR 332 at 337，per Lord Woolf.

[63] 关于合同救济和公法救济的对比，参见 S Fredman and G Morris 'Public or private? State employees and judicial review' 107 LQR 298。

[64] Sir Stephen Sedley，op cit.

[65] 现在参见《雇佣权利法》，第 94（1），114，115 条。

[66] 1996 年《雇佣权利法》，第 118 条。在实践中，法庭很少给予重新雇用或恢复原状，因为当案件提交法庭时，双方的关系通常已经彻底破裂了：参见 *O'Laoire v Jackel International Ltd* [1990] ICR 197 at 201（Lord Donaldson MR）。这些救济为法院要求恢复个人的身份和安全的管辖权提供了有趣例证，[使人想起] 配偶之前要求恢复夫妻权利的权利——参见 P Bromley *Family Law*（2nd edn，1962）pp. 156－161. 然而，在离婚法中，不可恢复的关系破裂现在被认为是解除婚姻关系的一个理由：在这个方面，雇佣和离婚的立场相互对应。

后3个月内提出申请[67]（顺便说一句，司法审查申请也适用相同的诉讼时效）。对于不公正解雇案件（除歧视案外）而言，能获得的赔偿有一个上限。

对于不正当解雇请求来说，也存在2年的限定期。[68] 在新的立法中，这一期限很可能被降低为1年。所以，雇佣中对雇员安全的保护受制于若干例外或前提条件。

不公正解雇条款与我们提出的主题特别相关：这既是因为它们对于雇员的安全和与其他核心价值有关的利益提供了某种保护，也是因为它们牵涉司法监督权（其与司法审查管辖权存在有趣的相似性），并暗含了将民主理论的元素（特别是参与要求和审慎利他主义）——实际上是某种程度的“公民民主”——引入雇佣关系。

首先，我们简要概括一下解雇决定中“公正”的含义。有些理由天然是不公正的——例如，工会成员资格，孕妇或产妇身份。[69] 只有另一些特定的“可能公正的理由”才可以被接受。这些理由包括雇员的能力或资格，他/她的行为，冗员，或雇员继续占有其职位必将违反法定义务。此外，如果解雇是为了“其他一些可以正当化解雇的实质原因”，则解雇也可能被认为是公正的。

在判断雇主是否依可能公正的理由以公正的方式解雇雇员时，雇佣法庭要行使某种形式的司法监督权。解雇是否公正取决于雇主将解雇原因作为充分原因是否合理。[70] 也需要根据衡平法和案件的实质作出判断也是需要的。[71] 正如在司法审查中一样，关注焦点在于雇主的行为，而不是决定对于雇员的影响[72]；但与司法审查不

---

[67] 1996年《雇佣权利法》，第111条。

[68] 1996年《雇佣权利法》，第108（1）条。

[69] 参见 *Deakin and Morris* para 5.5.3。

[70] 1996年《雇佣权利法》，第98（4）条。

[71] 第98（4）（b）条。

[72] *W Devis & Sons v Atkins* [1977] IRLR 314 at 317；亦参见 S Deakin ‘The utility of “rights talk”：Employees’ personal rights’ in C Gearty and A Tomkins *Understanding Human Rights*（1996）at p.364。

同的是，救济旨在为雇员提供实质救济措施或保护。

在判定雇主与解雇有关的行为的合理性时，雇佣法庭不能“以它自己有关什么是恰当做法的判断代替雇主的判断——在许多但非所有案件中，对于雇员的行为，都有一系列合理的反应，雇主可能合理地采取了一种观点，而其他人可能同样合理地采取另一种观点”[73]。所以，法庭的功能在于确定雇主的决定是否落在理性雇主会采取的一系列合理反应之内。这与司法审查中的“四角”（非越权/越权）审查相似，即法院需判断决策者是否在他们的权力或裁量权的范围内行事。[74]

法庭在不公正解雇案件中的司法监督权考虑程序的公正性和决策的理性；这与司法审查和其他司法监督权中的思路相似但不尽相同。[75] 所以，从原则上讲，雇主在因为纪律原因解雇雇员时需要采取公正程序（如警告和听审）。[76] 这些要求在立法中并无明文规定，但《建议、调解和仲裁服务规则》（ACAS Code）对其有所规定，而法庭在相关时必须考虑这些要求，法院也采纳了这些要求。[77] 但是，程序上的偏离并不意味着解雇被自动认定为是不公正的，因为法庭可能认定一个理性的雇主可以免于此等程序：“存在这样的情况：违规行为是如此可憎，而事实是如此清楚，故而一个理性的雇主会认为不管雇员提出怎样的解释，都不会有任何不同。”[78]这与司法审查中的一些判例法相互对应，尽管那些案件在如下问题上并不清楚，即法院是决定不存在自然正义的义务，还是

---

[73] Per Browne-Wilkinson J in *Iceland Frozen Foods Ltd v Jones* [1983] ICR 17 at 24-25.

[74] *Associated Provincial Pictures Houses v Wednesbury Corpn* [1948] 1 KB 223.

[75] 例如，医疗疏忽案件适用“合法回应范围”方法：*Bolam v Friern Hostipal Management Committee* [1957] 1 WLR 582。

[76] 参见 ACAS Code of Practice on Disciplinary Practice and Procedures in Employment；在纪律性解雇案件中也应查阅这一守则：*West Midland Co-operative Society Ltd v Tipton* [1986] AC 536。亦参见 *Deakin and Morris* para 5.5.6。

[77] 1992年《工会和劳动关系（整合）法》，第207条；*Deakin and Morris* paras 2.2.3 and 5.5.6。

[78] *Sillifant v Powell Duffryn Timber Ltd*. [1983] IRLR 91 at 97；*Polkey v A E Dayton Services Ltd* [1988] AC 344.

决定存在这样的义务但应拒绝给予救济措施。[79]

在不公正雇佣案件中，对于雇主而言，并不存在与公法对应的不得受无关因素影响而需考虑所有相关因素的义务。[80] 换言之，对雇主而言，在作出与雇员有关的决定时，不存在审慎决策的一般性义务，尽管成文法条文保护雇员免受雇主特定非理性决定的影响，并且如我们之前看到的，可能存在明示或默示的合同义务。[81] 所以，如我们将在下一章节中将看到的，雇主就与雇员有关的事项保留了广泛的特权。实际上，基于这种方法，只有在很极端的案件中，法庭才会认定雇主的决定在合理性范围之外。法庭意图“在以下两者间找到平衡：一是保护雇主为了生意本身的利益、控制其所负责的生意的需求（所有人的利益最终取决于生意的持续繁荣），二是雇员的合理自由”[82]。

恢复原状的救济方式与司法审查中推翻决定的命令大致对应。它旨在将雇员恢复到其未被解雇情况下的状态。如果雇主和雇员之间应当存在的信任和信赖关系[83]已经破裂，则不会给予这种救济措施。我们可以为此找到两种对应物：一是在司法审查中如果涉及良好治理的利益[84]，则应拒绝给予相关救济措施；二是离婚法中，如果关系不可挽回地破裂了，则通过颁发令状解除婚姻。

司法审查和不公正解雇管辖权的一个不同之处在于：在不公

---

[79] 参见 De Smith，Woolf and Jowell *Judicial Review of Administrative Action* (5th edn) paras 10-031-10-036。参见，例如 *Cinnamond v British Airports Authority* [1980] 1 WLR 582；*Glynn v Keele University* [1971] 1 WLR 487（无义务）；*R v Aston University Senate，ex p Roffey* [1969] 2 QB 538（无救济措施）。

[80] *Associated Provincial Picture Houses v Wednesbury Corpn* [1948] 1 KB 223.

[81] 参见，例如 *Clark v BET* [1997] IRLR 348 at 349。

[82] *Boychuk v H J Symous Holdings Ltd* [1977] IRLR 395 at 396.

[83] 关于关系的这一方面，参见 D Brodie ‘Beyond exchange：The new contract of employment’ (1998) 27 ILJ 79。需要区分以下两个问题：一是雇佣关系中事实上是否存在信赖和信任，二是是否存在信赖和信任的合同义务。事实上，在雇佣关系中并不假定存在信赖和信任关系，但如果一方可以证明他/她习惯于寄希望于另一方的信任，则会产生这种关系：per Millett LJ in *Credit Lyonnais v Burch* [1997] 1 All ER 144 at 154。但在雇佣关系中存在隐含的信赖和信任的合同义务。

[84] 参见1981年《高级法院法》，第31（6）条；De Smith，Woolf and Jowell *Judicial Review of Administrative Action* (5th edn) paras 20－002，20－010－20－011。

正解雇中可以给予赔偿，而在司法审查中针对不公正决定不能获得或被认为不能获得赔偿。[85] 原则上来讲，就不公正解雇成功申诉的人士有权获得一项救济，虽然法庭可能以与有过失为由减少赔偿。[86] 其实，赔偿可能被减少为零，如果法庭认定这是“公正和衡平的”[87]。与此相比，司法审查中的救济措施是裁量性的；法院可以拒绝给予一项救济措施，即使存在行使司法监督权的理由。

歧 视

因为性别、种族和残疾而造成的雇佣歧视的请求可以依据专门的成文法提出。对于这些请求并无适用期。申请人有证明歧视的举证责任，而在不公正解雇案件中，雇主有证明存在公正理由的举证责任。对于性别[88]、种族[89]和残疾[90]歧视的裁决并无限制。在歧视排除真正机会平等的情况下，欧洲法院通过对歧视造成的损失和损害给予充分补偿而取消了之前性别案件中的赔偿上限。[91] 赔偿可能包含精神损害裁决，这是承认个人在此关系中的尊严和尊重价值的一个例证。

雇主的特权

在私有领域的个体雇佣法中，普通法直到晚近都采取了一种非常有利于雇主的立场。[92] 虽然如我们将在下一章节中看到的，随着普通法、成文法和欧洲法的发展，雇主的权威已经有所削弱，

---

[85] 参见本书第十一章的讨论。

[86] 1996 年《雇佣权利法》，第 123（6）条。

[87] *W Devis & Sons Ltd v Atkins* ［1977］ IRLR 314.

[88] SI 1993/2798.

[89] 1994 年《种族关系（救济）法》。

[90] 1995《残疾歧视法》。

[91] *Marshall v Southampton and South West Hampshire Area Health Authority* (*No* 2) ［1993］ IRLR 445.

[92] 参见 *Deakin and Morris* para 1. 2. 3。

但雇主仍有权将有关企业的需求的管理性或官僚性[93]决定加诸雇员之上。[94] 所以，例如，如果解雇雇员系基于管理、经济或“合理且良好业务”的原因[95]（如承认业务或工作安排的需要）[96]，则可能不构成不公正解雇。这些管理权力的例证展现了加尔布雷思对权力（包括组织或官僚机构）的分析是恰当的。[97]

雇主就雇佣雇员的特权包括，例如，在决定招聘谁时进行歧视（除非基于法定特别理由，如种族、性别、残疾、工会成员或非成员资格或“失效的判决”[98]）的权利[99]——这被认为是雇主合同自由的一部分。雇主有特权根据短期合同（这些合同下不能享受其他合同中具有的免于冗余性裁员的保护）雇佣员工。就雇佣而言，其与申请司法审查案件既有相似又有不同：处理该等申请的公共决策者并不负有完整的公正和理性义务。然而，他/她在处理申请时并不完全免于限制，而且必须得出诚实的、无偏见的、不基于善变的政策的结论。[100]

雇员在雇佣中曾经很少有针对雇主的权利。科林斯（Collins）生动地描述了雇员在关系中的从属地位：“一旦走进了工厂大门或办公室电梯，一个典型的雇员就被当做科层中的一个下属。为了

---

[93] 参见 J G Galbraith *The Anatomy of Power*（1983）。亦参见 H Collins ‘Market power，bureaucratic power，and the contract of employment’（1986）15 Industrial Law Journal 1；E Jaques *A General Theory of Bureaucracy*（1976）。

[94] 参见 *Deakin and Morris*，para 4. 2. 1 - 4. 2. 2。

[95] *Hollister v National Farmers' Union*［1979］ICR 542 at 551（per Lord Denning）.

[96] 参见 *Ellis v Brighton Co-operative Society*［1976］IRLR 419，EAT。

[97] 参见本书第二章；亦参见 H Collins ‘Against abstentionism in labour law’ in J Eekelaar and J Bell *Oxford Essays in Jurisprudence*（Third Series）（1987）p. 79。

[98] 关于种族歧视，参见 1976 年《种族关系法》；关于性别歧视，参见 1975 年《性别歧视法》，the Equal Treatment Directive 76/207；关于残疾歧视，参见 1995 年《残疾歧视法》；关于基于工会成员资格的歧视，参见 1992 年《工会和劳动关系（整合）法》；关于失效判决，参见 1974 年《罪犯改造法》。一般性地参见 *Deakin and Morris* para 3. 3. 1。

[99] 参见 *Deakin and Morris* para 3. 3. 2。

[100] *McInnes v Onslow Fane*［1978］1 WLR 1520 at 1530；亦参见 *British Oxygen Co Ltd v Minister of Technology*［1971］AC 610。对于此立场的批评，参见 De Smith，Woolf and Jowell *Judicial Review of Administrative Action*（5th edn）parras 8 - 006 - 8 -100。

换取工资，雇员放弃了他在自决、平等尊严和免受专断权力的自由的权利。”[101]

在 1998 年《人权法》生效之前，没有任何法律整理或提出了雇员的公民和政治权利，特别是言论自由、结社自由（尽管加入工会的自由受到保护[102]）、隐私自由[103]或宗教自由（除了北爱尔兰之外[104]）。实际上，对于公共雇佣而言，有专门的成文法条款限制一些雇员的行动自由，如限制其政治活动和言论自由。[105] 对于所有雇员来说，只有一些混杂的普通法和成文法条款为他们在雇佣中的公民和政治权利提供保护：而限制雇员活动的自由被认为是雇主合同自由的一部分。[106] 在不公正解雇的“合理反映范围”审查标准之下，对于雇员公民自由权的尊重“很少在法院或法庭的说理中出现。即使在他们这样做的时候，他们看起来很容易被对管理性特权的广泛性的尊重这一考虑因素所影响”[107]。值得注意的是，必然不公正理由与公民或政治权利间少有关联。

雇主在决定解雇雇员时也享有很大的自由。[108] 有关不公正解雇的条款已在上文中指出，而这一成文法对普通法立场的覆盖也在

[101] H Collins ‘Against abstentionism in labour law’ op cit at p. 81.

[102] 1992 年《工会和劳动关系（整合）法》，第 152（1），153 条。

[103] 但在 *Halford v United Kingdom*［1997］IRLR 471 一案中，窃听雇员工作电话被认为违反《欧洲人权公约》第 8 条。1998 年《数据保护法》规范了对信息的使用。参见 M Ford *Surveillance and Privacy at Work*（1998）。

[104] 参见 1976 年《公正雇佣（北爱尔兰）法》（经修订后）。

[105] 关于政治言论自由，参见 G Morris ‘Political activities of public servants and freedom of expression’ in I Loveland（ed）（*Importing the First Amendment*）（1998）pp. 101 - 104；关于地方政府雇员的政治活动，参见 1989 年《地方政府和住房法》，第 1，2 条；G Morris ‘Local government workers and rights of political participation：time for a change’［1998］Public Law 25；*Abmed and others v United Kingdom*（Case no 65/1997/849/1056，2 September 1998，unreported），ECHR，支持了对地方政府政治活动的限制：（1998）Times，2 October；以及 G Morris ‘The political activities of local government workers and the European Convention on Human Rights’［1999］Public Law 211。

[106] *Allen v Flood*［1898］AC 1 at 173，per Lord Davey.

[107] H Collins *Justice in Dismissal*（1992）p. 185.

[108] 参见 J Bowers and A Clarke ‘Unfair dismissal and managerial prerogative：A study of “some other substantial reason”’（1981）10 ILJ 34。

很大程度上限制了雇主的自由。对于自动的不公正解雇理由或歧视而言，并不存在限制期。但除了这些原因外，雇主在雇佣的前两年中可以自由地以任何理由或无理由解雇雇员。[109] 如里德法官在1964年所指出的："……主人可以在任何时候，以任何理由或无理由解除与仆人之间的合同。"[110]普通法在处理主仆关系时优先考虑雇主的自治和权威，而较少重视雇员的身份和安全。

科林斯提出考虑到对雇主官僚性权力的承认，将雇佣关系纯粹理解为合同不再可行。"在这一官僚性的框架内，自治和个人尊严的理想有了新的共鸣……出现了保护自治和尊严以及对潜在滥用官僚性权力的新顾虑。"[111]这实际上是不公正解雇法旨在规范的。

雇主特权与司法审查中的可司法裁量性概念之间有一定的相似性。直到公务员工会理事会案[112]之前，国王在直接行使[113]特权时，其特权并不受到司法审查，除非审查的是他所主张的权力是否存在。因为这样的顺从在公务员工会理事会案中被可司法裁量性审查所取代（后者允许对特权进行审查，除非决定在本质上是不可司法裁量的，或者是"多中心的"[114]），所以法院同意他们不能评估涉及稀缺社会和经济资源的敏感事项或问题。[115] 雇主也会关心这类问题，而对这一因素的承认也解释了法院为何拒绝干涉管理性特权。其他考虑因素包括支持雇主权威和自治的需要。

---

[109] 1996年《雇佣权利法》，第108（1）条。政府计划将这一期限减少为1年。

[110] *Ridge v Baldwin* [1964] AC 40 at 65.

[111] H Collins *Justice in Dismissal* (1992) pp. 271 - 272.

[112] *Council of Civil Service Unions v Minister for the Civil Service* [1985] AC 374；参见本书第四章和第五章的讨论。

[113] 非直接行使的特权被认定为是可以被审查的，见 *R v Criminal Injuries Compensation Board, ex p Latin* [1967] 2 QB 864。

[114] 参见 L Fuller 'The forms and limits of adjudication' (1978 - 79) 92 Harv LR 395 中关于这一概念的讨论。

[115] 参见 De Smith, Woolf and Jowell *Judicial Review of Administrative Action* (5th edn, 1995) paras 6 - 030 - 6 - 035, 6 - 047, 13 - 056 - 13 - 058。

从雇主特权到责任?

尽管雇主仍享有广泛的特权，但近年来他们对于雇员的责任也通过欧盟和英国立法以及普通法的发展有所增加。哈德利(Hadley)的斯林法官(Lord Slynn)在斯普林诉护卫保险公共有限公司(*Spring v Guardian Assurance plc*)案[116]中指出："……雇主/雇员关系已经通过成文法或司法判决发生变化，向雇主施加了比之前更高的，关照雇员身体、财务甚至精神福祉的义务。"一些例子可以说明这一点。在斯普林案中，上议院判决雇主对于雇员或前雇员负有提供推荐的注意义务：雇员未来的身份和安全经常取决于这些推荐。如之前提到的，1970年的《平等赔偿法》以及性别和种族歧视立法对雇主曾经享有的歧视自由进行了控制。本书第三章提到，歧视是对个人尊严的侵犯。反歧视立法旨在保护受歧视伤害者的尊严。[117] 就此而言，欧盟法有一定的影响。(例如，要求在雇佣中对男性和女性给予平等对待[118]，特别是要求在歧视案件中去除赔偿上限。[119])然而，基于宗教、年龄、政治或宗教信仰、性取向[120]的歧视在英国的雇佣中并不被认为是非法的[121](除非它们落在间接歧视的概念之内[122])。与此相比，北爱尔兰提供了更多的保护，特别是针对宗教歧视的保护。[123]

1998年《公共利益披露法》通过引入对告密者的保护来保护

---

[116] [1995] 2 AC 296 at 335.

[117] 亦参见 *Deakin and Morris* chapter 6，esp para 6.2.2。

[118] 参见，例如，Equal Pay Directive 75/117，Article 19，Equal Treatment Directive 76/207；一般性地参见 *Deakin and Morris* chapter 6。

[119] *R v Secretary of State for Employment*，*ex p Equal Opportunities Commission* [1994] IRLR 176；*Deakin and Morris* paras. 6.3.2 and 6.5.5.

[120] 参见 *Deakin and Morris* pp. 596 - 597。

[121] 参见 *Deakin and Morris* para 6.4。

[122] 例如，宗教歧视可能构成间接的种族歧视。

[123] 1976年《公正雇佣（北爱尔兰）法》。

雇佣中的言论自由[124]：雇员（和其他一些“工人”）进行法案所规定的“受保护的披露”并不构成对合同的违反，且不得因此受到雇主的迫害。[125] 在这一体制下，对言论自由的一些限制当然是合法的（如泄露保密的商业信息），但除了保护告密之外，雇员的言论自由并未受到保护。

然而，1998年的《人权法》[126] 加入了欧洲人权公约中含有实体权利的条款，使其成为英国法的一部分，从而增加了对雇员行动自由，特别是言论自由（包括告密[127]）和结社自由[128]的保护。这里不会对此法案就雇佣造成的影响详加探究，但值得注意的是，在该法案下，公共权力机关若以与《欧洲人权公约》不相符的方法行事，则构成非法，因此公共雇主在其雇佣实践中必须遵守该法案。该法案也约束部分行使公共职能的人士，但私人性质的行为不受其约束。这至少使某些“私人”雇主在他们雇佣实践的某些方面受到约束成为可能。[129]

根据《人权法》第六章的规定，法院和法庭不得以与公约权利不符的方式行事，而根据其第三章，主要和次级立法应当以与公约相符的方式解读和实施。尽管在《人权法》被引介给国会时，

---

[124] 关于雇员告密，参见 L Vickers *Protecting Whistleblowers at Work*（1995）及 ‘Whistleblowing in the public sector’［1997］Public Law 594；D Lewis ‘Whistleblowers and job security’（1995）58 MLR 208；*Ticehurst v British Telecommunications plc*［1992］IRLR 219。

[125] 参见1998年《公共利益披露法》，第1条，在1996年《雇佣权利法》中加入新的第IVA部分（第43A至43K条），并对于法案中的不公正解雇和迫害条款进行了修正。

[126] 参见下文第十章。

[127] 就与此有关的讨论，参见 L Vickers ‘Whistleblowing in the public sector’，op cit；J Bowers and J Lewis ‘Whistleblowing：freedom of expression in the workplace’［1996］EHRLR 637。

[128] 关于1998年《人权法》在雇佣关系自治方面的效力的讨论，参见 Bob Hepple ‘The impact on labour law’ in B S Markesinis（ed）*The Impact of the Human Rights Bill on English Law*（1998）p. 63。

[129] 参见 G Morris ‘The Human Rights Act and the public-private divide in employment law’ 27 ILJ 293（1998）。

御前大臣并未预想到在此条款之下会发展出新的诉由[130]，法官可以发展雇佣合同中的默示条款以保护公约权利。这标志着对上文提到的穆尔科克案的原则（即只能为了合同的有效性而推出合同默示条款）的进一步偏离。[131] 第三章中关于以与公约相符的方式解释立法的要求使推定解雇的概念可以涵盖对言论、结社、宗教等自由的干涉。如果解雇被认定侵犯了公约权利，则雇主难以说服法院这是公正的。但我们只是猜测，还需要等待判例法的发展。

雇主对其雇员的责任还体现在别的方面。他们被要求为工伤提供保险[132]，以及符合健康和安全方面的要求[133]——1974 年《工作和健康安全法》旨在“确保工作人员的健康、安全和福利”[134]。根据欧盟条约第 118a 条和据此作出的指令，雇主对工作环境负有多方面的责任，包括对于工作时间的规范。[135]

在普通法上，雇主对于雇员的安全负有注意义务，并必须提供安全的工作体系。[136] 雇佣合同中的一个默示条款可能是雇主必须“在合理可行的情况下，为雇员提供并监督合理适应于履行合同义务的工作环境”[137]。这可能包括保护雇员免于被动吸烟。法院认定注意义务包括确保雇员不被置于不恰当的精神压力之下，以免导致身体或精神伤害，即使该等压力是由于合同约定的工作时间和义务造成的。[138]

雇佣合同中还有这样一项默示条款：雇主在没有合理恰当的理

---

[130] 参见本书第十章。

[131] S Sedley ‘Public law and contractual employment’（1993）23 Ind LJ 201.

[132] 1969 年《雇主责任（强制保险）法》，第 I 部分。

[133] 1974 年《工作健康和安全法》（经修订后），第 I 部分。

[134] 第 1（1）条。

[135] 参见 Working Time Regulations，SI 1998 1833。亦参见 Working Time Directive 93/104；*United Kingdom v EU Council*（*Working Time*）［1996］ECR I-5755；Framework Directive 89/391。亦参见 *Deakin and Morris* para 4.7.3。

[136] *Wilson and Clyde Coal Co v English*［1938］AC 57.

[137] *Waltons & Morse v Dorrington*［1997］IRLR 488，EAT.

[138] *Johnstone v Bloomsbury Health Authority*［1992］QB 333；*Frost v Chief Constable of South Yorkshire Police*［1997］IRLR 173；*Walker v Northnumberland County Council*［1995］IRLR 35.

由的情况下，不得以很可能破坏或严重影响雇主和雇员之间信赖和信任关系的方式行事。[139] 这被表述为一项首要的信任和尊重义务。[140]

雇佣合同中这项义务的产生可追溯至更早期，并与之前指出的君主/臣民关系中的信任和信赖义务相对应。布罗迪（Brodie）指出，这一发展“挑战对权力的滥用，并提升了雇员的尊严”[141]。普通法中的这一趋势在马利克诉国际商业信贷银行［*Malik v Bank of Credit and Commerce International SA*（*BCCI*）］案和马哈茂德诉国际商业信贷银行（*Mahmud v BCCI*）案中有所体现；在这些案件中，一个腐败雇主的雇员针对他们被一个腐败机构所雇佣而对他们的可雇佣性的影响进行索偿。[142] 法院认定，雇主不得以很可能破坏或者严重损害雇主和雇员之间信赖和信任关系（由普通法所隐含）的方式经营。法院认定，如果上诉人证明他们因为银行的腐败而在劳动力市场上受到了妨碍，则他们有权获得赔偿。

尼科尔斯法官（Lord Nicholls）在作出上议院的一项主要判决时强调如下：

> 对于大多数人而言，雇佣和工作前景是至关重要的事。各种工作都不如之前稳定，人们更频繁地更换工作，而工作市场也不总是活跃的。每个人都知道这一点。雇佣合同创造了紧密的个人关系，而各方的权力常常是悬殊的。雇员通常是脆弱的……雇主必须留意不要损害其雇员未来的雇佣前景，无论是通过严苛和压迫的行为，还是通过低于信任和信赖默

---

[139] *Woods v WM Car Services*（*Peterborough*）*Ltd.*［1981］ICR 666，EAT，affirmed［1982］ICR 693，CA. 关于一个晚近的例证，参见 *French v Barclays Bank plc*［1998］IRLR 646，CA：若雇主更改关于对借调员工的过桥贷款政策，且该政策之前适用于其他员工多年且出现在提供贷款时的手册中，则构成对雇主信赖和信任义务的违反。

[140] *United Bank Ltd v Akhtar*［1989］IRLR 507，T 512，EAT.

[141] D Brodie ‘Beyond exchange：The new contract of employment’（1998）27 ILJ 79 at 101.

[142] ［1997］3 All ER 1，HL. 亦参见 D Brodie ‘Beyond exchange：The new contract of employment’ 27 ILJ（1998）79。

示条款所规定的标准而现在无法接受的其他行为。[143]

这里罕见地明确承认了对安全的信赖、信赖本身，以及在不平等关系中让更有权力一方负责任的重要性。

在实践中，雇员在很大程度上依靠保险和养老金安排来保护他们的安全。由此产生了一个有关雇主就雇员可能提前退休条款所承担的责任的问题。这里，法院在两个立场间摇摆不定：是期待雇主采取合理步骤使雇员注意其并不知晓且并不应当知晓的养老金权利的存在[144]，还是认定雇主没有义务超出养老金持有人需要向受益人建议的范围（该范围不包括提出雇员拟行使养老金权利的方式对其财务未必有利）行事。[145]

总而言之，向雇主施加对其雇员的义务严重削弱了雇主的特权。就此出发点（雇主有权为其自身利益行事）须与利他决策的义务共存。在公司活动中，雇佣并不是唯一牵涉利他主义义务的方面。董事有义务（哪怕不是完全利他的）为了公司利益而不主要是其自身利益行事。[146] 这与其他曾经被认为属于自利活动领域的关系（如父母/子女关系[147]和司法审查[148]）具有对应性。

评论和对比

总而言之，过去 30 来年的趋势是：与原先普通法的立场相比，增加了雇员的安全；而这是通过成文法条文、默示合同条款、（在公共雇佣中）司法审查，以及两者之间使彼此更加丰富共同实现的。这并不是说安全已经达到了其可以达到的程度。雇主清算

[143] ［1997］3 All ER 1，HL. 亦参见 D Brodie ‘Beyond exchange：The new contract of employment’，at 8。

[144] *Scally v Southern Health and Social Services Board* ［1992］1 AC 294.

[145] *University of Nottingham v Eyett and anor* （1998） Times，3 December，Hart J.

[146] 参见本书第八章有关董事义务的讨论。

[147] 参见本书第七章。

[148] 参见本书第五章。

的可能性（例如因为缺乏竞争力）与冗员和失业仍然威胁着雇员。他们或许必须依赖其他的安全来源，如国家福利、保险、养老金、家庭和志愿机构——这也部分解释了其他领域的法律（如保险和养老金）对福利供应者所接触的人士安全的重要性的认可。[149]

自20世纪60年代晚期以来的发展（1968年《种族关系法》首次引入了对雇佣歧视的某些保护）旨在对雇员在雇佣关系中的尊严[150]和自治提供一定的保护，对雇佣中的安全提供一定程度的保护，以及增加雇主的责任。这些价值影响了合同普通法的发展和立法的内容。

雇佣法的发展与司法审查（上文和本书第四章及第五章曾经讨论过）和父母/子女法（本书第七章将要讨论）具有对应性。在父母/子女关系中，普通法的立场是父母有权为了自己的利益行使权利；而今，这已发展为父母有义务为了子女的利益行使权利。[151]在司法审查中，曾经被认为属于国家机关特权的东西现在被认为是它们的义务，只能为了公共利益而非国家机关的自身利益行使。[152] 当然它们并不完全对应，因为雇主被认为有权在雇佣关系中促进其自身利益，而公共机构和父母无权在与个人和子女的关系中这么做。然而，现在雇主追求其自身利益的特权已被要求董事考虑雇员利益的条文所限制，尽管雇员看起来无法强制执行这些义务。[153]

司法监督权也体现了雇佣关系的特性。可以从雇佣合同中推出要求雇主以公正合理方式行事的默示条款；法院将有关不公正解雇的成文法条文解释为：雇主在作出解雇决定时，有保证程序公正性和合理性的义务。法院在其判决中使用诸如“武断的和反

---

[149] 参见本书第八章和第九章的讨论。

[150] 参见本书第三章关于尊严和歧视的讨论。

[151] 1989年《儿童法》，第2、3、4条。

[152] 参见本书第五章，以及第七章中有关公共服务的讨论。

[153] 参见本书第八章的讨论。

复无常的”和“合理性”⑭ 等词语意义重大，使其和司法审查的依据具有了相似性。这些词语限定了法院介入的情形，但它们也使法院监督决策成为可能（如果没有发展出这样的诉讼程式则也不存在这样的监督）。

与司法审查管辖中的可司法裁量性和良好管理利益概念相对应的是雇主特权这一概念。司法审查和雇佣法还有其他重要的相似性，包括向雇佣法庭提交申诉的 3 个月时限和可以获得复原救济（它们对应于司法审查中的调卷令、禁制令和声明）。

总而言之，在君主一臣民关系和雇佣关系中，趋势都是增加“臣民”或雇员的自治和尊重，并向国家和雇主施加更多的义务。这些或许可以被解读为在公法和雇佣中的（当然是不完全的）参与性社群主义民主和审慎利他主义的发展：有权者对于它们权力行使对象的责任增加，并逐步取代它们先前享有的为了自身利益行使权力和权威的“权利”。

⑭ 参见 1996 年《雇佣权利法》，第 98（4）条：解雇是否公正取决于“雇主将所依赖的理由作为充分理由是否合理”。

第七章

有关关系的法律 2：家庭关系

在本章中，我们将继续考虑与关系有关的法律，并着重于婚姻和父母—子女关系。过去一个多世纪来，有关这些关系的法律的发展方式揭示了这样的趋势：弱势方的解放，倾向于限制强势方权力的政策，权衡尊严、自治、尊重利益和安全、身份利益的方式。我们将与之前章节中所考虑的关系（即个人—国家关系和雇佣关系）进行对比。

婚　姻

直到晚近，婚姻传统上都旨在确保丈夫家族身份、财产和权力的有序传承。而今，婚姻被认为给伴侣及其子女创造一个有爱、支持和保护的环境。[①] 法律反映了这些目的。然而，如黑尔所指出的，传统婚姻旨在促进的稳定性的代价是“两大不平等：夫妻之间的不平等，婚生子女和非婚生子女之间的不平等”[②]。在本章节中，我们关注夫妻关系的发展，因为这将展示五种价值如何在这一关系中发展（以及它们如何相互冲突）。在随后的章节中，我们将考虑子女。

在普通法中，夫妻是一体的：“通过婚姻，夫妻成为法律上的同一个人，即在婚姻中女性的存在或法律存在被中止，或者至少被吸纳和合并进丈夫之中：她在丈夫的羽翼、保护和遮蔽下从事

① 参见 Mrs Justice Hale *Private Lives and Public Duties*（1997）ESRC p. 2。

② Op cit at p. 3.

一切行为。”[3]我们可以看到这一立场对于妻子自治、尊严或尊重的价值少有考虑，但却意味着对妻子（以及丈夫）身份和安全的保护。如同在雇佣中一样，相较于更个人化的价值（即自治、尊严和尊重），身份和安全价值更早得到法律认可。

一体原则有如下后果：丈夫享有妻子的全部财产，包括她在婚前和婚后取得的财产以及她的收入。丈夫亦有权获得妻子的性服务和其他服务——统称配偶权——并可以对于剥夺他享受这种服务的人索偿。他有权“依据古老的法律”（如布莱克斯通所述）体罚妻子，“需与纠正学徒或者儿童一样节制”[4]。在普通法上，丈夫对于婚生子女享有独占的家长权。实际上，法律支持丈夫对妻子所拥有的权威，而这被认为构成了家庭和社会的稳定基础的一部分。

直到本世纪，法律身份当然与社会身份紧密地联系在一起，而社会身份经常基于生育和抚养，对妇女而言则基于婚姻。这一因素部分地解释了法律对妻子通奸行为的禁止[5]，这样的妻子可能将私生子强加给丈夫；法律还禁止私生子，因为这将威胁父母家庭中其他成员的身份。妻子的社会身份来自丈夫，反之却不然。（这一立场的残余仍然存在：女性使用反映其丈夫身份的头衔，而与有头衔的女性结婚的男性却不从妻子那里获得身份。）

婚姻关系与之前的封建关系有一些相似性。谋杀亲夫的妇女在普通法下犯有轻谋逆罪，类似于封臣杀害领主或仆人弑主。[6] 丈夫杀妻却不会受到这样特别的定罪。轻谋逆罪和谋杀之间的区别在 1828 年被废除了。[7] 谋逆违反了关系中“臣属”对“上司”负有的效忠义务。因此，在普通法上，婚姻关系在本质上而言是积极专制主义的。

---

③ Sir William Blackstone *Commentaries on the Laws of England*，vol 1，p. 442. 关于婚姻法的历史，参见 Bromley *Family Law*（1st edn 1957）。

④ *Blackstone* vol 1，chapter 15，at p. 444.

⑤ 根据 1857 年《婚姻案件法》，若妻子通奸，则丈夫可以离婚；但若丈夫通奸，则只有在“情节严重”时，妻子才可以离婚。犯有通奸行为的妻子将丧失扶养权。

⑥ 参见 *Blackstone* vol 4，at pp. 75，203－204。

⑦ 9 Geo 4，c. 31，s 2. 而今，谋杀君王仍然构成谋逆罪——重谋逆罪。

正如君主对臣民负有保护义务[⑧]，丈夫也对妻子负有保护义务（在实践中表现为扶养和居住在婚姻住所的权利）。然而，正如臣民和君主的关系一样，这些义务很难强制执行。根据妻子的无因管理原则，妻子有权以丈夫的信用作为担保来购买生活必需品（但商人往往拒绝根据信用提供商品，以防丈夫拒付）。若承认妻子的身份归于丈夫且这是值得被保护的身份，则可以根据无因管理认为可以用丈夫的信用担保妻子获得适合于丈夫给予妻子的生活标准的必需品。（但如果丈夫选择比他能承担的更低的生活水平，则妻子的代理将被限制于丈夫为她所选择的标准。）代理原则旨在确保对妻子的保护，但它明显无效，而在适当时候通过成文法授予了妻子通过法院申请扶养费的权利。治安法院和后来的高等法院及郡离婚法院被授予管辖权，得以就扶养问题作出裁判，后来又可以对未被丈夫扶养的女性获得定期付款作出裁判。

已婚妇女的解放

在 19 世纪和 20 世纪早期，普通法发生了在多方面有利于妻子的变化。[⑨] 衡平法上有关妻子对于定居所享有的权益，她单独的财产和预支限制均发展于 19 世纪，以削弱普通法的立场，并保护妻子，免得她的财产被丈夫拿走，以此来改善妻子的安全。19 世纪和 20 世纪的若干《已婚妇女财产法》和 1935 年的《法律改革（已婚妇女和侵权行为人）法》最终在财产层面上使已婚妇女和未婚妇女处于同等地位，以保障妻子对其自有资产所享有的权利。所以，她的自治、尊严和尊重都被正式提升了；但是，考虑到在实践中配偶的多数财产很可能是丈夫所拥有的，单独财产并不会给无财产的妻子增加任何安全。值得指出的是，这与大陆法体系中的夫妻共同财产形成

⑧　参见本书第六章。

⑨　关于 20 世纪家庭法（包括婚姻法）发展的解释，参见 M. Freeman ‘Family Values and Family Justice’ in M Freeman（ed）*Law and Opinion at the End of the Twentieth Century*（1997）。

对比——后者将配偶视作夫妻共同财产的平等所有权人。

直到 20 世纪 60 年代的模式都是丈夫是婚姻住宅的合法所有权人或保有人。直到 1967 年《婚姻住宅法》时，非所有权人才取得了居住在住房中的法定权利，并可以对第三人强制执行这些权利。所以，非所有权人的安全得到了加强。但是，非所有权人只能根据默示信托、归复信托或推定信托取得对住房的自益权；除非她实际直接支付了一些购买价，否则不易证明存在这样的信托。如果妻子选择支付食物和居家费用，而丈夫支付了抵押款，则妻子通常不能取得权益。⑩

通过 1996 年《土地信托和受托人委任法》，由信托人持有的财产（对我们这里的目的而言特别是婚姻住宅）不再自动由信托人持有以供出售，而是由信托创立人和受益人决定信托财产是被视作投资还是居住地。受益人有权占有可占有的土地，而信托的目的包括使土地可供占有。⑪ 所以，受益人就占有婚姻住宅所享有的安全被明确认为是值得受法律保护的，而不是通过出售财产实现其资本价值的利益。

财产关系

1885 年《已婚妇女财产法》将原先的一体制度（即妻子的所有财产属于其丈夫）转变为分别财产制度（即婚姻各方原则上保留其各自财产）。然而，直到相对晚近，现实的情况是丈夫拥有婚姻中的主要财产，即婚姻住宅；这对于双方而言都是安全的重要来源，因为通常而言所有权会伴以占有权。若婚姻关系是和睦的，虽配偶一方（通常是丈夫）是住房的合法所有权人，但一般少有问题，因为在实践中，另一方可以安全地和配偶共同占有住房。然而，如

⑩ *Lloyds Bank v Rosset* [1991] 1 AC 107.

⑪ 1996 年《受托人法》，第 12、13 条。参见 A Clarke ‘Property Law: Reestablishing Diversity’ in M Freeman (ed) *Law and Opinion at the End of the Twentieth Century* at pp. 137 - 147。

果唯一的所有权人将住房抵押给第三人，或所有权人死亡，或婚姻破裂，只有配偶一方是合法所有权人这一事实就会对另一方的安全产生严重影响。在普通法下，丈夫有义务为妻子提供安身之所[12]，但这一权利无法针对第三人强制执行且效用有限。通过衡平法和成文法的共同发展，这些问题已经得到了“解决”或处理。[13]

衡平法已经发展出了诸多非传统的对土地（特别是婚姻或其他住宅）的占有权、衡平份额权益和专有性禁反言原则。[14] 此处不宜对此立场详加阐述，但可以用几个例子来说明。一个人虽然不是住宅的合法所有权人，却对其购买作出了贡献，那么他可以获得对于住宅的衡平权益（这些权益可以通过允许他/她继续占有该住宅的令状获得保护），或有权获得衡平份额权益，从而限制了所谓的所有权人的严格法律（与衡平相对）财产权。这些通过归复信托、推定信托和默示信托实现：如果各方在购买住宅时的意图是非所有权人应当获得财产的一定份额[15]，而基于这样的共同意图，非所有权人作出了对他/她自己不利的行动[16]（例如，对支付买价作出一些贡献），则非所有权人可以获得一定的衡平份额。这样的衡平权益将提供一定的衡平份额和占有财产的权利。[17]

在许多案件中，默示、归复和推定信托的用处有限。如果在购买资产时，各方并没有分享衡平权益的共同意思（或许是因为关系开始于所有权人购买资产之后），则将很难证明非所有权人享有权益。[18] 在很多案件中，对于证明共同意思的要求保护了合法所

---

⑫ *National Provincial Bank v Ainsworth* [1965] AC 1175，per Lord Wilberforce at 1244.

⑬ 一般性地参见 S Cretney and J Masson *Principles of Family Law*（6th edn 1997）chapters 5 and 6。

⑭ 一般性地参见 *Cretney and Masson* pp. 127 – 157。

⑮ *Lloyd Bank v Rosset* [1991] 1 AC 107.

⑯ *Midland Bank plc v Dobson and Dobson* [1986] 1 FLR 171；*Grant v Edwards* [1986] Ch 638.

⑰ 1996 年《土地信托和受托人委任法》。

⑱ 参见，例如，*Thomas v Fuller-Brown* [1988] 1 FLR 237，CA；*Grant v Edwards* [1986] Ch 638，CA。

有权人的处分权，因为所要求的共同意思是很难被证明的。致人损害的信赖也不易被证明。[19]

无论一个人占有住宅的安全是否能够通过如上方式取得的衡平权益得到保护，一些成文法条文提供了这种保护。例如，根据1996年《家庭法》的第四部分[20]，不是所有权人的配偶有占有婚姻住宅的成文法权利，并可通过注册该等权利来约束第三人[21]，并可以由法院管制。但是如果离婚，这些救济通常就不存在了，而法院可能作出一项财产转移令。[22]

概而言之，成文法和衡平法都已经试图为并非婚姻住宅法律所有权人的配偶提供了一些安全，以对抗作为所有权人的配偶和第三人（如购买人或抵押权人）。在这些发展中，我们看到了在财产所有权人的自治和安全利益（来自财产）和非所有权人的安全需要之间寻找平衡的例证。这一方法减弱了分别财产制所造成的困窘，而引入这一方法是为了增加妻子的自治。在现实中，分别财产制没有考虑那一时期婚姻中的经济现实：这包含了妻子对丈夫的服从，因为妻子依赖于丈夫；正是因为妇女雇佣机会有限，且因怀孕而脆弱，就日常照顾子女的义务和责任方面之父母角色的假设也是一个原因。

婚姻和家长身份

就妻子的家长权而言，衡平法首先削减了普通法规则（只有父亲才就婚生子女享有家长权）的严重性，其方式是发展出了允

---

[19] 有关致人损害的信赖原则的发展，参见 *Lloyds Bank plc v Rosset* [1991] 1 AC 107；亦参见 A Lawson ‘Detrimental reliance in the family home’ (1996) 16 *Legal Studies* 218；*Cretney and Masson* chapter 5；S Cretney *Elements of Family Law* (2nd edn 1992), paras 7.14-7.22。

[20] 参见第30条。这一条款恢复了1967年和1983年《婚姻住宅法》的效力。

[21] 通过1996年《家庭法》的第31条，这种权利可以依据1925年《土地登记法》登记，或登记为1972年《土地负担法》下的第F类土地负担。

[22] 参见 *Cretney and Masson* chapter 10。

许母亲照顾幼子的监护管辖权。议会通过 1839 年的《儿童监护法》授权法院给予母亲监护权；1925 年的《婴儿监护法》制定了如下原则：孩子的福利对于一切有关孩子的争议而言都是最重要的，并规定父亲或母亲都不得被认为对彼此有高于对方的权利主张。但直到 1973 年，父亲和母亲才被认为具有平等的家长权。（现在，根据 1989 年《儿童法》第 2、3、4 条，父母被认为具有平等的家长责任——这是关系中强势方由权利向责任转变的又一例证——我们在前一章中讨论君主一臣民和雇佣关系中曾提及过。）

婚姻法、权力关系和五项价值

概而言之，在婚姻关系中，普通法规定丈夫处于支配地位；妻子对丈夫负有忠诚和服从义务，而丈夫仅对妻子负有（法律上实际无法强制执行的）保护义务。丈夫有权获得妻子的财产、服务（性服务和其他服务——上议院于 1992 年才将婚内强奸入罪[23]）和“产物”（即他们的孩子），并可以控制妻子。这与君臣和雇佣关系方面的普通法的对应关系是显而易见的。但由此出发，随着衡平法、普通法、特别是成文法的发展，如今的立场是：就私法而言，妻子在与丈夫的关系中通过如下方面获得了自治：对一体原则的抛弃、婚内强奸的入罪、丈夫体罚妻子权力的终结、引入分别财产、在需要时获得扶养费的权利和对子女的平等权利（如今是义务）。这些改革承认了妻子对其自身尊严、自治和尊重的利益。

离婚法也随着性别间关系概念的变迁和接受妇女在婚姻之外和之后自主生活的可能性而得到了发展。根据 1857 年的《婚姻案件法》，如妻子有通奸行为，则丈夫可获得司法离婚；但对妻子而言，只有通奸行为伴以虐待、遗弃和其他严重因素时，妻子才可

㉓ *R v R* [1992] 1 AC 599, HL.

以申请离婚。1923 年的《婚姻案件法》将配偶双方放在平等的地位上，并允许他们单纯以通奸为由申请离婚。

妻子原则上享有的终生（即使是在离婚后）获得扶养费的权利也被给予妻子以过渡期支持并帮助她自立的推定所取代。这表明，配偶在关系破裂后对彼此的依赖不再被认为是适当的，而各方均应努力独立于另一方——个人应对其自治承担个人责任。

但是在旧法律下，各配偶均被保护的身份和安全又该如何呢?离婚法仍然为各方（特别是通常在经济上处于弱势地位并就身份和安全依赖于婚姻的妻子）的身份和安全提供了诸多保护。例如，根据 1969 年的《婚姻案件法》，如果“无辜”一方知道婚姻背信行为（实际上即通奸、虐待或不合理行为）之后，而各方仍共同生活超过 6 个月，各方均不得抱怨此等背信行为；这一规则的理由包括一项所谓的需求，即鼓励各方彼此原谅和不依赖于过去的背信行为，同时增加“有错”一方配偶的安全，不使他/她长久地面对失去婚姻以及与婚姻相伴的身份和安全的风险（以及使法院免于在事情发生多年且证据陈旧后还要调查家事纠纷的愿望）。根据 1969 年的《婚姻案件法》，不得违反“无辜”一方配偶的意愿使其离婚，除非各方已经分居 5 年，且在离婚中已经对“无辜”一方作出了恰当的财务安排。这旨在保护各方的安全和身份。

过去一个半世纪以来婚姻和离婚法律的发展“共同构成了婚姻中法律权利平衡的重大转变”[24]。这当然反映了变化中的经济和社会现实。工业化和科学进步，特别是可靠避孕技术的发展，改变了妇女的社会地位，使她们可以在与伴侣的关系中自立和自主。这转而影响了各方在婚姻中的角色，减少了丈夫支持妻子的需要，使丈夫也更自主。

实际上，婚姻不再被看作各方身份和安全的主要来源。真正的趋势是：即使在婚姻中，各方也变得自给自足，且不再有权向对方寻求针对财务不安全和身份丧失的保护。

㉔ 参见 *Hale*，n 1，supra，p. 11。

婚姻和雇佣相比较

格伦登（Glendon）追踪了基于婚姻的家庭的重要性和角色的变迁。在大约 18 世纪时，婚姻决定了社会身份，并区分了通过家庭获得等级和财产的人群；而今，等级和地位、财务和权力更少地取决于家庭关系。[25] 社会中的身份和安全更多地依赖于一个人的工作、养老金、资质、保险安排、可获得的国家福利等，而不再是家庭或婚姻。

格伦登观察了婚姻对于女性（或男性）身份的重要性日渐降低，而雇佣对所有个人的身份日渐重要的事实如何反映在直到 20 世纪中期的离婚法律的发展（保护妻子的身份和由此获得的安全）和雇佣法律的发展（保护雇员免受解雇，其条款与早先离婚的依据有着密切关系）的相似性中？

解雇的依据和程序在诸多方面反映了古老的离婚法。根据 1969 年的法案，离婚的依据包括无法挽救的关系破裂，而在此之前只包括通奸、虐待和遗弃。自 1969 年起，无法挽救的关系破裂可以被通奸、不合理行为、遗弃或分居 2 年（如果被申请人同意离婚）或 5 年（如果被申请人不同意离婚）的证据所证明。通奸在雇佣法上的对应物包括各种类型的不忠行为，包括将属于雇主的保密信息泄露给对手，和其他破坏关系中的信赖和信任义务等[26]；遗弃和辞职的对应关系是显而易见的，而之前被称作虐待、稍后被叫做“不合理行为”的婚姻背信行为则与雇佣中的实际或推定解雇依据相互对应。实践中，许多离婚曾经并仍然源自至少一方的实际“冗余性”。其对应物是如果一个雇员是多余的，那么

---

[25] M A Glendon *State*, *Law and Family* (1977) pp. 320 – 323.

[26] 有关于此，参见本书前述第六章对雇佣的讨论，以及 *Malik v BCCI* [1997] 3 All ER 1，HL。

解雇他就有可能是公正的。[27]

家庭法和雇佣法都在婚姻或雇佣终止后的过渡期给予依赖他人的当事方（通常是婚姻关系中的妻子和雇佣关系中的雇员）以财务安全，以帮助他们变得自给自足。在婚姻中，这是通过财产转移令或特别有关需求的定期支付令实现的。在雇佣中，过渡期的安全是通过冗员支付或不公正解雇补偿实现的。

雇佣和婚姻之间的共同因素是：依赖他人的当事方（雇员或配偶）依赖于关系以实现安全和在社会中的身份。奥诺雷在他的哈姆林讲座中提出："我们在追求弱势者的安全时，忽略了一个自相矛盾的事实：最弱势者的利益经常取决于强者的安全。"[28]有关解雇和冗员的法律以及有关婚姻解体的法律都隐含了这样的内容，即承认较少依赖他人的当事人在关系终止时应给相对弱势方一些东西。但这样的类比不能推得太远：法定冗员支付相对较少，也与实际需求无关；无论财务承诺或雇员是马上还是从未找到另一份工作，这一费用都需要支付。[29] 离婚时的财务支付通常协助较多依赖对方的一方配偶，以使他们度过变得自给自足、建立起自身身份和获得新的安全很可能所需的一段时光。

从婚姻中的安全到解放和自力更生

婚姻对于当事方的重要性的转变反映了公私之间界线的变化。菲利普·埃里斯（Philippe Aries）描述了直到 18 世纪，家庭法（至少对于富有的财产所有者）是如何关乎国家和公共事务的；从

---

[27] 根据 1996 年《雇佣权利法》，第 139（1）条，对一名雇员的解雇将被认为是因冗员而解雇，如果其可以完全地或大部分地被归因于以下情形之一：（a）雇主已经或试图终止：（1）雇员受雇所旨在从事的业务；或（2）在雇员受雇的地方从事业务；或（b）该等业务要求：（3）雇员从事特定类型的工作；或（4）雇员在雇主雇用他的地方从事特定类型的工作，已经终止、减少、或被预期终止或减少。

[28] T Honoré *The Quest for Security*：*Employees*，*Tenants*，*Wives*（1982）p. 117.

[29] 参见 Deakin and Morris *Labour Law*（1998）para 5. 6. 2。

18 世纪开始，如格伦登所述："家庭开始与社会保持距离并推动其超越稳定增长的私人生活区域。私人生活的演化从贵族发展到中产阶级，再发展到其他社会阶层，直到最终覆盖了几乎整个社会。但与此同时，家庭的很多功能开始被转移到一系列非个人化的组织。"[30]

个体家庭成员也被置于公共社会之外。换言之，有些人基本只是家庭成员。值得记忆的是，在贝雷斯福德－霍普诉桑赫斯特女士（*Beresford-Hope v Lady Sandhurst*）案[31]中，伊舍法官（Lord Esher MR）讲道："我认为，从普通法起源至今，无论是普通法还是这个国家的宪法都没有赋予女性任何行使公共职能的权力。"[32]

格伦登在 1977 年写作时已经指出："国家及其法律曾经慷慨给予保护私人财产的关照现在已经被延伸至保持社会福利国家的机制。"西方式民主已经或多或少地接管了曾经主要由家庭负责的经济和教育任务。这些国家通过制度分散了失业、疾病、赡养人死亡和为老年提供安全的风险。如格伦登所述，国家所顾虑的事情后来由为最糟糕的不安全提供保护转变为试图为社会中的每一个个人提供保持像样生活的必需品。[33]

当时无法预测后 20 年来的强烈趋势，即将失业、疾病、赡养人死亡和养老的风险转移给个人或他们的雇主。对保险和类似物的减税优惠对此提供了激励，而国家也不再试图提供保持像样生活的必需品。这一国家角色的减弱很大程度上是因西欧和美国的选民拒绝用以支付这些费用的高税率。所以，近年来，个人在婚姻内外的身份和安全比以往的任何时候都更依赖于他们自己的努力、他们的保险安排、他们在社会组织中的成员身份以及他们获得技能和资格与找到和保持工作的能力。如本书第八章和第九章

---

[30] *Glendon* p. 324.

[31] (1889) 23 QBD 79.

[32] 同上，at 95。1919 年《性别取消资格（解除）法》取缔了大多法律上的不能。

[33] *Glendon* p. 324.

将述，对这些事项的重要性的认可在私法中是显而易见的。法院也日益承认这些事项对于个人安全和身份的重要性；这体现在针对个人日益依赖获取身份和安全的私人机构的公正和理性义务（包括不歧视义务）的发展上。[34]

家长和子女

在这一节中，我们将指出子女相对其父母的地位的转变：从普通法上婚生子女曾经是父亲的财产，转变为享有相当程度的自治。这并不意味着他们在这些方面的地位是理想的。如果父母之间的关系不稳定或已经破裂，则子女可能要承受相当大的财务和情绪上的不安全；与子女通过教育或自身工作努力获得的身份相比，来自父母的身份在更具流动性的社会里变得没那么重要；他们的尊严、自治和尊重将很大程度上取决于子女在家庭中受到怎样的对待，而不是他们的法律地位。然而，在过去一个世纪左右，法律的趋势强烈地支持承认子女的权利并给予其权重。

非婚生

在普通法上，婚姻之外出生的孩子被称作“私生子”，甚至都不被认为是其母亲的孩子。[35] 所以其没有任何社会身份，而其家长也不对其负有任何严格义务。[36] 这样的孩子不能从家庭的任何一方继承任何东西，除非有明确具此效力的条款。在 19 世纪晚期，这一立场被放松了：在符合儿童福利的前提下，母亲被认为享有监护私生子的权利。[37] 衡平法在行使监护管辖权时，开始承认母亲作

---

[34] 参见本书第八章和第九章的讨论，以及 D Oliver ‘Common Values of Public and Private Law and the Public and Private Divide’［1997］PL 630。

[35] 参见 *Cretney and Masson* chapter 18。

[36] *Blackstone* vol 1，pp. 458－459.

[37] *Barnardo v McHugh*［1891］AC 388.

为家长有权监护子女，因此给予子女一定程度的安全、保护和身份——尽管单身妇女，特别是单身母亲，并没有多少可以传递给子女的被承认的身份（无论是一般社会身份还是法律身份），这一情况直到 19 世纪末开始的改革时代才有所改变。随着 1926 年的《婚生法》和 1987 年的《家庭法律改革法》的通过，现在的立场是：无论父母或其他先辈是否结婚，儿童在法律上都受到平等对待，但父亲的认可（对于非婚生子女并非自动的）和儿童的公民权除外。

婚生——父亲的特权

直到 1925 年的《婴儿监护法》通过，只有父亲才对于婚生子女享有法律上的家长权，虽然监护管辖权发展出了允许法院将关照和控制交予母亲的规则。这些儿童的社会身份来自他们的父亲。但在普通法上，他们在与家长的关系中，只有很少或者几乎没有自治、尊严、尊重或安全。在普通法上，父亲有权获得（婚生）子女的效劳，如果他们被剥夺了这一权利，则他们有权主张损害赔偿。[38] 在普通法上，父亲和其他照顾子女的人士（如教师）有权进行惩戒。1970 年的《法律改革（杂项条款）法》实质上废除了丧失子女效劳的案由，而刑法和《欧洲人权公约》控制了家长惩戒权。[39] 实际上，这一关系是私人领域中的积极专制主义民主模式（在本书第一章中勾勒）的对应物。

从家长特权到平等家长权

1925 年通过的《未成年人监护法》首次回应了女性渐增的解

---

[38] 参见 J Eekelaar ‘The emergence of children’s rights’ 6 Oxford Jo LS（1986）161。

[39] 参见 *A v United Kingdom* Case no 100/1997/884/1096，European Court of Human Rights（1998）Times，1 October。一般性地参见，*Cretney and Masson* chapter 18。

放（特别是1885年的《已婚妇女财产法》和将特许权扩展至妇女的结果），也回应了对丈夫就培育子女而和妻子产生的争议中滥用权力的公共顾虑。这一法律要求在决定有关培育子女的争议时优先考虑子女福利，这呼应了衡平法院在监护问题上的立场。这一法律旨在保护子女和母亲的利益。

克雷特尼（Cretney）[40] 展现了有关家长权平等的案件如何部分基于妇女有权取得法律上的平等公民权这一论辩理由，部分基于给予母亲平等家长权将提升母亲的身份（着重号由作者所加）。不支持给予母亲平等家长权的理由如下：首先，家庭生活要求家庭只有一个领袖，而自文明起源，决策的负担就一直落在被认为更强壮也更有能力保护子女的父亲肩上。[41] 这反映了当时的积极专制主义政治理论，即君主的存在是必要的，而人民应通过忠诚和对君主法律的服从而与君主联系在一起。[42] 反对共同家长权的另一理由是，分散的权威对子女是不利的。对去除权威后果的顾虑（在很多方面与政治理论、宪法、司法审查和雇佣法中的顾虑是类似的）充斥在19世纪初期的家庭法改革中。

当时将家长权延伸至母亲的一个结果是，对父母和子女而言，父母均参与到培育子女的决策中是受欢迎的。这为如下政治现象提供了一个微观的例证：由专制主义假设（即包括国家在内的任何社会组织或单位[43]都需要“君主”）转向了更为参与社群主义的假设（即共同决策的可能性和可欲性）。

御前大臣终身秘书和法律改革问题的参与者克劳德·舒斯特先生（Sir Claude Schuster）对于平等家长权提出了一个官僚主义的反对：“从行政的角度出发，有必要”将一个家庭当做一个独立单位，而“其中的某个人需要做决定”[44]。

---

[40] S M Cretney '“What will the women want next?” The Struggle for power within the family 1925—1975' (1996) 112 LQR 110.

[41] *Cretney* p. 116.

[42] 参见，例如，J Austin *Lectures in Jurisprudence* (5th edn，1885)。

[43] 参见 T Hobbes *Leviathan* (R Tuck，(ed) 1991)。

[44] Cretney 'What will the women want next?', op cit，p. 119.

通向家长责任和子女权利

最终（但直到1989年的《儿童法》），婚生子女和非婚生子女的家长之间实现了完全的法律平等。基于该法律，家长不再被认为享有来自他们与子女关系的权利，而被认为负有责任。[45] 虽然该法律规定，责任是指“子女的家长依法具有的、有关子女及其财产的所有权利、义务、权力和责任”，但是自吉利克（*Gillick*）案[46]的判决以来，家长的各种权利和义务等都只能为了子女的、而非家长的利益行使；这一因素将家长权利转变为责任。私生子的父亲可以向法院申请家长权威。在涉未成年人（家长权利）案[47]中，怀特（White）法官称，家长权威的权利具有“真实可见的价值，不只是［家长］可以为了他自己的内心平静所珍重的，而且是一种带有享受服待的权利”（斜体系作者所加），而给予父亲家长权威也给予了他适当的法律身份。这是法院认可个人社会身份（即对他生活的一个重大因素的重要性的公共认可，如由法律认可）重要性的有趣例证。

就子女权利和自治而言，这些只是逐渐发展的，填补了家长权威被侵蚀所留下的空白。[48] 当然，子女无法为他们自己做所有决定，因为他们需要被保护，以免受他们自己的错误影响。但增加儿童的自治，并随着他们的成熟让他们逐渐解放成为强烈的趋势。例如，当出现有关子女及其培养教育的纠纷时，如果子女具有了足够的成熟度和智力水平，则他们现在原则上有权作出自己的决

---

[45] 1989年《儿童法》，第3条。参见Cretney and J Masson，op cit，chapter 19。

[46] *Gillick v West Norfolk and Wisbech Area Health Authority and the Department of Social Security* ［1986］ AC 112；参见S Cretney and J Masson *Principles of Family Law*（6th edn，1997）pp. 587－595。

[47] ［1992］ 1 FLR 1 at 3.

[48] 参见*Cretney and Masson* chapter 18；J Eekelaar ‘The emergence of children's rights’(1986) 6 OJLS 161；MDAF Freeman *The Rights and Wrongs of Children*（1983）。

定。[49] 如果这些决定被带上法院，则子女有权让他们的意愿和感受被加以考虑。[50] 子女若不想与家长生活在一起，则可以向法院申请。[51] 总体而言，如果我们考虑过去一个多世纪来家长－子女关系的发展，则我们可以看出由积极专制主义模型的私法版本发展至一种具有公法中的参与社群主义和负责利他主义关系元素的关系。

有关关系的公法与私法的对应性

在这一阶段，我们总结一下在本章和之前章节中得出的、关于在当事方权利不平衡情况下的有关关系的法律立场，这可能是有所助益的。在所有我们考虑过的关系中，都存在弱势方的解放过程。过去一个多世纪以来，就私人关系牵涉权力不平衡且弱势方的尊严、自治、尊重、身份或安全可能受到干涉的情况而言，私法已经发展出了特别的保护机制。对于婚姻关系尤其如此。作为弱势方的妻子就身份和安全依赖于这些关系。但在这些关系之内，她们只有极少的尊严、自治或尊重。她们之所以获得解放，部分是因为如前所述的婚姻和家长法的发展，部分则是因为妇女受教育、就业和避孕机会的提高。

在雇佣法中，雇员还享有额外的保护，即不公正解雇和冗余裁员立法、健康和安全规则及合同中的默示条款。这些额外保护不得不被其他降低雇员安全的发展（如工会的弱化、与低工资国家的竞争、科技和劳动力市场变化造成的手工劳动的减少）所抵消。

这些关系曾经一方面伴以忠诚义务（就夫妻、雇主和雇员而言）和服从，另一方面也伴以控制权乃至所有权。通过若干概念，这些关系发生了演进。这些概念包括免受人身暴力（包括婚内强

---

[49] *Gillick v West Norfolk and Wisbech Area Health Authority and the Department of Social Security* [1986] AC 112；参见 *Cretney and Masson* pp. 587－595。

[50] 1989年《儿童法》，第22条。

[51] 1989年《儿童法》，第10（3）条。

奸和惩戒）的权利、被合理对待的权利、在关系中主张自治的权利、对科层关系中更有权力一方行使权力的控制、（对妻子而言）退出关系的权利、（对子女而言）与一方或双方家长分离的权利。（对雇员而言，立场是不同的，因为大多数人需要被雇佣，而“退出权”并非多数雇员所追求的。）

我们已经指出，君主－臣民关系和雇佣关系都是基于信赖和信任义务的。这些义务仍然存在，虽然乔装在各种形式之下。在雇佣法中，它们是明确的。在司法审查中，它们见于合法期待原则中（该原则要求若国家机关助长了人们的期待，则需保持其信赖），也见于加诸依赖于国家给予的合法期待的个人的亮明手中牌的义务中。[52] 其他法律原则也承认社会中信任的重要性，诸如信义关系和善意义务。[53]

在本章和之前章节中考虑的各种关系和其他关系中，都有了对于权力不平衡（这种权力不平衡将个人就其尊严、自治、尊重、身份或安全所享有的利益置于风险中）的更多的意识。同时，对于移除关系中最有权力一方的权威也发展出了更为宽松的态度。

司法审查的发展与有关关系的法律的发展具有很强的相似性。这些关系的共同点在于都有事实上和（如今已经大幅减少的）法律上的权力不平衡。在臣民－君主关系和婚姻、雇佣和家长关系中，都有普通法和成文法所支持的权力不平衡。在两类关系中，弱势方都负有服从和忠诚义务，也都有义务将自己的劳力供强势方所用。他们受着各种程度的人身强迫。在两类关系中，强势方都有保护义务，但该义务实际无法在法律上得到强制执行。

在两类关系中，趋势都是增加关系中弱势方的自治、尊严、尊重、身份和安全。由家长权利向家长责任（利他主义）的转变在公法中也有呼应：国家－个人关系同家长－子女关系一样，如果决定关于来自君主权和权威的权利，则国家有责任在决策时考

[52] 参见，例如，*Preston v IRC*［1985］AC 835，和本书第五章的讨论。

[53] 参见本书第八章的讨论。

虑个人利益。

就个人的身份和安全而言，他/她不再单纯依赖于雇主、配偶、家长甚至（根据类比）国家，而是依赖于法律和社会对于他们作为个人在关系内外的价值的认可。国家就医疗和收入提供了安全网。如我们在本书第八章和第九章中将看到的，私法中也有旨在保护个人在这些重大关系之外的安全和身份的要求；这些关系包括与专业组织、必需品供应商和安全保障服务供应者（如保险、养老金等）的关系等。

我认为，个人一国家关系以及雇佣、婚姻和家长关系中的这些发展不但增加甚至完全带来关系的解放，而且引致了关系、决策和纠纷解决民主化的进程。当事人日渐有权获得审慎决策，在有关雇佣或婚姻，或公共机关影响他们的决定作出时，使决定对他们的影响被加以考虑，并与其他因素相权衡。

评 论

本章和之前章节的讨论集中于如下内容：在四类关系中，成文法条文和普通法发展如何相结合以承认和保护尊严、自治、尊重、身份和安全的价值。法院并不经常明确阐述或界定/提炼这些概念——马利克案在这方面实属例外——所以，这些概念的确切含义和程度并不准确。当然，关于这些价值有大量文献[54]，但法院大多不会诉诸它们，因为这些价值并没有被详加阐述。所以，虽然这些价值只是被简单构建，但是我认为，它们已经并仍将是公法和私法发展的强大推动力，特别是在牵涉不平等权力的关系中。

科特雷尔（Cotterrell）提出了当前的发展和公法历史所昭示出的、有关公法的两种对立思路：社群和统治的两分法；或者如

---

[54] 参见，例如，R Dworkin *Taking Rights Seriously*（1978）；J Raz *The Morality of Freedom*（1986）；J Finnis *Natural Law and Natural Rights*（1980）；D Held *Models of Democracy*（1987）。

他所述的："一方面是理性、价值和协商共识，另一方面是权威、权力和科层控制。"[55]这与本书第一章所勾勒的参与社群主义和积极专制主义模型相互呼应。我们可以清晰地看出君主/臣民关系以及自布莱克斯通的时代以来在他所说的私人生活中的"重要关系"从统治到社群的发展。

在其他关系中，当强势方和弱势方之间存在不当影响时，法律的趋势是要求强势方采取"合理步骤"以确保可能被不当压制的当事人获得恰当的建议。[56] 所以，虽然本章和之前章节审查的是在这四种关系中的法律演化，但这并不意味着只有在这些关系中法律才演化出尊重核心价值的原则。它们尖锐地反映了有关控制权力滥用的一些发展（这在法律的其他方面也有迹可循），也反映了公法和私法中参与社群主义和审慎利他主义原则的发展。

这些关系中法律发展的历史表明，公法即使是独立于私法的另一门类，也没有那么古老，即或在今天也没有与我们所认为的私法有多少不同。有关臣民一君主关系的法律植根于作为私法一部分的人法。公私之分的历史并不悠久。这里所考虑的各类关系中的法律发展非常相似——（对强势方）从权利到责任和利他主义，从剥削到解放，从权威到民主，从统治到社群的转变。这些关系全都展现了本书第一章所提出的各类民主和公民权理论的交织，以及随着时间发生的、从积极专制主义到参与社群主义和审慎利他主义理论相结合的转变。

本章和之前章节所考虑的各种关系的一个共同之处是：公民、雇员、配偶或子女就他们的安全或身份依赖于关系中的强势方的能力降低了。所以，个人所依赖的公民社会机构对权力的行使对个人的安全和身份而言变得更为重要。这些机构包括与他们具有

---

[55] Roger Cotterrell 'Judicial review and legal theory' in Genevra Richardson and Hazel Genn *Administrative Law and Government Action* (1994) at p. 34.

[56] *Barclays Bank v O'Brien* [1994] 1 AC 180 AC；*Lloyds Bank v Bundy* [1974] 3 All ER 757.

财产或合同关系的机构，专业和体育组织，其他成员组织（工会、养老金、保险业等），必需品（公用事业、处于垄断地位者）供应者。在随后的两章中，我们将考虑这些和其他私法的关系，私法如何保护个人的尊严、自治和尊重，以使其免受私人权力行使的侵扰，并将公民民主元素引入这些关系中。

第八章

私法 1：侵权、合同和衡平

我们下面考察私法如何保护个人利益，控制权力行使和受到本书第一章所勾勒的民主和公民权模式的影响。本章和下一章的主题只是私法这一功能的一个例证。这里并不会对这一主题作详尽的分析，但需要留意的是，本书中没有覆盖的恢复原状、财产法及合同和侵权的特定方面也发挥着这些功能。

我们的侧重点是私法和公法的相似性。我们也会考虑公私之分和公法如何在某些领域（尤其是侵权）中融入私法。

侵　权

本书第一章分析了不将民事义务强加于私人机构的理由。我指出，在实践中，法院在私法中的确强加了关照他人的义务，而在义务是合意的还是被强加的方面，公法与私法并无分别。侵权法强有力地证明了法院有意愿将审慎利他主义义务（本书第一章中讨论的民主模式之一）强加给私人机构。在多诺霍诉史蒂文森（*Donoghue v. Stevenson*）案[①]中，上议院将产品责任强加给生产商，这实际上是在合同之外的、非常广泛的关照“邻里”的义务。考虑到有关司法审查基础的争论，在此值得指出的是，同法院在公法中强加该等义务所引发的争论相比，法院在侵权法中以极端方式强加该等义务给私人机构的合法性并没有招致同等程度的争论。由此所引发的一个问题是为什么如下观点会引发巨大的争议：如本书第二章所讨论的，法院在行使古老的发展普通法和衡平法

① ［1932］AC 562.

的义务时，它们没有简单地落实国会的意愿，而可能合法地向国家机构强加义务。多诺霍诉史蒂文森案判决与司法审查的共同之处在于：当行动会伤害个人时，法院发展出了审慎和负责利他主义义务。通过将注意（审慎行动）义务强加给生产者和他人，上议院在多诺霍诉史蒂文森案和随后对过失法的发展中实际上将私人领域民主化；这构成了随着公法和私法领域的普通法和成文法领域的发展而构建出的“公民民主”体系的一部分。

侵权中公法和私法的融合

侵权法为公法和私法的融合提供了一个良好的例证：当侵权案件中出现了实体的公法问题时，法院会将它们同私法问题一起处理。通常，在侵权案件中，对“公共”被告并不存在短时限、申请许可或其他程序性特权的问题。我们在本书第四章中提出，1936 年的《时效法》取消了针对公共机构的民事案件的短时限，而这些机构在侵权诉讼中将面临和私人机构一样的诉讼时效规定。换言之，就侵权法而言，在程序和救济方面都没有公私之分；虽然纯粹的私人侵权和具有公法元素的侵权在实体上有区别，但它们之间却没有界分。例如，安斯诉伦敦墨顿自治市（*Anns v London Borough of Merton*）案[②]确立了公共机构对于过失行使或不行使法定义务导致人身或财产伤害所负有的注意义务。这不可避免地需要法院确定法定义务的程度，并可能要求法院决定是否存在未行使该等权力或该等权力被不合理或越权行使的情况。安斯案引入了对“政策”和“操作”决定的区分。对“政策”决定不能强加过失责任，但对于“操作”决定可以强加过失责任，即使那些决定可能是裁量性的。裁量性决策在何种程度上受到法院的控制这一问题（这在某些情况下也会出现在司法审查中）基本是

② ［1978］AC 728，HL. 亦参见 *Barrett v London Borough of Enfield*［1999］3 WLR 79，HL。

一个公法问题。但如果这个问题出现在侵权案件中，法院就有管辖权处理之。所以，安斯案为公法和私法的融合提供了一个良好例证。

侵权中的可司法裁量性：对公私之分的含义

尽管如恩蒂克诉卡林顿（*Entick v Carrington*）案[3]所确立的，公共机构侵权责任的基本立场是：它们与私人侵权者处于同等位置，若不能提供成文法授权，则构成侵权；近来，法院发展出了一系列基于公共政策的限制，使得即使存在表面责任，也会对公共机构的侵权责任加以限制。所以，在某些侵权案件中，公共机构相比于私人被告可能处于特权地位。例如，希尔诉西约克郡首席警官（*Hill v Chief Constable of West Yorkshire*）案[4]针对的是地区警察的首席警官，他被控告因未能在原告的女儿被杀害前逮捕凶手而构成过失。这一案件因为如下理由而被驳回：第一，在不存在高于可能伤害的合理可预见性的特别要素时（这将确立犯罪受害人和警察之间的接近关系），警察并不对公众中的个体成员负有识别和逮捕未知罪犯的一般义务，即使可以合理预见如果罪犯不被发现和逮捕就会对公众成员造成伤害。第二，即使存在这样的义务，公共政策要求警察不对这样的情况负责任。[5] 在后来的奥斯曼诉弗格森（*Osman v Ferguson*）案[6]中，有更强的证据证明谋杀者对受害者造成直接威胁，而警察也提前知道谋杀者的身份和威胁行为，但上诉法院基于公共政策原因支持了警察的豁免权。所以，在一些侵权中，公共机构享有特别的普通法豁免权。但是，奥斯曼案被上诉到了斯特拉斯堡的欧洲人权法院。欧洲人

---

③ （1765）19 State Tr 1029.

④ ［1989］AC 53，HL.

⑤ 有关豁免权，参见 J Beatson '"Public" and "private" in English administrative law'（1987）103 LQR 34。

⑥ ［1993］4 All ER 344，CA.

权法院认定，该等豁免权违背了《欧洲人权公约》，虽然国内法院可以根据双方提出的论辩评估在某一特定案件中，是否适合适用如下规则，即可以公正、公平和合理地适用证据排除规则，从而不强加过失责任。[⑦] 考虑到公约的法理，看起来当1998年《人权法》于2000年生效时，残留的普通法豁免权将不复存在，而双方将不得不就曾经存在豁免权的每一个特定案件围绕责任进行论辩。[⑧]

在奥斯曼案和其他案件中，公共机构享有豁免权，其重要性在于以下几点：第一，在“私法”案件中出现了公共政策和公法问题，并由法院加以处理。这里并没有实体、程序或救济方面的“区别”，尽管公共机构和私人机构之间或行使私人职能者和行使政府/公共职能者之间的侵权责任存在区别。第二，五项价值服从于公共利益，表明它们是价值而非权利。第三，《欧洲人权公约》对私法的内容有重大影响。

在针对公共机构的侵权案件中，如果强加责任，通常都会涉及对稀缺资源的分配：这也是奥斯曼诉费格森案中的问题之一。在斯托文诉怀斯（*Stovin v Wise*）案[⑨]中，由于私人道路上的一家银行妨碍了可见度，原告在路口受伤了。地方当局并没有采取可以采取的方法来改变银行的位置和改善可见度。法院认定，当局对于未能行使移除并非它创造的危险的法定权力不承担责任，即使这样的伤害是可预见的。这是因为地方当局有权决定如何在这一和其他要求之间分配资源。实际上，有关资源分配的决定是不可司法裁量的。

---

⑦ *Osman v United Kingdom* Case No 87/1997/871/1083, Human Rights Law Report, (1998) Times, 5 November.

⑧ 需要注意，成文法条款规定了地方当局、国家健康服务机构和其他机构成员就个人责任的豁免权，但保留机构本身的侵权责任，因为1875年《公共健康法》（经修订后），第265条是并非不可欲的：参见 S Bailey ‘Personal liability in local government law’ [1999] Public Law 461。

⑨ [1996] AC 923.

侵权中原告的利益

哈洛评论道，“现代侵权法日渐变得‘受害者导向’”，并指出法律学人根据原告受到的伤害的性质将之划分为人身伤害、财产伤害、名誉伤害和经济利益伤害等。[10] 这并非否定侵权法完全关乎被告的行为——过失显然是这样的。但侵权救济旨在恢复原告的权益。就此而言，侵权法与司法审查形成了对比：司法审查主要旨在为了公共利益控制被申请人的行动和决策过程，而不是为“受害者”提供充分的救济。这至少部分是因为司法审查的一个目的是提升法治和支持政府和良好管理的合法性——这些都是以被申请人为导向的目的。然而，随着《人权法》的生效，可以预见司法审查将不得不以前所未有的方式更关注为申诉人提供有效救济。[11]

与司法审查相比，侵权法一般关于保护[12]原告的利益，并在可能的情况下恢复先前的状态；如果侵权行为导致了损害，则这一目标通常是通过支付赔偿实现的。诽谤法（通过为可能降低一个人在社会中的讲道理的成员中的评价的言论提供救济）[13] 就是侵权法试图保护这种个人状态（社会地位）的明显例证。但个人就其社会地位的利益也被认为是其他侵权的理由之一——例如，在非法拘禁中：梅林诉格雷厄姆－怀特航空有限公司（*Meering v Grahame-White Aviation Co Ltd*）案[14]表明，“被囚禁者”对他被

---

⑩ C Harlow ‘“Public” and “Private” Law: Definition without Distinction’ (1980) 43 *Modern Law Review* 241 at p. 254. 当然还有对侵权法的其他可能划分方法，例如，根据被告的主观状态划分为严格责任、过失、故意侵权。

⑪ 参见本书第十章。

⑫ Weir 评论道：“……侵权法是保护性的”（与“生产性的”合同相比）：T Weir ‘Complex Liabilities’ *Int Encl Comp L*（1976），5。

⑬ *Sim v Stretch* [1936] 2 All ER 1237，1240，per Lord Atkin. 亦参见 *Lewis v Daily Telegraph* [1964] AC 234，*Byrne v Deane* [1937] 1 KB 818 and *R v Bishop* [1975] QB 274，它们展示了决定什么是社会中讲道理的成员以及他/她怎么想的难度。

⑭ （1920）122 LT 44，53－54.

囚禁的认知并不必要，因为“囚禁者”可能向他人夸耀原告被囚禁了。如果这的确解释或部分解释了决定，那么其含义是侵权法不只保护原告的自治利益（行动自由），还保护了他/她作为社会中自由人的身份。有关过失的侵权法近来扩展至准备推荐信中的注意义务[15]（例如，由雇主或前雇主，或其他对推荐信被推荐人负有责任和被依赖的人士，如大学给学生提供推荐信）——推荐信对于被推荐人的身份和将来的安全（以及他们追求所选择职业的机会）非常重要。

侵权法也为个人人身和财务安全提供了一些保护。监视和侵扰是侵权。有关骚扰的侵权法保护个人免受折磨，保持心境平和以及免受恐吓和殴击的“合法利益”[16]。有关妨害合同和导致财物损失的过失的侵权法是侵权法保护财务安全利益的例证。但并不存在有关仅仅伤害商业竞争的侵权法[17]——根据本书第三章关于价值的概念的讨论，安全不是一项权利，而只是一项价值。

有关妨害和侵害土地的侵权法保护隐私中的自治和尊严。有关非法拘禁、恐吓和殴击和导致人身伤害的过失的侵权法也保护自治和尊严。特别值得注意的是，非法拘禁的责任无需过错，因此强调了个人行动自由利益的首要性。[18]

侵权法中的价值冲突：医学案件

本书第三章提出，价值（而非权利）经常让位于其他考虑因素。医疗领域的诸多侵权案件很好地证明了这一点。如果患者没有能力或意愿同意医生认为明智的治疗方式（要么因为这在医生

---

⑮ *Spring v Guardian Assurance* [1995] 2 AC 296.

⑯ 参见 *Khorasandijian v Bush* [1993] 3 All ER 669；*Burris v Azadani* [1995] 4 All ER 802，CA 及其所引用的案例。亦参见 1997 年《反骚扰法》。

⑰ 1976 年《限制贸易实践法》。

⑱ 参见 *R v Governor of Brockhill Prison*，*ex p Evans* (*No 2*) [1999] 2 WLR 103，CA。(一个监狱管理员在没有过失的情况下错误计算了申请人被监禁的期限。法院认定，申请人有权就整个错误监禁的期间获得赔偿。)

看来有利于患者，要么因为其他利益或考虑因素占了上风），那么问题就会产生。决定最佳选择的职业“特权”经常在这个领域和患者自治产生冲突。例如，法院曾判令一位16岁的厌食女孩接受她不愿接受的治疗[19]，判令分娩中的孕妇通过剖腹产生育（这违背她的意愿）以保母子平安[20]，判令无视患者的（宗教）反对而让她接受输血[21]，判令一个有智力障碍的年轻女子应被绝育——这样的例子还有很多。

然而，在这些案件中，法院认可，从原则上讲，有能力同意或拒绝治疗的个人有权让他们的意愿得到尊重。这一些领域中，法院从早先的愿意以医疗专业人士有关患者利益的观点优先于患者意愿为由，推翻个体患者的拒绝或不同意，发展到以各种方式支持患者的自治。所以，在上面提到的厌食案件中，法院认定处于良好状态的患者有足够的成熟度和理解能力，以符合吉利克案[22]有关自主决策的审查标准，但当案件发生时，她严重患病，所以她没有能力作出有关治疗的决定。所以，法院感到有理由实施治疗，因为在法院看来，尽管她不同意，这却最符合她的利益。但法院一般性地决定，法官不能推翻处于良好状态且足够成熟、可以自作主张的未成年人的决定。但在那一案件中，法院并未适用“如果患者健康，她的意愿会是什么”的审查标准，这是非常重大的。

在圣乔治健康保险信托诉科林斯（S动议）（*St George's Healthcare NHS Trust v S*；*R v Collins*，*ex p S*）案[23]中，法院决定，待产妇女有权拒绝剖腹产，即使这将使她的待产子的生命

---

⑲ *Re W*（*A minor*）（*Medical treatment*：*court's jurisdiction*）［1992］3 WLR 758. 亦参见 *B v Croydon Health Authority*［1995］2 WLR 294。

⑳ *Re S*（*Adult*：*refusal of treatment*）［1992］3 WLR 806.

㉑ *Re T*（*Adult*：*refusal of treatment*）［1992］3 WLR 782.

㉒ *Gillick v West Norfolk and Wisbech Area Health Authority and the Department of Social Security*［1986］AC 112. 参见本书第七章的讨论。

㉓ ［1998］3 All ER 673，CA；参见 R Bailey-Harris ‘Pregnancy，autonomy and refusal of medical treatment’（1998）114 LQR 550。

面临危险。法院径直将其决定建立在对她的自治的尊重上。“即使他/她的生命依赖于获得医疗，精神状态正常的成年人有权拒绝。这反映出每一个个人的自治和自决权。”[24]这一判决遵循了若干其他案例：在那些案件中，法院批准进行手术，理由是妇女没有能力同意，所以在场的医生有权按照他们对她的利益的观念来实施手术[25]，而不是根据证据显示的、如果她有能力决定会怎样决定来判断。（在这类案件中，作出有利于母亲的自治、而不是待产子的生命和自治的决定并不容易，特别是当案件被紧急地提交给法官时。）

在关于 F（精神病人：绝育）案［*Re F*（*Mental Patient*：*Sterilisation*）］[26] 中，涉及的问题是：一个有精神缺陷但性活跃的女性是否应当被绝育。她不能理解性交的后果，也不能充分地照顾她可能生育的子女。如果照顾患者的医生认为绝育对她最有利，则上议院愿意允许绝育。这一判决用司法和医疗家长主义取代了患者的自治。如果适用患者有必要能力时，则她是否会同意这种医疗作为审查标准，那么这个决定则会合成或尽可能重复患者自己的自治。[27]

L 动议（*Ex p L*）案[28]有关因患有自闭症而无法同意医疗的成年人。他在日间护理中心与看护人生活在一起。有一天，他在日间护理中心变得不安，他的看护人又联系不到，日间护理中心不能处理他的问题，所以他被送到医院、注射了镇静剂并留在了医院。上议院认定，因为他不能同意或拒绝治疗，在普通法上，

---

[24] Per Judge LJ at p. 685.

[25] *Re S*（*Adult*：*Refusal of Medical Treatment*）［1992］4 All ER 671，Sir Stephen Brown P.

[26] ［1990］2 AC 1.

[27] 参见 M D A Freeman ‘Sterilising the mentally handicapped’ in Freeman（ed）*Medicine*，*Ethics and the Law*（1988）；J Shaw ‘Sterlisation of mentally handicapped people：Judge rules OK?’（1990）53 MLR 91；Feldman *Civil Liberties and Human Rights in England and Wales*（1993）p. 149。

[28] *R v Bournewood Community and Mental Health NHS Trust*，*ex p L*（*Secretary of State for Health and others intervening*）［1998］3 All ER 289，HL.

医院有权依据紧急避险原则给予他可能被认为（在医疗专业人士看来）符合他最佳利益的治疗。然而，斯泰恩法官（Lord Styen）表达了这样的严重顾虑：这一立场可能使患者的“被有尊严对待的道德权利”丧失法定保护。[29]

随着医学案件中判例法的发展，法院在个案基础上更趋向于有利于患者自治、尊严和尊重的平衡，并经常遇到在家长主义和自治之间作出艰难选择的困境。然而，对我们的主题而言，重要的是即使医院有权在没有患者同意的情况下对其进行治疗，这也必须以利他的、被认为有利于患者利益的方式进行，而不是有利于一般的公共利益或他人（如患者的家长或看护人）的利益。[30] 如果患者在丧失行为能力前给予了指示，则通常应当根据事前指示给予治疗和护理，但若有理由怀疑这些事前指示的可靠性，则需要向法院申请声明。所缺失的是这样一项原则：法院可以依其认为符合患者（若他/她有能力作出自主决定）意愿的方式作出裁定。取而代之的是，法院批准或是医疗专业人士认为符合患者利益的决定，或是法院认为符合患者利益的决定。对于希望拒绝治疗（如手术或输血）的患者（如果他/她有能力同意或拒绝治疗）而言，如果专业人士或法官认为手术或输血符合他/她的利益，则患者少有余地可以使他/她自己的偏好得到尊重。

考虑到医疗案件中的判例法，不可能主张在侵权中存在一揽子的承诺，以承认五项价值的重要性或把它们提升为“权利”。但当法院审判有关侵扰个人享受这些价值的案件时，这些价值就成为重要的背景考量因素。肯尼迪（Kennedy）有力地提出：“医疗法（应当）被看做人权法的一部分，而以当事人权利为基础的方式提供了法律发展的最多产的基础……我认为免受侵犯的权利和隐私权是两个中心支柱。”[31]实际上，借用本书第一章概述的民主模

[29] 同上，at 309。

[30] 如本书第七章所述，吉利克案确立了这一规则。

[31] I Kennedy ‘The fiduciary relationship between doctors and patients’ in P Birks (ed) *Wrongs and Remedies in the Twenty-first Century* (1996) 111 at pp. 117－118.

式，在这一领域，医生—患者关系中的家长主义进路（仁慈但基本上是积极专制主义的进路）和民主的、参与社群主义的进路之间存在冲突。

公共机构的侵权性权力滥用

我们习惯于把侵权法在很大程度上看做私法。然而，如塞缪尔（Samuel）所评论的，侵权法一方面发挥着类似于大陆法系中不法过错责任的功能，另一方面也具有根本性的公法维度。[32]

在历史上，侵权法在保护个人的政治权利和促进良好治理与法治方面发挥了重要的政治作用——例如，公职人员失职行为的侵权[33]、公职人员侵害和对投票权的干涉。[34] 英国宪法的很多核心特征都体现在侵权法中。例如，恩蒂克诉卡林顿案[35]支持了个人享有不因公职人员的许可就被剥夺财产或被监禁的权利，这就是一个主要的例证。[36] 在欧洲法中，弗朗科维奇案[37]（随着垂直效力原则的发展[38]）中的责任为侵权法支持个人利益对抗国家的作用和合法性原则提供了进一步的例证。在这个领域中，公法和私法并不可分。

公职人员失职行为案件体现了侵权法如何发挥了保护个人和公共利益、使之免受权力滥用的功能。在三河城地区市政委员会诉英格兰银行（*Three Rivers District Council v Bank of Eng-*

---

[32] G Samuel 'The impact of European integration on private law-a comment' 18 Legal Studies (1998) 167 at 171. 亦参见 G Samuel and J Rinkes *Law of Obligations and Legal Remedies* (1996) pp. 352-356。

[33] 参见 *Three Rivers District Council v Governor of the Bank of England* (No 3) [1996] 3 All ER 558, Clarke J; and (1998) Times, 10 December, CA。

[34] *Ashby v White* (1703) 2 Ld Raym 938.

[35] (1765) 19 State Tr 1030.

[36] 亦参见本章前文中关于医疗专业人士未经患者同意而进行治疗的侵权责任的讨论，以及本书第一章中有关公法和私法融合例证的讨论。

[37] *Francovich v Italy* [1991] ECR 1-5357.

[38] 参见本书第五章的讨论。

land）（No 3）案[39]中，当国际商业信贷银行破产时，大约六千位存款人丧失了他们的存款。他们起诉英格兰银行（该银行负有监管银行的法定义务）未能根据法定责任监管国际商业信贷银行。这一案件的案由是公职人员失职行为，而不是过失，因为普通法不承认银行监管者对存款的公众负有注意义务。[40] 就与失职行为责任有关的法律问题，克拉克法官（Clarke J）认定，如果公职人员故意采取了他明知非法的行为，且明知或应当知道该行为很可能伤害原告，该公职人员应当承担责任。公职人员也应对其轻率的行为负责。[41] 上诉法院适时驳回了请求，并认定侵权法的两个方面并不应有严格区分，但证明公职机构主观过错的需求却并不过时，也是合理的。有关失职行为的法律不是一成不变的，而易受到司法发展的影响。[42]

根据1998年的《人权法》，法院将很可能根据其第8条发展出侵犯隐私的侵权法，在法案的含义内只能针对公共机构提出，看起来《人权法》并不试图创立一种新的、针对私人行为或活动提出的侵犯隐私的侵权。[43] 然而这些公共机构侵权案件将根据一般程序提交一般法院，并不适用较短的诉讼时效或许可要求。

隐私只是发展至《人权法》之下的宪法侵权或自成一类的不当行为“家族”的一个例证。其假设似乎是这些案件中的救济是裁量性的，包括给予损害赔偿（这些损害赔偿在一般普通法案件中是作为权利给予的）。这里，公法和私法责任规则的界限被打破了——事实上，如本书稍后将讨论的，合同和侵权、衡平法和普通法之间的界限也被打破了。

---

[39] ［1996］3 All ER 558，Clarke J；（1998）Times，10 December，CA.

[40] 参见*Davis v Radcliffe*［1990］1 WLR 821，PC。

[41] 参见*Three Rivers District Council v Bank of England*（*No* 3）［1996］3 All ER 558，Clarke J；*Bourgoin SA v Minister of Agriculture*［1986］QB 716；参见C. Hadjiemmanuil ‘Civil liability of regulatory authorities after the Three Rivers case’［1997］Public Law 32。

[42] *Three Rivers District Council v Bank of England*（*No* 4），（1998）Times，10 December，CA.

[43] 参见本书第十章。

毫无疑问，私人机构侵犯隐私的责任在适当时候将与公共机构的责任协同发展。在这些案件中，并没有程序或救济之分，而公法和私法方面的侵权实体法也将以融合的方式共同运作，使彼此更加丰富。

合 同

在考虑合同法如何保护个人的利益以及合同和司法审查的对应性时，我们需要记住传统的理论立场是：在司法审查中，法院强加审慎决策义务（该义务保护受到公共活动影响的人士享有这些价值），而合同义务是合意性的或自愿承担的，或来自当事人的承诺，或来自原告对被告的致人损害的信赖，或来自被告（自愿）接受利益的事实。[44]

传统上，合同理论支持个人自治的方式是：支持基于双方同意的合同条款的自由，并要求当事人遵从合同。[45] 然而，在实践中，合同协议在合同期限内会限制一方或多方的自治，而且它们通常在当事人之间创设不平等的权力关系。如果我们把合同法中的规定看做补偿权力不平衡和保护弱势合同方在五项价值中的利益（他们在关系中就特别重要事项所具有的真正自治，他们的尊重和安全），则我们可以理解很多合同领域的立法（诸如 1977 年《不公正合同条款法》中排除或限制责任的条款，1974 年的《消费者信用法》针对剥削的保护，和 1996 年的《雇佣权利法》保护雇员免遭不公正解雇的规定）。

---

[44] 关于合同合理性依据的争论（我们不打算在此解决），参见：有关作为承诺的合同：C Fried *Contract as Promise*（1981）；关于依赖和利益理论：P S Atiyah *Essays on Contract*（reprinted 1990）；Fuller and Perdue 'The reliance Interest in Contract Damages'（1936）46 *Yale Law Jo* 52 and 373；关于正义理论：H Collins *The Law of Contract*（1997）。亦参见 J Wightman *Contract. A Critical Commentary* 1996，chapter 3。

[45] 参见 D Levine *Needs，Rights and the Market*（1988）；D H Parry *The Sancity of Contract*（1959）；H Collins 'The sanctimony of contract' in R Rawlings（ed）*Law，Society and Economy*（1997）63 at pp. 65 - 67。

然而，不只有成文法条文试图保护合同当事方的利益并避免由权利不平衡造成的剥削。如史密斯（Smith）所述，普通法中针对自愿奴役合同、限制性协议（即贸易限制）、衡平法上的救济条款和预先确定损害赔偿条款的原则最好被理解为“表达了国家不应帮助个人不当地限制他们的自由这一原则”；实际上，“自由价值本身（特别是未来自由的价值）是限制合同自由的一个原因”[46]。

合同法的目标：利益和对权力的控制

我们已经指出，侵权法是“受害者导向”的，关注于行为对原告的影响。[47] 合同是否也是这样呢？科林斯提出了这样的理论：自19世纪以来，合同的基础原则发生了变化；当时主要的原则是守约的道德性和合同自由所体现的个人自治，而现在合同法的基础则是公正、依赖和合作原则——这些是社会市场概念[48]，关注于当事人的脆弱性而不是双方所谓的自治。有一些例子可以证明“受害人导向”。合同中的衡平管辖权（例如撤销在胁迫、不当影响或被告行为显失公平情况下达成的交易）表明在分析合同关系（特别是存在权力不平衡时）中的两个关注点：关注被告和关注原告。此处不会争论合同中的不当影响和显示公平交易之间的关系。[49] 就胁迫或不当影响而给予的救济明显保护个人的自治，解除

[46] 参见 S Smith ‘Future freedom and freedom of contract’（1996）59 MLR 167 at p. 187。

[47] 参见 C Harlow ‘“Public” and “Private” Law：Definition without distinction’（1980）43 *Modern Law Review* 241 at p. 254。

[48] 参见 H Collins *The Law of Contract*（1986）；and ‘The sanctimony of contract’ in R Rawlings（ed）*Law，Society and Economy*（1997）63 at p. 68；亦参见 R Brownsword ‘From co-opoerative contracting to a contract of co-operation’ in D Campbell and P Vincent-Jones（eds）*Contract and Economic Organisation*（1996）；J Wightman in *Contract，A Critical Commentary*（1996），chapters 7 and 8。

[49] 有关于此，参见 P Birks and Chin Nyuk Yin ‘On the nature of undue influence’ in J Beatson and D Friedmann（eds）*Good Faith and Fault in Contract Law*（1995）pp. 57－97 及其原因的文献；D Capper ‘Undue influence and unconscionability：a rationalisation’（1998）114 LQR 479。

了他们在不自由情况下达成的义务。次要的，他们可能也保护其他价值，如安全、尊重和尊严。他们是关注原告或以影响为导向的。而因合同另一方显失公平行为而给予的救济表明一种关注被告的方式。但这些救济仍通过惩罚不关怀和不尊重弱势方的剥削者，以保护弱势方的尊严和尊重。给予胁迫或不当影响以救济的情况表明：更有权力的一方负有利他主义义务，要求他/她考虑关系中另一方的利益[50]——这是我们看到的私法期待私当事人利他主义的众多例证之一。[51]

在一些案件中，针对显失公平行为的救济将保护弱势方的安全，如［在巴克莱银行诉奥布赖恩（*Barclays Bank v O'Brien*）案[52]中］对家庭住房的所有权或占有。换言之，无论采用关注原告还是关注被告的方法，在这些案件中给予原告救济的最终理由是承认他/她的尊严、自治、尊严、身份或安全的重要性。在实践中，关注被告和关注原告的方法都是以被害者和影响为导向的。关于不当影响的另一点是：如果发生了“推定的不当影响”[53]，行为违反了法律在一些关系中强加的信赖和信任义务。[54] 但强势方违反关系中被认为事实存在的信赖和信任的行为也是剥削性的。[55]

科林斯关注合同关系中信赖的重要性，并指出，实际上，法律制裁对合同当事方并无可信威胁，而合同交易在实践中是有效的，因为它们经常建立在当事人之间的、不值得破坏的相互信赖的基础之上。[56] 从这个角度看，通过保护个人免受剥削而减轻 19

---

[50] 参见 *Wightman*，at pp. 104－109。

[51] 在合同中，合作合同的观点包括接受当事人之间存在合同上的利益共同体，限制利己行为，强加利他主义义务：参见 R Brownsword，'From co-operative contracting to a contract of co-operation' in D Campbell and P Vincent-Jones（eds）op cit pp. 37-38。

[52] ［1994］1 AC 180.

[53] 参见 Lord Browne-Wilkinson in *Barclays Bank plc v O'Brien*［1994］1 AC 180；亦参见 Millett LJ in *Credit Lyonnais v Burch*［1997］1 All ER 144。

[54] 参见 D Capper 'Undue influence and unconscionability'（1998）114 LQR 479 at 482－484. 参见本书第六章关于雇佣中信赖和信任的讨论。

[55] *Credit Lyonnais v Burch*［1997］1 All ER 144，per Millett LJ at 154.

[56] Collins in Rawlings（ed）supra，at pp. 70－73.

世纪的严格合同法模式的严格性是可能的，以及需要合同强势方和弱势方在合同中的信赖的现实可以促进合同关系双方真正有效的安全。[57]

合同与控制裁量权

合同法和司法审查有强烈的对应性。法院发展出的有关解释合同明示条款和推断默示条款的原则包括了对将五项价值纳入合同法价值的重要性的认可。在实践中，法院在某些合同案件中行使司法监督权，因而控制可能影响弱势个人利益的权力的行使。

我们这里主要考虑的是纯粹“私人”合同（合同当事方在现在的判例法解释下不会被认为是“公共”的或行使公共或政府职能）。但比特森指出：“公法原则可以给善意和公正，先合同义务，以及长期或‘关系性’合同……所提出的问题……以有用的启发。”[58]

比特森指出的一个问题是，合同法和司法审查的一个区别是“合同法在处理裁量权方面存在困难……”[59]直到晚近，出发点（至少在历史上）都是合同给予的裁量权是不受限制的。温伯格诉英格利斯（*Weinberger v Inglis*）（No 2）案[60]很好地说明了这一点：上议院不愿意干涉伦敦证券交易所委员会拒绝重新将原告选入交易所的决定，因为他出生于德国。交易所规则授权委员会接纳它“认为适合的”人士。然而，根据之前提到的科林斯的分析，这一案件具有交易正义压倒合同法时期的特征——这一时期，在公法中，就国家权力的行使而言，积极专制主义也是占据主要地位的。其他案件展现了对社会市场的正义理想的偏好，即交易的公正、

---

[57] 关于君主一臣民关系和雇佣关系中信赖和信任的重要性，见于本书第六章。

[58] J Beatson ‘Judicial review in contract’ in J Beatson and D Friedmann（eds）op cit at p. 263.

[59] *Beatson and Friedmann* at p. 267.

[60] ［1919］AC 606.

个人自治和在对待依据合同所享有的裁量权方面的合作，特别是（但不限于）裁量性决定将损害个人在五种核心价值方面的利益的情况下。[61] 例如，在航运案件蒂尔曼斯公司诉SS纳茨福德有限公司（*Tillmanns & Co v SS Knutsford Ltd*）（1908）案中，若卸货港不安全或不能到达，则船长有合同权利将货物卸载在其他港口。法院认定，他必须“在双方间公正地行使裁量权，而不只是尽力为了船主（他的主人）而忽略其他人的利益”[62]。比特森也就多年来与现在司法审查申请中适用的审查标准类似的标准如何被用在合同案件中，以控制可能的裁量或权力滥用给出了进一步的例证。这些案件中所浮现出的主题与本书第五章指出的、与司法审查有关的主题非常相似，即无权以偏私的或完全自私的方式行事。[63] 它们对于合同当事方强加了与民主中的审慎利他主义模式相对应的私法内容。

普通法经常试图支持公民社会中的高度信赖，而对偏私或自私行使权利的限制将催生信赖。信赖对于相互保证（例如相互保险）和对于在商业、职业或体育方面行使自监管权力的机构是特别重要的。这里，比特森指出：“法院认定合同裁量权不是不受限制的，而受制于程序适当性（即公正或自然正义）、‘温斯伯里’合理性（或理性）、善意、目的适当性和相关性等普通法原则。”[64] 这一对可信赖行为的要求继而促进了一种参与、民主和公民权的文化——顺便提一句，也是一种反对腐败的文化——即使在公民社会中。本书第十二章将探究这些话题。

然而，比特森的结论是：一般而言，合同法并没有被公法原则或成文法监管机制所影响；只有在某些特定情形下，一个有限的“权利滥用”概念才在合同语境中得到了认可。这包括正式的

---

[61] 对于更具商业性、且不涉及个人的五项核心价值的合同（如各种航运合同）也是这样：参见 Beatson，op cit at p. 268。

[62] ［1908］ 2 KB 385 at 406.

[63] 参见 *Beatson and Friedmann* at pp. 268 - 269。

[64] 参见 *Beatson and Friedmann* at p. 269。

先合同投标进程，合同一方有权利（他被认为应该用权力维持各种相互竞争的利益的平衡，故而权力在某种意义上是管理性的）的情况，具有合作性责任的情况，或取决于一方对某一问题感到满意（而在该问题所涉的调查中，另一方的声音应得到公正的倾听）的情况。[65]

戴恩提斯有不同看法。[66] 在他考虑政府对合同权力的行使如何受到法院的控制时，他试图对比法院对待私人合同中裁量权行使争议的方式。就组织合同（合同规制一个具有共同目标的组织的持续关系，如俱乐部、工会或公司），他提出，如果共同目标是清晰的，则法院会将其作为衡量裁量权行使的标准[67]；如果没有这样的指引，则法院会依赖于控制组织的信义地位，并基于此认定有以善意、不腐败、不擅断和不反复无常的方式行事的一般义务。[68] 戴恩提斯也指出，在商业合同中，权力（例如，批准商品或租客修缮的权力）必须以善意、不反复无常和符合当事人推定意图的方式行使。[69] 戴恩提斯注意到，就广义的合理性实质义务而言，除特别案件外，"……适用行政法中就行使裁量性成文法权力的审查标准与普通法中有关裁量性合同权力的审查标准所得到的结果，具有引人注目的相似性"[70]。

近来的希尔森·莱曼·赫顿股份有限公司诉麦克莱恩·沃森

---

[65] Beatson in *Beatson and Friedmann* at p. 288.

[66] 参见 T C Daintith 'Regulation by contract: The New Prerogative' in [1979] CLP 41。

[67] Op cit at p. 55 - 56. 这方面的案件包括 *Punt v Symons & Co Ltd* [1903] 2 Ch 506；*Hogg v Cramphorn Ltd* [1967] Ch 254. 亦参见 *Stevenson v United Road Transport Union* [1977] ICR 893（本书第六章讨论）。然而，在工会案件中，法院没有支持组织的集体目标：参见 S Deakin and G Morris *Labour Law*（1998）chapter 10。

[68] 参见 Daintith, 'Regulation by contract' op cit at p. 56. 关于董事，参见 P Davies, *Gower's Principles of Modern Company Law*（6th edn, 1997）chapter 23；关于工会，参见 *Maclean v Workers' Union* [1929] 1 Ch 602；关于俱乐部，参见 *Dawkins v Antrobus*（1881）17 Ch D 615。

[69] Daintith, at p. 57. 与此有关的案件包括 *Dallman v King*（1837）4 Bing (NC) 105；*Braunstein v Accidental Death Insurance Co*（1861）1 B and S 782；*Andrews v Belfield*（1857）2 CB NS 779。

[70] Daintith, op cit at 58.

有限公司（*Shearson Lehman Hutton Inc v Maclaine Watson & Co Ltd*）案阐明了合同法和司法审查的对应性。在此案中，韦伯斯特法官（Webster J）质疑了公法规则不能被运用于私法的假设。[71] 他的观点是：私法权利和公法权利的差别在于它们被保护的程序而非实质。这可以从以下例证中得到证实：雇佣法中的司法监督权[72]，信托和董事的义务[73]，本书第九章将会讨论的贸易限制和其他公共政策情形。比特森提出了一个重要问题：基于这一方法，“英格兰法律和苏格兰法律并没有一些人说的那么不同，因为，在苏格兰法中，法院的司法监督权显然延伸至所有‘行政性’职能，无论其基于法定或政府性权力，还是基于合同。”[74]基于这一方法，在权力控制方面，审慎利他主义理论的元素在合同中很有影响。

在伍德诉沃德（*Wood v Woad*）案[75]中，程序公正义务可以被延伸至相互保险协会，而在拉普安特诉蒙特利尔警察慈善和退休协会（*Lapointe v L'Association de Bienfaisance et de Retraite de la Police de Montreal*）案[76]中，它们被延伸到了养老金基金信托理事会。我认为，这些案件中的共同思路是：组织和其成员之间的权力不平等，组织的成员资格对于成员的身份和安全而言是重要的，在决策中不应忽视这些利益。实际上，这些要求对当事人之间的关系民主化，并引入了参与性的元素。

成员组织

成员组织的规则经常被认为创设了成员之间的合同，从而为组织的委员会和工作人员的审慎决策义务提供了基础。我们可以

---

[71] ［1989］2 Lloyd's Rep 570 at 625.

[72] 参见本书第六章。

[73] 参见本章稍后部分对此的讨论。

[74] Beatson 'Judicial review in conract' in Beatson and Friedmann（eds）supra，at p. 270. 关于苏格兰的立场，参见本书附录。

[75] （1874）LR 9 Exch 190.

[76] ［1906］AC 535 at 538 - 540，PC.

从始自李诉英国演员协会（*Lee v Showmen's Guild of Great Britain*）案[77]的一系列案件中找到例证。法院认定，非法人组织受到成员合同默示合同条款的约束，在惩罚成员时需要遵循自然正义规则。这是从财产理论（对私人组织的司法监督权提供了一个“挂钉/依据”）到合同理论的转变的案例之一。[78] 在合同理论下，给法院监督决策的管辖权提供基础的，并不是技术上组织的财产可以在解散时分配给成员这一事实（即法院只是通过该管辖权保护财产），而更多的是成员之间存在成员合同。怀特曼（Wightman）观察到，这些成员合同远不同于普通合同（当事人索取商业所得），而是“具有将私人利益融入一个共同项目的集体利益的特征”；而且，在合同也规范组织规则的改变或实施的程度上，这也是民主的工具。[79] 这是“微法律体制”的一个好例子：法院在通过不干涉而尊重多元主义[80]与通过基于合同要求以参与社群主义方式行使权力以保护个人利益之间找到平衡。

从技术上说，法院通过在此类情况下强加审慎决策义务来实施成员间的明示或默示协议。损害赔偿可能成为违反自然正义合同义务的一项救济[81]，禁令和声明也是如此。

保护合同中的安全和身份

我在本书第三章中提出，五项“核心”价值不是法律中的唯一价值；合同也有其自身的特别价值。但在合同中，这五项核心价值（特别是身份和安全）运作得特别明显，而其与司法审查的

---

⑦　［1952］2 QB 329. 参见本书第九章的进一步讨论。

⑧　L Alder ‘Obsolescence and renewal：judicial review in the private sector’ in P Leyland and T Woods（eds）*Administrative Law Facing the Future：Old Constraints and New Horizons*（1997）at p. 174. Alder 将如下案例作为这一点的例证：*Baird v Wells*（1890）44 Ch D 661；*Rigby v Connol*（1880）14 Ch D 482。

⑨　J Wightman *Contract，A Critical Commentary*（1996）at p. 108.

⑩　参见本书第一章的讨论。

⑪　参见，例如，苏格兰案件 *Tait v Central Radio Taxi*（*Tollcross*）*Ltd* 1989 SC 4，First Division（在下面的附录中讨论）。

对应性也是最显著的。在合同中（如同信托一样），所考虑的经常是满足被告给原告创造的合法期待或信赖利益[82]：两者以不同方式保护个人的安全，即他们能够信赖或依赖与他们交往的人，而不遭到不受欢迎的改变的冲击。例如，这在允诺性禁反言和专有性禁反言领域格外明显。这与合法期待发展成司法审查的基础具有强烈的对应性。怀特曼提出，在人身而非商业合同中，“对承诺所创造的享受的期待可以激发预期和渴望；而这些如果被破坏，则其导致的失落感将比公司纯粹经济期待被破坏所经历的失落感更尖锐”[83]。这里，我们重复本书第三章说明的由边沁提出的“失望原则”的正当化理由。

在牵涉当事人身份和安全的合同情形下，使用合同作为保护方式已经得到了大幅发展。本书第六章考虑了雇佣法的发展。在其他合同关系中也有类似的发展，即将成文法条文（如劳动保护立法）的基础原则拓展至并不严格被成文法覆盖的合同关系。所以，例如在本书第六章中提到的，在史蒂文森诉联合公路交通工会（*Stevenson v United Road Transport Union*）案[84]中，未经适当听审将某工会成员开除出区域官员办公室，这在私法程序中被认为是无效的，其依据是通过工会规则而形成的员工与工会之间的合同关系，而法院推定这其中包含一项自然正义义务。这是劳动保护立法基础价值影响合同普通法发展的一个例证。赛德利也指出，在这一案件中，权力和无效的公法概念被引入严格的工会成员资格和雇佣合同语境中。[85] 我认为，将这些保护拓展到这些领域中的原因是：工会对原告行使权力（这里是补偿性权力，即一

[82] 参见 Fuller and Perdue ‘The Reliance Interest in Contract Damages’（1936）46 *Yale Law Jo* 52 and 373；H Collins ‘Contract and legal theory’ in W L Twining（ed）*Legal Theory and Common Law*（1986）；B S Markesinis and S F Deakin *Tort Law*（3rd edn，1994）at p. 10；R Brownsword ‘Static and dynamic market individualism’ in R Halson（ed）*Exploring the Boundaries of Contract*（1996）。

[83] J Wightman *Contract*，*A Critical Commentary*（1996）at p. 103.

[84] ［1977］ICR 893.

[85] Sir Stephen Sedley ‘Public law and contractual employment’（1994）23 ILJ 201 at p. 204.

种财产或所有权[86]）牵涉原告的尊严、尊重、身份和安全——五项核心价值经常被以相似的方式保护；这些价值通过以参与社群主义模式对关系进行民主化而得到保护：民主经常跨越公私之分。

一些对比

考虑到澳大利亚合同法中发生的情况，保罗·芬恩（Finn）法官提出，现代合同法的强大趋势是发展出公正义务——"人类交往中的体面"——这一点可以通过如下默示义务得到证明：合理行事的义务、尽最大努力的义务[87]、给予合理通知的义务[88]、机会[89]等。[90] 芬恩将这与澳大利亚法院采取的控制权力行使，支持行为标准（特别是公正、忠诚和道德责任），支持人类价值（包括尊严、诚实、财产安全和声誉）的政策以及家长对子女的权利联系起来。这一趋势不限于合同。

在一些大陆法国家，法律控制权力和权力滥用的一般性功能也得到了认可。例如，塞缪尔和林克斯（Rinkes）探讨了大陆法系和罗马法中的"权利滥用"概念。[91] 在法国法中，对权利的不合理行使可能引发侵权之诉，其依据是由不合理行使权利所带来的任何损害都是来自另一方的过错的损害。[而在法国公法中，"权力滥用"(detournement de pouvoir）是最高行政法院会介入的依据之一。] 在荷兰民法典的总则部分财产法总则第三卷第13条规定，

---

[86] 参见本书之前第三章中有关Galbraith和Daintith的讨论。

[87] 他给出的例证是 *Perri v Coolangatta Investments Pty Ltd*（1982）149 CLR 537 at 654。

[88] 他给出的例证是 *Laurinda Pty Ltd v Capalaba Park Shipping Centre Pty Ltd*（1989）166 CLR 623 at 654。

[89] 他给出的例证是 *Presmist Pty Ltd v Turner Corpn Pty Ltd*（1992）30 NSWLR 478。

[90] 参见 *Renard Constructions（ME）Pty Ltd v Minister for Public Works*（1992）26 NSWLR 234。

[91] G Samuel and J Rinkes *Law of Obligations and Legal Remedies*（1996）at pp. 306 – 308.

任何人都不得滥用任何权力，所以权力滥用凌驾于荷兰法中的债权法之上。[92]

由此看来，我们可以把衡平法的介入解释成为避免权力滥用而给予救济（大陆法原则的英国版本）。这也为不同法系之间对待共同认可的问题的不同（但经常是对应的）处理方法提供了一个例证。塞缪尔和林克斯将好莱坞银狐农场诉埃默特（*Hollywood Silver Fox Farm v Emmett*）案[93]作为例证，通常不被认为构成侵扰的行为可能会因为其具有恶意性和相当于权力滥用而被认定为不法行为，而法院会给予衡平救济（禁制令）。

信义义务：信托

我们现在转而讨论衡平法保护个人利益、控制它所认为的权力滥用的几种方法；它们或是通过对关系中的一方的活动自由加以限制（信义），或是控制他/她的决策过程。读者会记起，我在本书第二章中提出，法院在司法审查中控制公共或国家权力行使的管辖权和司法审查的依据来自于普通法和衡平法：所以这一话题和我们所阐述的没有严格公私之分的论点有关。

芬恩提出："首先，信义法的关注点在于为了关系中另一方的利益，向一方强加可接受行为的标准，以使后者对保持前者的利益负有责任。这并不独特。第二，也同其他法律一样，它通过禁止一方对他的地位所给予或已经给予他的权力和机会的、可能与其责任不一致的行使来实现这一点。"[94] 所以，"信义关系最终是被强加的，而不是被接受的。如果需要作一个类比，这与侵权而非合同更接近；这关乎强加行为标准"[95]。可以带来信义义务的关系

[92] *Samuel and Rinkes* at pp. 306 - 308.

[93] ［1936］ 2 KB 468.

[94] P D Finn 'The fiduciary principle, in T G Youdan (ed) *Equity, Fiduciaries and Trusts* (1989) at p. 2.

[95] Op cit at p. 54.

非常丰富，包括合同关系、信托人和受益人的关系和其他未必基于合同的关系（如获得保密信息的情况）。信义义务来自于公共政策，是一种对受欢迎的社会行为的观点。[96] 实际上，这代表了一种对权力行使的审慎利他主义进路。

信托只是各种信义关系中的一个例证。它很好地展现了衡平法如何向有权者强加义务，并以与司法审查非常相似的方式控制决策。信托法背后原本的理据是“被告人导向”的，即这样一种顾虑：如果为了他人利益而转让的土地的法律所有权人为了他自己的利益持有土地，则这是不道德或显失公平的。信托起源于大法官干预或控制使用和稍后的信托的权力：如果受托人未能执行信托，则法院必须可以执行之。[97] 从现代公法律师的视角来看，就一个人已经获益的信托而言，更快进入脑海的理据应当是受益人可以合法期待持续获得利益，所以停止支付的决定可能是反复无常的。这一观点反映在罗伯特·沃克法官（Robert Walker J）在斯科特诉国家信托（*Scott v National Trust*）案[98]的评论中：

> ……如果（例如）受托人（不管是慈善、养老金还是私人家庭信托）在过去10年里每季度都付给一个老者（贫困的信托受益人）1 000英镑，那么至少可以争辩说没有任何合理的受托人会未经警示，也未给受益人机会以说服受托人继续支付或至少暂时地继续支付。受益人对于继续支付没有法律或衡平权利，但她/他有一个期待。所以我倾向于认为合法期待在信托法和司法审查案件中都有一席之地……[99]

---

[96] Op cit at p. 27. 亦参见 P D Finn ‘Fiduciary law and the modern commercial world’ in E McKendrick (ed) *Commercial Aspects of Trusts and Fiduciary Obligations* (1992)。

[97] *Re Baden's Deed Trusts* (*McPhail v Doulton*) [1971] AC 424.

[98] [1998] 2 All ER 705.

[99] At 178.

一般原则

受托人行使义务和裁量权的原则已非常确定，但我会在这里对它们加以概括，以提出其与其他司法监督权（特别是司法审查）中的决策原则的相似和不同。[100] 一般而言，受托人不得从信托中获益，他们必须根据信托条款向受益人分配，为了受益人的利益而非根据奇思怪想行使裁量权（这一般是指受益人的财务利益[101]）。他们必须以对所有受益人公正的方式管理信托。[102] 受托人有义务不授权他人行使权力，除非他们有权这么做。[103] 在就信托财产进行投资的决策中，受托人必须谨慎行事，并考虑对基金进行分散投资的适当性和需求。[104]

信托中的司法监督权：合法性和合理性

司法审查和私人信托法的一个相似之处在于：法院对于裁量性决策（如裁量性信托的受托人的决策）具有司法监督权。就司法审查而言，如诺布尔斯（Nobles）所指出的，并不存在有关管辖权行使的单一标准："然而，有一系列法院可以考虑的标准，而这取决于信托规则和规则被解释的情境。这些义务涵盖了为了受益人的最佳利益行事的义务和善意行事的义务。在此之间是不得违反其目的行使权力的义务、在不同受益人之间无偏私行使裁量权的义务，和不以反复无常或完全不合理方式行事的义务。"[105]两类

---

[100] 关于对受托人义务的概括，参见 Robert Walker J in *Scott and anor v National Trust* [1998] 2 All ER 705。

[101] *Cowan v Scargill* [1984] 3 WLR 501，Sir Robert Megarry VC.

[102] 参见，例如，*Cowan v Scargill*，supra，at 513。

[103] *Re Hay's Settlement Trusts* [1981] 3 All ER 786. 注意 1998 年的 Trustees Delegation Bill 提出同意进一步授权。

[104] 1961 年《受托人投资法》，第 6（1）条。

[105] R Nobles *Pensions*，*Employment and the Law*（1993）at p. 65.

管辖权行使的基础显然是相似的，并给行使权力人强加了审慎利他主义义务。

权力必须被用来实现它们之所以被授予的目的，而不是间接的保证其他目的（“权力欺诈”义务）。受托人可能有权考虑受益人的意愿；因此，如果受益人想要符合伦理的投资政策（例如避免投资烟草公司），受托人遵循这一意愿可能是符合受益人的最佳利益的。[106] 但情况并不总是如此，而首要的义务是促进财务利益。受托人可能自己采取符合伦理的投资政策，但只有在其不危害财务利益时才被认为是恰当的。[107]

在裁量性信托中行使信托权力的受托人有权向部分类别而不是全部受益人分配，也有权作出不平等的分配：他们对这些问题拥有裁量权。在行使裁量权时，受托人（作为信义义务人）不得以反复无常或者超出信托允许范围的方式行事，他们必须在受益人之间保持公平并考虑所有相关因素。[108] 如果裁量性信托的受托人未能考虑行使裁量权的事项，或者未恰当理解相关事项即行事，或受他人（例如信托创立人或他的律师）指示，那么裁量权的行使是无效的。[109]

如果法院自己将行使权力或裁量权，则就权力而言：虽然受托人可能并通常负有信义义务以考虑是否或如何行使权力，法院通常不会强迫其行使权力。但如果受托人越权或被证明以反复无常的方式行使权力，则法院将会介入。[110]

对于信托权力，立场则有所不同：如果受托人不行使该等权力，法院将会以最符合信托创立人或立遗嘱人意愿的方式行事。例如，法院可能通过指定新的受托人或亲自指示受托人分配来实

---

[106] *Cowan v Scargill*, supra, at 514.

[107] *Harries v Church Comrs for England* [1993] 2 All ER 300.

[108] *Re Baden's Deed Trusts* (*McPhail v Doulton*) [1971] AC 424, per Lord Wilberforce.

[109] *Turner v Turner* [1984] Ch 100.

[110] *Re Baden's Deed Trusts* (*McPhail v Doulton*) [1971] AC 424, per Lord Wilberforce.

现这一点。[⑪]

理查德·斯科特先生（Sir Richard Scott）在埃奇诉养老金监察专员（*Edge v Pensions Ombudsman*）案[⑫]中对受托人的司法监督权作了如下概括：只有在受托人“考虑了无关、不当或不理性因素时，或者作出了任何恰当行事的合理受托人都不可能作出决定时”，法官才能介入。[⑬] 这里有意援引了温斯伯里案。

信托中的程序恰当性

就信托中的程序公正性义务而言，从原则上讲，受托人在行使可能对受益人产生不利影响的裁量权时并没有咨询的义务。然而，在斯科特诉国家信托案[⑭]中，罗伯特·沃克法官表示，虽然受托人不负有在决策前提供听审的一般性义务，受益人可能合法期待裁量性的利益，他将被继续给予；如果受托人考虑（至少暂时）终止支付，受益人可能在衡平法上有权获得警示和试图说服受托人继续支付的机会。如果没有这样做，则可能构成受托人的“反复无常的”行为。在这里，我们有衡平法中萌芽期的自然正义和理性义务。在信托法中，就作出可能对他人造成不利影响的决定前进行咨询的义务有一个少见的例证，这是由1996年《土地信托

⑪ *Re Baden's Deed Trusts* (*McPhail v Doulton*) [1971] AC 424, per Lord Wilberforce.

⑫ [1998] 2 All ER 547, Sir Richard Scott V-C.

⑬ 养老金法是信托和合同法以及成文法规的混合，而衡平法的一些基本原则在养老金方面作出了修改：例如，1995年的《养老金法》推翻了受托人不得以导致其个人利益与其对他人所负的义务相冲突的规则，从而使员工代表可以成为受托人。然而，判例法提出了其与司法审查的一些相似性。在 *Edge and Ors v Pensions Ombudsman and another* [1998] 2 All ER 547案中，养老金受托人针对养老金行政监察专员有关受托人修改养老金计划违反信托的决定提起上诉。副御前大臣决定行政监察专员无权决定撤销修改契据。虽然法院对于这类决策确有司法监督权，法院或养老金行政监察专员均不能仅仅因为他/她认为受托人行使裁量权的方式不公正就加以干预：同上 at 568. 在 *Cowan v Scargill* [1984] 2 All ER 750案中涉及的是养老金投资政策的问题，法院认定“受托人有义务为了信托的现在和将来受益人的最佳利益行使其权力……”，at 760。

⑭ [1998] 2 All ER 705 at 718.

法》第11条规定的。根据该条款，在土地信托中，存在有限义务咨询占有利益的受益人。

除此之外，还有与司法审查中的程序正当性要求相似的其他义务。受益人有权获得信息，以使他们可以确定信托是否被正确管理；他们有权看到信托账户，了解信托资金的投资情况，并查阅文件等（虽然受托人之间有关行使裁量权的讨论文件是受特权保护的）。法院可能判令受益人可获知受托人的身份，以便他们行使这些权利。[115] 但受益人无权获知受托人决定的理由或解释，虽然如果在法律程序中，受托人的决定受到质疑，他们可能不得不披露他们的理由。[116]

强制执行受托人义务

司法审查和信托的一个不同之处在于：法院可能自行执行信托，并用它自己关于应做之事的观点代替受托人的观点。所以，例如，如果受托人未能履行考虑是否和如何行使裁量权的义务，受益人可能寻求法院帮助，而法院将采取任何看起来恰当的行动：法院可能委任新的受托人，或运用平等即衡平的法律格言，认定财产应当平均分配（虽然这经常并不恰当或有违信托创立人的意愿），或法院也可能自行指示信托权力应当如何行使或财产应当如何分配。[117]

对于违反信托的救济措施可能包括账目令、禁制令、衡平损害赔偿[118]和信托追溯。如我们已经指出的，如果受益人预期违反信托，他/她可能向法院提出申请。受托人也可能向法院申请指示。

---

[115] *Murphy v Murphy* [1999] 1 WLR 282.

[116] 参见 Robert Walker J in *Scott v National Trust*, supra at 718 - 719，援引 *Dundee Hospitals* case [1952] 1 All ER 896 at 900，per Lord Normand。

[117] *Re Baden's Deed Trusts* (*McPhail v Doulton*) [1971] AC 424.

[118] 同违约一样，普通法上的损害赔偿裁决是一种单独和独特的救济措施，而不存在于违反信托中。1981年的《最高法院法》第50条规定了衡平损害赔偿；参见本书第九章关于救济的讨论。

与司法审查的对比

有关信托中裁量性决定的要求明显与合法性义务和格林法官在温斯伯里案中就公法而强加的合理性义务非常接近。[119] 这并不令人惊讶，因为格林法官曾是一位卓越的信托和衡平律师，而且在构建温斯伯里案中的审查依据时或许有意借鉴了衡平法原则。[120]

所以，在司法审查中，公共决策者也有不自私/利他主义的义务[121]；公共决策者的行事方式必须符合他们的权力来源（通常是议会）的意愿（体现在授权立法中）[122]；他们不得以反复无常或“温斯伯里式不合理”的方式行事，也不得为诡秘或不当的目的行事[123]；他们必须考虑相关因素，且不得被无关因素所影响；他们可以考虑伦理道德因素，只要他们不会因此违背他们职能的整体目的[124]；他们必须以开明的方式行使裁量权[125]；他们不得将裁量权授权他人[126]或束缚他们的裁量权。[127]

在信托法中，受益人没有被咨询的权利，这与司法审查中的立场形成了对比。在司法审查中，那些预期会被决定造成不利影响的人士一般有权获得公正程序，以获得一些保护。[128] 然而，信托法中受托人不得从信托中获益的规则与司法审查中反对偏见的规

---

[119] 参见本书第五章。

[120] [1948] 1 KB 223，CA.

[121] 参见，例如，*Padfield v Minister of Agriculture* [1968] AC 997。

[122] 参见本书第二章的讨论。

[123] 参见 *De Smith*，*Woolf and Jowell* chapter 6，esp paras 6-059-6-083。

[124] *R v Somerset County Council*，*ex p Fewings* [1995] 3 All ER 20，at pp. 28，31，34，CA；cf *Roberts v Hopwood* [1925] AC 578.

[125] *British Oxygen Co v Ministry of Technology* [1971] AC 610.

[126] *Lavender (H) & Son Ltd v Minister of Housing and Local Government* [1970] 1 WLR 1231. 有关司法审查中裁量权的行使，一般性地参见 De Smith，Woolf and Jowell（*Judicial Review of Administrative Action*）(5th edn，1995) chapter 6。

[127] 参见 De Smith，Woolf and Jowell *Judicial Review of Administrative Action* (1995) chapter 11。

[128] 一般性地参见 *De Smith*，*Woolf and Jowell*，chapters 7-12。

则相互对应。[129] 而且，如我们已经指出的，查阅文件和获知受托人身份的权利可能在实践中被认为是程序适当性或自然正义的要求，虽然远不及司法审查中的义务发达。

就强制执行和救济而言，在司法审查中，与信托的立场所不同的是，法院用其自己的决定替代决策者的决定会被认为是不民主的对权力的侵犯。司法审查的基础是公共机构将遵循法院推翻或重新作出决定的命令，而如果他们不这么做的话，法院就蔑视[130]法庭行为可行使的管辖权将提供充分的救济。这里，信托和司法审查之间有明显的区别。

信托中和司法审查中关于裁量权的行使规则相对应特别重要，这体现在六个方面。第一，它们表明，适用于司法审查中的决策的规则并不特别"公共"，所以把这些权利描述成"公法权利"并不准确（迪普洛克法官在奥赖利诉麦克曼案中看似如此描述它们）。第二，它们展现出，公正和理性/审慎决策的义务根植于衡平法和普通法中。[131] 这只是控制权力（不限于公法）的法律框架的一部分。第三，信托中的决策义务是由衡平法强加的，而不是或不只是来自于信托创立人的意愿、信托条款或者当事人的协议：换言之，衡平法为决策中不以类似于立法意图的概念或者当事人同意为理由的义务提供了例证。[132] 它们被强加是出于正义，所以支持了这样的观点：这与法院为享有权力者强加义务的原则或传统并不冲突。第四，决策中的这些义务对于保护安全或其他利益受到决策威胁的个人而言是恰当的，对于基于公共政策控制权力行使的一般性目的（包括避免权力滥用和使权力的创立者或施予者的意愿受挫）也是恰当的。第五，在私法中，如同在公法中一样，存在利他主义义务。最后，在衡平法和公法中，存在负责利他主

---

[129] 参见 *De Smith, Woolf and Jowell* chapter 12。

[130] 参见 *M v Home Office* [1994] 1 AC 377。

[131] 关于合法、公正和理性义务的普通法根基，参见本章以及本书第五章和第十章的讨论。

[132] 参见本书第二章关于司法审查中立法意图和越权原则的讨论。

义的民主（在衡平法中是“公民民主”）要求和在某种程度上的参与社群主义标准。

公司法

公司董事负有的义务与司法审查强加的义务具有相似性。这里的权力关系取决于谁受到董事决定的影响。实际上，通过公司章程中所包含的合同和他们的雇佣合同，董事对于公司的财产及其一般行为具有控制力。公司成员（及股东）因其持股而产生的安全取决于董事。董事的决定也影响公司员工的安全和身份。

篇幅所限，这里不能详细探讨董事的义务。[133] 就现在的目的而言，关注于其与司法审查和其他司法监督权的对应性就足够了。但是首先说一下显著的区别：在司法审查中，并没有与股东大会在法律上（而非政治上）[134] 相对应的内容；一般而言，董事并未被强加程序适当性义务[135]；董事并不负有同公共决策者和受托人一样严格的利他或无私义务。

一般原则

董事义务的来源很多样，包括衡平法、成文法和普通法。在衡平法中，董事并非公司财产严格意义上的受托人[136]，但他们与受托人的相似性体现在他们对公司（而不是其个人成员）负有信义

---

[133] 关于完整的解释，参见 P Davies Gower's *Principles of Modern Company Law*（6th edn，1997）（henceforth *Gower*）chapter 22. 亦参见 Mrs Justice Arden 'Codifying directors' duties' in R Rawlings（ed）（*Law*，*Society and Economy*）（1997）pp. 91－108。

[134] 部长和地方当局被认为对国会和选民负有政治责任：这是否股东大会的政治对应物?

[135] 参见 *Andrews v Mitchell*［1905］AC 78；*Weinberger v Inglis*（*No* 2）［1919］AC 606。

[136] *Gower* at p. 598.

义务。[137] 其结果是，他们必须各自为了公司利益善意行事（受制于他们作为股东的利益和公司章程），而不是为了他们自己（自我交易规则）[138] 或第三方的利益。

如果就董事是否违反了对公司的义务存在问题，法院会行使司法监督权：法院认定应当由董事而非法院考虑什么是符合公司利益的。董事必须考虑一项交易事实上是否符合公司利益（如果董事未能这样行事，则交易可能被认定对公司不存在约束力[139]）。一些事项被认为与决策相关：董事必须考虑股东的利益，而其后果是如果董事也恰是股东，他也可以考虑一些自身利益。所以，他们“不被法律要求在超然利他主义的虚构区域生活，或出于理想抽象的模糊情绪行事，而不顾任何诚实和有才智的人在行使董事权力时会考虑的明显现实”[140]。根据 1980 年的《公司法》第 309 条，董事也有义务一般性地考虑公司雇员和成员的利益。这一义务可以作为对公司所负的信义义务而得到强制执行［第 309（2）条］，而因此不能被雇员强制执行。

董事必须为了他们被授权的目的而行使权力，而不能为了不当目的行使权力。不当目的包括促进与公司整体利益相反的董事自身利益。[141] 确定正当目的的标准是从章程中提炼出的目标，这方面与司法审查中的“合法性”基础具有可比性。

董事不能一般性地束缚他们将来的裁量权，而他们必须独立作出判断。[142] 然而，这不能妨碍他们签订合同，同意将来采取进一步行动来执行合同。然而，在合同之外，反对束缚裁量权的规则仍然适用；例如，如果董事给予股东以建议，而就此事项股东有

---

[137] *Gower* pp. 599－623. *Percival v Wright*［1902］2 Ch 421.

[138] 参见 *Movitex Ltd v Bulfield*（1988）2 BCC 99，403，Vinelott J。

[139] *Gower* pp. 601－605；*Re W & M Roith Ltd*［1967］1 WLR 432.

[140] *Mills v Mills*（1938）60 CLR 150，Australian HC，quoted by Gower op cit at p. 602.

[141] *Gower* pp. 605－608.

[142] *Gower* pp. 608－610.

权未来作出决策，则董事不得就此束缚其裁量权。[143]

最后，就衡平法中的义务而言，从原则上来说且除非章程另有规定（章程通常都另有规定），董事不得把自己放在其个人利益或对他人的义务与他们对公司的义务相冲突的位置上，除非公司对此知情同意。[144]

衡平法上的义务就是这些。在普通法上，董事在广义上对公司负有客观的注意义务，而这在侵权法上是可强制执行的。[145]

董事的形式义务与公法中决策者的义务有很多的相似性，而本书下一节中将讨论这些相似性。然而，这一事项的现实情况在某种程度上是不同的，因为大多数股东决定公司是否应当对董事提出追诉，而大多数股东通常不希望这么做。[146] 然而，根据 1985 年的《公司法》第 459 条，可以提起申诉，主张公司的运作方式“不公正地伤害”了申诉人（通常是大多数股东）。

如果就董事违反义务提起诉讼（这很少发生），则救济包括禁制令或预期违反的声明，损害赔偿或赔偿、恢复公司财产，撤销合同、交出利润和股东的即决撤职。[147] 鉴于与违反普通法或衡平法强加的义务的救济相关的法律的复杂性（将在下一章中讨论），高尔（Gower）提出：“损害赔偿是对违反普通法注意义务的适当救济；赔偿是同等的衡平救济，用以针对受托人或其他信义义务人，以迫使归还因其违反信义义务而遭受的损失。在实践中，两者之间的区别已变得模糊，而试图区分它们很可能也没有任何意义。[148]”

---

[143] *John Crowther Group plc v Carpets International* [1990] BCLC 460；*Gower* at p. 609.

[144] *Gower* pp. 610 - 623.

[145] *Gower* pp. 640 - 644.

[146] 参见 *Foss v Harbottle* (1843) 2 Hare 461，67 ER 189；*Smith v Croft* (*No* 2) [1987] 3 All ER 909，Knox J。

[147] *Gower* pp. 649 - 654.

[148] *Gower* at p. 649.

与司法审查的对比

这些点在司法审查中都有有趣的（且至少是形式上的）对应物。我们将在这里简要强调一下。在一些案件中，在地方政府中，公共决策者同公司董事和受托人一样，可能被认为与他们的公众（政务委员会纳税人）之间具有信义关系。[149] 另一个接近的对应物是“公共”决策者不得为了自身利益行事[150]，而且必须是利他的。在公司法中，与公法中决策者无偏私及为了公共利益和符合授权立法目的[151]的要求对应的要求是：他们必须为了公司利益且依据章程行事。

与董事相似，公共决策者必须在涉及他们权力的领域中善意和为了正当目的行事。在司法审查中，利他主义义务是严格的，且可能涉及反对偏见的规则。这带来的另一个后果是，大臣不得受到任何不受欢迎的决定可能吸引的政治抨击的影响。[152] 对董事而言不是这样。然而，正如董事的无偏私义务存在例外（即当他是股东的情况）一样，在公法中，大臣可能作出有利于他所承诺的政策的决定[153]（对此他/她不是无偏私的），甚至可能认为让他/她自己的党派继续掌权符合公共利益。[154]

在公法中，成文法条款可能澄清特别的地方性利益与特定决定有关（例如，强制购买中的财产所有权人利益和规划案件中的邻里利益）。类似的，1985 年的《公司法》规定董事决定必须考

[149] 参见，例如，*Bromley London Borough Council v Greater London Council* [1983] 1 AC 768。参见 *De Smith*，*Woolf and Jowell* para 6-096。

[150] 关于反对偏见的规则（nemo iudex in causa sua），参见 *De Smith*，*Woolf and Jowell* chapter 12. 关于为不当目的行事，参见 op cit paras 6-059-6-083；关于束缚裁量权，参见 op cit，chapter 11。

[151] 参见 *De Smith*，*Woolf and Jowell* paras 6-059-6-084。

[152] *Padfield v Minister of Agriculture* [1968] AC 997，HL.

[153] *Franklin v Minister of Town and Country Planning* [1948] AC 87，HL.

[154] *R v Waltham Forest London Borough Council*，*ex p Baxter* [1988] QB 419.

虑雇员利益。成文法也就什么是公法中的正当目的提供了指引。[155]

同公司法一样，公共决策中的裁量权不得被束缚[156]，虽然在公法中，有关可能减少将来自由决策范围的合同的立场是复杂的。(王室签订的合同不会被解释为受制于排除为了公共之利行使一般裁量性权力的默示条款，而会被解释为包含有这些权力仍可行使的默示条款。[157] 但“如何和在哪里划界不甚清晰”[158]。) 总而言之，公司法中有关董事的规则体现了多数决和审慎利他主义管治理论的元素，这与公法具有对应性。

就救济而言，至少在形式上存在和违反董事义务的救济的清晰对应，这体现在司法审查中可以获得的禁制令和声明中。在实践中，司法审查中的调卷令、禁审令和执行职务令实现了声明和禁制令的诸多功能。然而，同在信托中一样，司法审查中没有赔偿裁决的对应物（受限于本书第十一章中关于救济所阐述的观点）。然而，在现实中，大多数股东可以阻碍针对董事的诉讼，而救济也只是形式上或理论上可得的。

如前所述，雇员不能基于1980年的《公司法》第309条强迫董事考虑雇员利益的义务，而这与司法审查中的出庭权立场（授权具有“充分利益”的人士申请司法审查，通常包括因违反将其利益考虑在内的义务而受到不利影响的人士形成对比）。[159]

有关董事义务的法律和司法审查之间具有强烈的对应性，这与和信托的对应性很相似。它们体现出：决策中的义务可能是被衡平法强加的，这样的义务不需建基于越权原则或立法意图，温斯伯里案所确立的义务在性质上并不是公法所独有的，而是根植于衡平法（因此是私法），而它们倾向于保护个人（如股东和雇

---

[155] *Padfield v Minister of Agriculture*, and De *Smith*, *Woolf and Jowell*, supra.

[156] 参见 *De Smith*, *Woolf and Jowell* chapter 11。

[157] *De Smith*, *Woolf and Jowell* p. 518.

[158] *De Smith*, *Woolf and Jowell* para 11-014; *Ayr Harbour Trustees v Oswald* (1883) 8 App Cas 623; *Rederiaktiebolaget Amphitrite v R* [1921] 3 KB 500.

[159] *De Smith*, *Woolf and Jowell* chapter 2.

员）。然而，这些规则也表明，有关起诉权的规则对保护利益是多么重要——这体现在雇员不能强制执行董事对其负有的考量义务的事实中。在实践中，只有公司（由可能不愿起诉董事的大多数股东控制）可以强迫董事履行义务。

结　论

我们关于私法中对众多责任所基于的理据或理由的分析旨在表明，法律是如何认可我们已经指出的对个人在其与其他私当事人或机构的关系中（特别是但不限于存在权力不平衡时）的共同价值的重要性，并试图将其民主化。在这一重要方面，公法和私法从事的是共同的事业。

我在本书第三章中所提出的公法和私法所建基的共同价值与私法中的管理必要性或管理便利考量之间经常存在冲突。例如，当涉及公司董事义务时，法院将尊重董事就管理作出的判断[160]；与此相似，在雇佣法中，法院将管理特权授予雇主。[161] 这些案件与司法审查中为了良好管理利益所赋予的特权（如果那些利益如此表明，则法院可能拒绝给予救济）和可司法裁量性（这可能导致法院拒绝干预）具有很强的对应性。

本书第二章提出，法院长久以来主张和行使广泛的管辖权以纠正错误，并对伤害给予救济：在法院认定存在需要救济的错误或伤害的情况下，作为其基础的事实是原告就五项价值的利益被权力行使所伤害。普通法、衡平法和成文法条文日渐给拥有对个人的权力者强加以这样的责任，要求在行使裁量权时考虑他们的

---

[160] 参见 *Howard Smith Ltd v Ampol Petroleum Ltd* ［1974］ AC 821 at 835：“确定了……（董事分配股份的权力的）性质且在现代条件允许的情况下确定了一些权力行使的一些界限后，如果特定的权力行使遭到质疑，则法院有必要审查权力行使的实质目的和就该目的是否正当得出结论。要这么做，就有必要归功于董事的善意观点；如果能够确定这一点，则要尊重他们就管理事务作出的判断；这之后，最终结论必须是有关案子落在一条相当宽的界限的哪一边。”

[161] 参见本书第六章。

利益，而使权力行使受到法院控制。

因此，公民民主理论在私领域中得到发展，私人机构和组织对它们的公民伙伴负有审慎义务，无论牵涉的是审慎行为（如在过失行为和其他侵权中）还是在一些合同关系、信托和公司法中的审慎决策。这些义务在不同程度上反映出参与社群主义和负责利他主义民主模式，并支持这里所提出的观点，即在公法和私法相分离的基础上运作是不现实的。

第九章

私法 2：公共政策和公私之分

本书第四章指出，在奥赖利诉麦克曼案的判决之前，并不存在尖锐的公私之分，而普通法和衡平法已经在各类案件中发展出原则和救济以保护个人免受程序不公或不理性的决策。在之前的章节中，我们看到侵权和其他私法如何将审慎行动和决策的义务强加于私人机构。在本章中，我们将我们的考虑范围进一步延伸，以考察在司法审查之外，诸如将合法性、公正性和理性的更高义务如何强加于决策者，以及行动中的审慎（合理性和利他主义）义务如何强加于活动以影响个人利益或公共利益的掌权者。我们将探究基于公共政策延伸这些义务的范围，并考虑违反义务的救济和民主理论在私法的位置的含义。

垄断和公共服务

普通法关于行使垄断权力的机构或提供对于公共成员重要的服务的机构的立场展现了审慎义务可能在司法审查之外被强加于私人机构。普通法长期承认，作为公共政策，特别义务应当被强加于“公共职业”者，如小旅店老板、公共承运人和摆渡者。这些义务的依据是特定服务是提供给公共成员的必需品。从事这些职业的自然人或公司有义务服务所有光顾者，并只能就他们的服务收取合理价格。[1] 实际

---

① 参见 B Wyman ‘The Law of the Public Callings as a Solution of the Trust Problems’ XVII Harvard Law Review（1903 - 1904）156；N Arterburn ‘The Origin and First Test of Public Callings’ 75 U Penn LR（1926 - 27）411；A W B Simpson *A History of the Common Law of Contract：The Rise and Rise of the Action of Assumption*（1975）at p. 230；关于一个例证，参见 *Harris v Packwood*（1810）3 Taunt 264。亦参见下书关于此话题的讨论：M Taggart *Corporatisation，Privatisation and Public Law*（Legal Research Foundation，1990）at p. 29；P P Craig［1991］Public Law 538。

上，这些服务的个人提供者对于潜在客户负有不歧视义务和理性义务，而违反这些义务最初会带来普通法上的诉由。[②] 这一点很重要，因为很容易假设在针对私有化公用事业（公共职业今天的对应物）的诉讼最宜通过司法审查提起，理由是它们在某些方面是“公共的”而私法诉讼要么不恰当要么不可得。然而，根据公共职业原则，法院允许依据类案诉讼或对侵害之诉提起民事诉讼。所以，举例来说，伦敦和西北瑞里公司董事诉埃费谢德（*Directors of the London and North Western Rly Co v Evershed*）案[③]是一个金钱之诉，被告铁路公司为原告运送货物但收取了歧视性价格，这违反了成文法条文。布莱克本法官（Lord Blackburn）表示，他可以获取补偿的方式，如同不合理收费勒索了金钱一样，而这样就可以提起普通法之诉。在一个少有的相对晚近的案例——康斯坦丁诉皇家酒店（*Constantine v Imperial Hotels*）案[④]——中，原告是著名的西印度板球运动员，他成功就酒店歧视性拒绝入住提起侵权之诉，这构成对公共职业义务的违反。

从事公共职业的人士经常受到我们现在认为的公司化的自管治专业机构的控制。可以在法院提出这些机构规制这些职业之方式的合法性问题（例如，通过就机构强制执行其规则或规章的诉求提出答辩）。在伊普思威奇·泰勒斯（*Ipswich Taylors*）案[⑤]中，伊普斯维奇裁缝公司认为一个叫威廉·舍宁格（William Sheninge）的人违反规则并声称要罚款。他们提起了债权之诉以收取罚款。法院认定，裁缝们制定的规章未受成文法授权，而它们与普通法相反，因为他们（裁缝们）声称要限制被告进行贸易。良好秩序与对贸易和手艺人的管理而订立的规章是好的，但限制一个人合法贸易的规章则是坏的：“……在普通法上，没有人可以

② 参见 B Wyman，op cit at p. 158。

③ （1877－78）3 App Cas 1029.

④ ［1944］1 KB 693，Birkett J.

⑤ （1614）11 Co Rep 53a，77 ER 1218.

被禁止从事合法贸易……普通法厌恶所有禁止从事合法贸易的垄断。"[⑥]所以裁缝们提起的诉讼（私法债权之诉）失败了。实际上，他们无权以任意和纯粹自私的方式行事，以促进公司成员自己的利益。他们对于个体商人负有审慎义务（某种程度上的利他主义），而普通法保护商人免受管制权力的压迫性滥用。

在奥纳尔特诉英格利斯（*Allnutt v Inglis*）案[⑦]（一起侵权案件）中，涉及的问题是伦敦船坞公司（该公司经国会许可拥有收取特定葡萄酒的垄断权）是否可以合法地拒绝不付费用的船主使用码头。公司诉讼的依据是其作为码头土地所有权人有权决定谁可以使用码头。但法院认定，在这一案件中，"私人财产与公共权利相关"[⑧]。法定垄断不只是为了公司的利益而授予的，而是为了公共利益。所以，公司不能自由强加任何费用，而必须合理行事。原告有权就他们因不能存储货物而不得不支付关税和失去本应得到的利息和利润，以及货物被长期置于仓库之外并受到损害而遭受的损失获得补偿。这里，普通法的保护超过伊普思威奇·泰勒斯案（在该案中，滥用权力是债务之诉的一个答辩理由），而给了"受害者"一个就滥用权力寻求损害赔偿的诉由。

如伦敦霍纳公司（*Case of the Company of Horners in London*）案[⑨]判决所示，在自管治机构作为当事人的案件中可以获得王权令状。在这一案件中，王座法庭颁发了调卷令以"调取案卷"，目的是在良知要求时修改记录。[有必要停下来指出，与司法审查中现在的立场的对比；王权令状不适用于自管治机构（如赛马会），而只适用于司法审查申请。[⑩] 霍纳公司案之所以重要有两个原因：一方面，公司被认为受制于王权令状；另一方面，与此相伴的是普通法法院控制其活动的权力。[⑪]]

⑥ （1614）11 Co Rep at 54a.

⑦ （1810）12 East 527.

⑧ 同上，at 542。

⑨ （1642）2 Roll Rep 481.

⑩ 参见本书第四章和第五章及下文中的讨论。

⑪ 在美国，执行职务令曾经并且仍然可以针对公共职业获得。

大约与公共职业法律发展同时，普通法将对类似的控制延伸至向一般公众提供服务的、享受法律或事实垄断的个人或公司。[12]（公共职业当然不是垄断，虽然它们是很重要的公共服务。）法院将特定的垄断（特别是港口、港湾和码头服务[13]）视作“受到公共利益影响的业务”，并为了公共利益规制它们，要求它们以合理价格且不歧视的方式服务于公众。[14] 这种管制制度在英国已废弃不用[15]，并已大体被成文法规或公共所有权所取代。

马修斯·黑尔先生强调说，如果码头由君主许可或是港口唯一的码头，则其就是“公共”的；在这种情况下，“义务必须是合理和有节制的”，因为码头“关涉公共利益”，所以不只是“私权的”[16]。重要的是，两个不同的考虑因素（政府许可或事实垄断权力）共同导致了这样的结果：所有权人仅以其自身利益行事的权利受到限制，虽然所有权人在其他方面可能是行使私人自利职能的纯粹私人组织。

第三，普通法发展出了“主要必需品”原则：对“主要必需品”拥有实际垄断的供应者负有默示的义务，应将必需品提供给所有需要它们并愿意支付公正合理价格的人士。[17] 在现代私人所有的公用事业（煤气、水电、通信、铁路服务）和它们对公共的服务提供中，这一管辖权被诸如通信办公室（Oftel）、燃气供应办公室

---

⑫ M Taggart *Corporatisation, Privatisation and Public Law*（1990）at p. 29. 亦参见 Taggart *The Province of Administrative Law*（1997）at pp. 6－8。

⑬ 参见 P Craig ‘Constitutions, property and regulation’［1991］Public Law, 538；M Taggart *Corporatisation, Privatisation and Public Law*（1990）；*De Smith, Woolf and Jowell* at paras 3－11，3－1；A W B Simpson *A History of the Common Law of Contract*: *The Rise of the Action of Assumpsit*（1975）*Harris v Packwood*（1810）2 Taunt 264；McAllister ‘Lord Hale and Business Affected with a Public Interest’（1929－30）43 Harvard LR 759。

⑭ 参见 McAllister，‘Lord Hale and Business Affected with a Public Interest’（1929－30）43 Harv LR 759。

⑮ 与美国的情况相对比：参见 *Munn v Illinois* 94 US 77（1876）。

⑯ Hale *Tracts* pp. 77－78.

⑰ 参见 *Minister for Justice for the Dominion of Canada v City of Levis*［1919］AC 505，PC；并参见 Taggart *The Province of Administrative Law* at p. 7。

(Ofgas) 之类机构的成文法规所取代；这些成文法规控制了它们提供给公众服务的条款和收取的费用。在适用于它们的法律制度中，经常有明确的公法或公共政策元素。[18] 对垄断的潜在滥用部分被竞争和替代供应来源所减少（例如，用于加热的煤气和电）。但如果监管失败，仍有可能求助于普通法管辖权以对付监管者和公用事业供应商。[19]

概而言之，普通法具有基于公共政策的管辖权，以规制行使私人职能但对特定个人和一般公众有重大影响的机构的活动。这些受规制的活动本身并不被认为是公共或政府性的，虽然其中一些“影响公共利益”。它们可能受制于侵权责任和法院的司法监督权（要求服务提供者以合理和不歧视的方式行事）。[20] 这些普通法管辖权在关于公共职业等方面仍然存在；它们有可能在公用事业和其他垄断方面复兴。

重要的是，普通法强加于公共职业的不歧视和合理性义务并不建立在合同的基础上。如果它们这么做，则可能通过合同中的默示条款达到类似的结果。管辖权也不建基于成文法。它在本质上是普通法法院发展出的公共利益管辖权。法院认为它们自己有权将利他主义和公共服务义务强加于服务提供者——个人的审慎义务和对他们市场活动的限制，从而促进法院所认为的公共利益。这一管辖权可能被认为是普通法法院权力的一个例证。爱德华·科克先生在巴格案[21]中阐明了这一点：“为了在司法之外纠正……错误和轻罪，倾向于……压制臣民或……任何不良治理；因此不能做任何或公或私的错事或伤害，而它们应当（在这里）通过适

---

⑱ 参见 Sir Gordon Borrie ‘The regulation of public and private power’［1989］Public Law 552。

⑲ 参见 M Taggart，op cit，(1990) at p. 30：“可以想象，随着行使支配性市场权力的‘公共公用事业’的私有化，这些古老的普通法原则可能复兴。”

⑳ 对比美国有关被公共利益影响的雇佣合同的判例法：Karl E Klare ‘The Public-private Distinction in Labor Law’ (1982) 130 U Pa LR 1358 at p. 136（如本书第六章所述）。

㉑ (1615) 11 Co Rep 93b，77 ER 1273. 参见本书第二章对此案的讨论。

当的法律程序被改革或惩罚。”[22]法院在这些管辖权中促进的公共政策包括保护个人在自治、安全和身份方面的利益，有利于保障在非歧视基础上获得必需品（包括服务和产品）的政策，促进贸易和竞争以保障非剥削和非歧视的定价，和避免垄断权力的滥用。

对私人权力的其他控制

虽然现在法院不认为体育监管机构和其他众多行使监管或立法权力的“私人”机构应受到司法审查[23]，但私法上的不歧视和合理性（及程序公正）义务（这与公法所强加的更高阶义务非常相似）被普通法强加给私人机构。除了之前章节考虑的内容外，这也出现在一系列非契约情形中。

劳诉国家赛狗俱乐部案[24]体现了这一点。在该案中，原告是国家赛狗俱乐部（NGRC）的成员，他在衡平分院发出了传唤令，以挑战俱乐部有关他的决定。被申请人答辩称，应当根据《最高法院规则》（RSC）第 53 号令在王座分庭启动法律程序。上诉法院认定，原告有权在衡平分院启动程序，而且可以获得声明这种救济方式。[25] 管辖权的基础首先是合同（法院可以从俱乐部的成员合同中得出默示的公正性或理性义务[26]），其次是公共政策（包括反对限制贸易的公共政策）。我们现在将讨论这一点。

---

[22] （1615）11 Co Rep 93b，98a.

[23] 参见本书第四章。

[24] ［1983］1 WLR 1302.

[25] 所寻求的声明用以决定无效且越权因为（1）它违反了当事人之间的一项默示协议条款，即管理人采取的剥夺原告许可的行动应当是合理和公正的，且建立在合理的依据之上；（2）它限制贸易且有违公共政策。该案的结果尚不可知。

[26] 参见本书第八章关于成员合同的讨论。

限制贸易，内格尔诉费尔登（*Nagle v Feilden*）案与麦金尼斯诉翁斯洛·费恩（*McInnes v Onslow Fane*）案

在司法审查之外强加公正性和理性义务的主要例证是限制贸易。不合理的限制贸易是“错误的”，可能会带来一系列普通法和衡平法上的救济。例如，不合理限制贸易的合同条款无效且不可强制执行。体育或类似组织所作出的限制贸易的决定或采纳的限制贸易的规则是不合法的，而法院可能给予声明和禁制令，以限制这些机构实施不合理限制贸易的决定。[27] 所以，例如，在内格尔诉费尔登案[28]中，上诉法院表示其有管辖权给予声明（即赛马会作出的任意和反复无常的、拒绝允许某女士获得训练师许可的决定是非法的）和要求被告纠正其错误的禁制令。[29]

法院尤其控制两类限制贸易：限制对当事人的利益不合理，及限制对公共利益不合理。[30] 限制贸易案件的举证责任取决于案件是基于私人的还是公共的不合理限制。[31]“证明当事人之间的协议合理性的举证责任归于提出协议的当事方，而证明其在当事人之

㉗ 参见 *Nagle v Feilden* ［1966］ 1 All ER 689；*McInnes v Onslow Fane* 和上文提到过的其他案例。也参见 *Pharmaceutical Society of Great Britain v Dickson* ［1970］ AC 403。

㉘ ［1966］ 1 All ER 689，CA.

㉙ 参见本章稍后关于救济措施的讨论。

㉚ “公众对于每个人的贸易自由都有利益，个人也是这样。所有对个人贸易自由的干预和限制贸易本身（如果没有任何其他的东西）违反公共政策并因此无效。这是一般性规则，但也存在例外：特定案件的特别情形可能将限制贸易和干预个人行动自由正当化。一个充分的（其实是唯一的）正当化理由是：限制是合理的（对相关当事人利益和公共利益都是合理的），即以某种方式规范和保护它，以使被强加限制的人得到充分保护，而同时这不会伤害公众。” Per Lord Macnaghten in *Nordenfelt v Maxim Nordenfelf Guns and Ammunition Co Ltd* ［1894］ AC 535，565。

㉛ *A-G of Commonwealth of Australia v Adelaide Steamship Co* ［1913］ AC 781，795－6；*Herbert Morris Ltd v Saxelby* ［1916］ 1 AC 688.

间合理却违反公共利益的举证责任由提出这样的主张的当事方负担。”[32]

内格尔诉费尔登案[33]和麦金尼斯诉翁斯洛·费恩案[34]为普通法上限制贸易原则的操作，以及对违反公正性和理性义务（特别是歧视行为）给予救济的其他可能公共政策基础提供了有趣的例证。如丹宁法官（Lord Denning）所述，法院在内格尔诉费尔登案中进行干预的管辖权的理由是：赛马会“在重要的人类活动领域行使事实上的垄断”，而英格兰普通法认可人有权从事其贸易或职业，而不被不正当地排除这么做。[35] 所以，这一案件可能被看做限制贸易的判例，或者更一般性的基于公共政策的不歧视义务的判例（如果涉及工作的权利或自由权）。重要的是，虽然案件的辩论理由是基于公共政策的限制贸易，丹宁法官却并没有把判决建立在限制贸易的基础上。

根据《欧洲联盟条约》（即《马斯特里赫特条约》——译者注）第119条、性别歧视立法和其他法令，内格尔诉费尔登案的特定事实在今天可以不必借助普通法即得到处理。但这一案件仍然是私人监管机构不歧视义务的有效先例。然而，普通法在认定歧视之错方面的记录并不统一：“……并非所有的性别歧视都是非法的……只有发生在［1975年的性别歧视法案］所禁止的领域的

---

[32] *Esso Petroleum Co Ltd v Harper's Garage Ltd*［1968］AC 269，319. 也参见 *Herbert Morris Ltd v Saxelby*［1916］1 AC 688. *Greig v Insole*［1978］1 WLR 302 是一个限制贸易案件。涉案的是规制板球的机构的组织。这些规则旨在避免与克里·帕克（Kerry Packer）先生签约的板球运动员参与试验和乡村板球比赛。Slade J 认定，管治机构未能履行证明禁令（表面看来因其与公共政策相反并限制贸易故而无效）合理的举证责任。在 *Newport Association Football Club Ltd v Football Association of Wales*（1995）案中，威尔士足球协会的规则被质疑为不合理限制贸易。它们旨在通过限制隶属于英格兰足球联盟的俱乐部在威尔士的球场比赛，从而促进威尔士足球联盟。布莱克本法官认定，被告未能履行证明限制是合理必要地保护威尔士足球协会的合法利益的举证责任。这展现了在这一领域中举证责任如何运作。

[33]［1966］2 QB 633.

[34]［1978］1 WLR 1520.

[35]［1966］2 QB 633 at 645.

歧视才是非法的。”[36]对于其他形式的歧视也是这样。所以，例如，拒绝少数族裔成为会员俱乐部的会员曾被认定为不是非法的。[37] 普通法不禁止基于性别[38]、性取向[39]、宗教[40]或残疾的歧视。

关于歧视的判例存在两种截然相反的趋势：一种允许歧视，而另一种将歧视视为非理性和非法的（如公共职业案件和内格尔诉费尔登案）。但是根据内格尔案，如果一个人被歧视性地拒绝授予训练师许可的理由不是欧洲法或英国立法规定的那些（例如宗教、性取向、发色、政治隶属或许可机构成员的个人仇恨），法院仍有可能认为该等歧视是非法的，理由或是其构成了非法限制贸易，或是与广义的公共政策相悖。这事实上为监管机构强加了合理性义务（在公共职业案件中）或理性决策义务。

麦金尼斯诉翁斯洛·费恩案[41]与内格尔诉费尔登案形成了有趣的对比：前者完全不是基于限制贸易，而是基于公共政策考量。在麦金尼斯诉翁斯洛·费恩案中，原告申请拳击经理许可但被拒，而他抱怨没有听审。不存在基于合同关系的对原告的义务。原告最终失败了，因为这是一个申请案件，而非没收或合法期待案件，而在处理申请时没有违反任何相关义务。但梅加里副御前大臣（Megarry VC）提出了影响“工作自由权”（由此后的判例法发展而出，现在也构成司法审查中的要求的一部分）的申请、没收或合法期待案件的决策程序要求。实际上，这些原则要求在作出影响原告的决定时，要公正、理性地考虑他的利益。在申请案件中，

㊱ Per Lord Fraser in *R v Entry Clearance Officer*, *ex p Amin* [1983] 2 All ER 864 at 871.

㊲ *Charter v Race Relations Board* [1973] AC 868 and *Dockers' Labour Club v Race Relations Board* [1976] AC 285.

㊳ 参见 S Fredman *Women and the Law*（1997）。

㊴ 参见 *R v Ministry of Defence*, *ex p Smith* [1996] QB 517；*Grant v South-West Trains* [1998] 1 RLR 165，ECJ；*P v S and Cornwall County Council* [1996] IRLR 347；*Chessington World of Adventures v Reed* [1997] IRLR 556；R Wintemute *Sexual Orientation and Human Rights*（1995）。

㊵ 参见，例如 *Ahmad v Inner London Education Authority* [1978] QB 36，CA。

㊶ [1978] 1 WLR 1520.

这包括“在不存在偏见也不遵循任何反复无常的政策的前提下达成诚实的结论”的义务。[42] 同内格尔案一样，这一说法使人想起温斯伯里案的合理性标准。在更新和没收案件中还强加了额外的义务，因为它们会影响被许可人的现有利益（特别是他们的安全和身份），而申请则不会。

梅加里副御前大臣在麦金尼斯案中的要求不取决于存在合同关系，其决定也并非基于限制贸易。他从一系列广泛的案件（如移民、名誉权、隐私权、身份和生计）中寻求类比。对私人监管者决策过程进行不同强度控制的、在合同之外的管辖权的基础似乎是公共政策（在本案中是倾向于使人们可以以他们的方式自谋生路的政策，即保护他们的自治）。但是，考虑到梅加里副御前大臣提及了其他强加理性义务的法律领域，在牵涉生计之外的问题和自治之外的利益（特别是尊严、身份和安全）时，公共政策可能也要求一定程度的理性。

这里值得注意的是梅加里副御前大臣在麦金尼斯诉翁斯洛·费恩案中对决策要求的设计和格林法官在温斯伯里案中采纳的要求之间的相似性：两人都曾是出色的衡平律师，而从他们使用的措词可以明显看出，两者都借助于衡平原则来确立决策中的普通法要求。

考虑到之前讨论过的劳诉国家赛狗俱乐部案[43]的决定，麦金尼斯案中的被告——英国拳击控制委员会而今不受司法审查。所以，如果麦金尼斯案仍有任何效力，则必然是作为一个公共政策问题，普通法和衡平法向这类监管机构、乃至决定和行动可能影响个人重要利益的其他机构强加了公正和理性义务。这些义务可以在私法上强制执行，也并不基于限制贸易。在之前对公共职业和相关案由的讨论中，我们已经指出了法院适用的一些公共政策考量因素。

---

[42] ［1978］1 WLR 1520 at 1530.

[43] ［1983］1 WLR 1302，CA. 亦参见本书第四章。

由此而来的一个问题是：考虑到晚近有关公私之分和排他性规则的司法评论，这些案件所关涉的私法管辖权是否事实上仍然存在。在 RAM 赛马场（*RAM Racecourses*）案中，西蒙·布朗法官评论道，如果类似于内格尔案的案件再被提起，“将自然在司法审查程序中找到一席之地”。但这一进路与劳案、阿加·卡恩案㊹和其他案件无法共存，因为这些机构的这些决定不受司法审查。

霍夫曼在阿加·卡恩案中表达了与西蒙·布朗法官不同的意见。他认为，内格尔案的决定有“即兴意见”，而在内格尔案中获得保护原告的禁制令的可能性在希斯基纳（Siskina）案（要求在授予禁制令或声明之前需存在案由）后不复存在。㊺ 但霍夫曼法官确实提到，在合同、限制贸易或“所有其他法律上可得的限制逾越私权力的制度”中都可能获得救济㊻，虽然他没有阐明那些指的是什么。霍夫曼法官认为，私法中可得的救济可能是不充分的，但他不认为一个人应该试图“将民间机构当做政府机关以修补针对民间机构的可得救济”㊼。然而，考虑到之前章节和本章之前部分讨论的有关私法中公正和理性决策的其他判例法，我认为，事实上，法院有案由和有效救济以应对司法审查之外的案件。

史蒂文自治足球俱乐部诉足球联盟（*Stevenage Borough Football Club Ltd v Football League Ltd*）案㊽展现了这一点。斯蒂夫尼奇足球俱乐部在衡平分院试图质疑足球联盟拒绝斯蒂夫尼奇升级到丙级所适用的标准的有效性。斯蒂夫尼奇主张，该标准限制贸易且不可强制执行。卡恩沃思法官（Carnwath J）在一审中提出，存在三类私法案件，在这些案件中法院行使司法监督权，授予声明或禁制令作为救济。第一类案件中法院关注对监管机构

㊹ *R v Disciplinary Committee of the Jockey Club, ex p Aga Khan* [1993] 1 WLR 909，CA.

㊺ *Siskina (cargo owners) v Distos Cia Naviera SA*，*The Siskina* [1979] AC 210. 参见本书下文关于救济措施的讨论。

㊻ 同上，at 873。

㊼ At 933. 下文中将考虑救济。

㊽ （1996）Times，1 August（Carnwath J）.

行使权力的控制，将它们的规则视作立法性的。[49] 第二类案件将这类问题看做限制贸易问题（如内格尔诉费尔登案[50]等）。第三类案件（包括内格尔案）认定剥夺个人的工作权或工作自由权是不合法的。[51]

在史蒂文案中，卡恩沃思法官以迟延和对第三人的伤害为由拒绝给予救济，但他不认为适用于监管机构行使裁量权的标准与受司法审查的机构适用的标准有根本不同，考虑到前者是为了参与者和一般公众的利益而为控制职业足球所建立起的复杂结构的一部分。与这些机构交往的人士可以合法期待适用于他们的标准是公正、正当、不任意和不反复无常的。联盟的标准不构成当事人之间的贸易限制，但是如果它们违反公共政策则仍可能受到控制。所适用的原则的内容比这一问题被当做限制贸易还是违反公共政策更重要。但举证责任归于那些提出质疑的人士，而法院会给予负责机构的判断以适当权重。他认可 1995 年迈克尔·克尔（Sir Michael Kerr）先生和两位资深御用大律师在一个仲裁裁决中采取的方法。在该案中，安菲尔德镇足球俱乐部就其提出加入沃克斯豪尔联合会（Vauxhall Conference）的申请失败而提出异议。“……安菲尔德有权抗议……它们可以合法期待相关标准（包括财务标准）应被公正且按照正义的规则适用。我们把这简要地称作公正义务，而我们有管辖权决定是否存在对此义务的违反。”卡恩沃思法官认为，内格尔案建立了这样的规则：如果接纳标准被认为实际上是任意或反复无常的，则无论是因为它们被构建的方式还是因为它们被适用的方式，它们都可以被质疑。

上诉法院支持了卡恩沃思法官在史蒂文案中拒绝给予救济的

---

[49] Transcript of *Stevenage*, p. 28. Carnwath J 特别提到 Lord Denning 在 *Enderby Town Football Club v Football Association* ［1971］ Ch 591 案和 *Breen v Amalgamated Engineering Union* ［1971］ 2 QB 175 案中的判决。

[50] ［1966］ 1 All ER 689，CA.

[51] Transcript of *Stevenage*, p. 28. 亦参见 *McInnes v Onslow Fane* ［1978］ 1 WLR 1520，supra。

决定。[52] 在这些诉求的本质上，法院是矛盾的。米利特法官（Millett LJ）指出，这一案件是作为限制贸易请求提起的，但其所依赖的判例（如麦金尼斯诉翁斯洛·费恩案）却不是限制贸易案件。考虑到斯蒂夫尼奇的迟延和对第三人的伤害，他得出的结论是不能给予任何救济，而没有必要考虑卡恩沃思法官得出涉案的规则可以依据限制贸易被质疑的结论是否正确，也没有必要考虑适用的规则是否恰当。他驳回了上诉。霍布豪斯法官（Hobhouse LJ）同意米利特法官的做法，即由于不应给予任何救济，故法院不必考虑是否存在限制贸易、是否不合理。所以，卡恩沃思法官的说理仍然表明，私法程序有管辖权控制决策，尤其是为了保障公正和理性程序和过程。

这些权利和案由仍在发展，但它们可能很宽泛：在制药协会诉迪克森（*Pharmaceutical Society v Dickson*）案[53]（该案涉及不自愿限制贸易和专业规则）中，厄普约翰法官提出："行动自由受到质疑的人士总可以到法院澄清他的权利和立场。"

回到自管治机构的特别话题，在麦金尼斯诉翁斯洛·费恩案和其他案件[54]中，出现了对法院通过司法监督权干涉自管治机构决定（无论通过司法审查还是私法）是否明智的质疑。这的确是个问题。有人辩称，这些机构完全有能力自行作出决定，而且它们提供了可行的"替代纠纷解决"机制。[55] 在法院考虑给予救济时，这当然是一个合法的考虑因素；但它本身不能成为确定如下事项的理由：机构是公是私……或者它们的行动不受制于公正义务和

---

[52] （1997）9 Admin LR 100.

[53] ［1970］AC 403 at 433.

[54] 如 *Cowley v Heatley*（1986）Times，24 July，Browne-Wilkinson VC；*Gasser v Stinson*（15 June 1998，unreported）Scott J，unreported but noted in M Beloff 'Pitch，Pool，Rink … Court? Judicial Review in the Sporting World'［1989］Public Law 109。

[55] 参见 James A R Nafziger 'International sports law as a process for resolving disputes'（1994）45 ICLQ 130。亦参见 Julia Black 'Constitutionalising Self-regulation'（1996）59 MLR 24 有关让自管治机构受制于司法审查的讨论。亦参见本书第一章和第十一章关于"微法律体制"的讨论。

理性义务。

公共政策：一般考虑因素

一种很可能是主流的观点是：内格尔诉费尔登案和限制贸易规则只是自由贸易和经济活动的放任自由主义的表现，而这也是法院唯一考虑的公共政策。但我认为，这种对于普通法反对限制贸易以及其他对个人按照其意愿谋生的自由的限制解释过于狭隘。也存在其他正当化理由，即反对失业和无所事事、反对剥削和反对干涉臣民自由权的社会政策。在伊普斯威奇·泰勒斯案中[56]，王座分庭判决："在普通法上，没有人可以被禁止从事合法贸易，因为法律厌恶作为万恶之源的无所事事，尤其是如果这发生在年轻人身上（年轻人应当在其年轻时学习合法的科学和贸易，这对于公共福祉也是有益的），可以让他们在年老时收取果实；少壮不努力，老大徒伤悲。"裁缝们试图强制执行的限制性法规是非法的，因为它们不利于"臣民的自由权和自由，通过迟延或其他隐晦方式从他们那里勒索钱财，或由同行中的年长和富裕者压制年轻的商人，不允许他们在行业中自由工作；这一切违反普通法和公共福祉"[57]。这里所阐述的公共政策远宽于与放任自由主义相关的政策。

与在内格尔诉费尔登案中被质疑的赛马会的决定类似的决定造成这样的影响时：它们不允许申请人获得身份和安全（这些身份和安全今天一般只能通过工作获得——虽然如本书第六章所述，工作也不能给予完全的安全），以及自由体制中每个个人在道德上都享有的尊重和尊严。这一决定禁止原告参与对他/她而言重要的民间社会机构，也即他/她的身份和安全之源。这一决定也否定了个人的自治，因为他们完全不被允许从事他们意图从事的工作，所

[56] (1614) 11 Co Rep 53a，77 ER 1218.

[57] At 1220.

以它无正当理由干涉了他们基本的行动自由。换言之，内格尔诉费尔登案中涉及的问题不只是拒绝许可构成不利于公共利益的、对垄断权力的非理性行使，以及对工作权的否定；更根本的考虑因素是，这一决定没有给予作为许多法律基础的个人利益以恰当权重。

事实上，在公共职业、限制贸易和麦金尼斯诉翁斯洛·费恩案之外，还有其他判例法向行使对个人有不利重大影响的权力的私人机构强加了不歧视、公正和理性决策的义务；这类案件远远超越了合同或限制贸易原则，甚至超出了垄断的情形。在伍德诉沃德案[58]（一起有关将原告逐出共同保险协会的案件）中，凯利首席法官作出了有利于原告的判决，但基础不是默示合同条款，而是莫听一面之词规则“适用于每一个被授权裁决对个人民事后果有影响的问题的法庭或机构”。麦克诺滕法官（Lord Macnaghten）在拉普安特诉蒙特利尔警察慈善和退休协会（*Lapointe v L'Association de Bienfaisance et de Retraite de la Police de Montreal*）案[59]（一起枢密院案件）中对这种观点表达了赞同。该案有关养老金信托委员会剥夺原告养老金的决定。麦克诺滕法官的判决的基础是：自然正义规则既适用于“社会规则”，也适用于“基本的正义原则”（对我们的目的尤为重要）。在此值得指出的是，如之前章节所述，保险公司、银行、建筑协会、养老金计划和个人投资组织经常处理个人安全事宜——事实上，这些机构的安排经常比雇佣、传统财产权利甚至福利国家更有可能为个人提供安全。这些金融机构对它们的客户或成员拥有权力：它们的过失或任意的作为或错误都可能对依赖于它们的人士的安全造成严重损害。我认为，这一因素导致法院（通过发展普通法和衡平法）和国会向它们强加了审慎和自然正义义务，并由此将它们与客户或成员的关系民主化。

---

[58] (1874) LR 9 Exch 190.

[59] [1906] AC 535 at 538－540，PC.

公共政策和控制权力

1911年，洛雷伯恩法官（Lord Loreburn）在一起公法案件中主张，自然正义义务“适用于决定任何事的任何人”[60]。丹宁法官在布林诉合并机械工会（*Breen v Amalgamated Engineering Union*）案[61]中应和了这些观点并加以延伸：“把它叫做成见、偏见或其他你想叫的东西。这足以损害任何（法定、民间或其他）机构的裁量权。”[62]里德法官在里奇诉鲍德温案[63]中也赞成凯利首席法官在伍德诉沃德案中的观点。[实际上，在里奇诉鲍德温案中，多数法官援引了有关各种机构（如俱乐部和工会）驱逐的法律。] 这各个判例均反映了一种将关系民主化的趋势；它们认可保护个人利益的需求，向不依赖于合同的私权力的行使强加公正和理性决策的义务，并因此具有了某种程度的利他主义。[64]

关于大学在对待学生时遵守公正和自然正义的规则也有一系列案例。并不清楚这一义务是源于学生和大学之间的合同，还是只是由/额外由公法所强加。[65] 在有些案件中，公正义务作为学生和大学之间合同的默示条款而存在[66]；在另一些案件中，该义务由公法所强加[67]，因为大学是“履行公共职能的公共机构”（如赛德利法官所述）；在其他存在巡察管辖权的案件中，巡察者有排他性

---

[60] *Board of Education v Rice* [1911] AC 179.

[61] [1971] 2 QB 175 [1971] 1 All ER 1148.

[62] [1971] 1 All ER 1148 at 1155.

[63] [1964] AC 40，70.

[64] 亦参见 *Uston v Resorts International Hotel Ltd* (1982) 445 A 2d 370；*Forbes v New South Wales Trotting Club* (1978－9) 143 CLR 242；M Taggart ‘The province of administrative law determined?’ in M Taggart (ed) *The Province of Administrative Law* (1997) op cit。

[65] 参见 J Wightman *Contract*，*A Critical Commentary* (1996) at pp. 132－133。

[66] 例如 *Herring v Templeman* [1973] 3 All ER 569。

[67] 例如 *R v Manchester Metropolitan University*，*ex p Nolan* [1994] ELR 380，DC。

管辖权，却受制于司法审查。[68] 在这些案件中，学生通常处于弱势地位，他们既无已确立的社会地位也无资质；学生们获得针对大学当局权力（特别是加里布雷思所说的[69]补偿性权力——即它们可以控制学生获取大学财产——和惩罚性权力——即它们可以通过撤销合作惩罚学生）行使的某些保护。

琼斯诉威尔士足球工会（*Jones v Welsh Rugby Football Union*）案[70]阐明了有利于行使私法司法监督权以控制权力的政策。J 被派去参加一场比赛，并在纪律委员会面前就裁判报告作出陈述。委员会作出了中止决定。法院认定，体育现在已经是一门大生意了，它不再像以前一样可以不受任何限制；可争辩的是，纪律委员会若未能允许运动员通过提问或证据质疑针对他的控诉的事实基础，或在没有合理理由的情况下未能改变程序以观看视频证据，则这是不公正的；法院认定，在争议解决前给予禁制令以取消中止决定是恰当的。本案很清楚地认可，作为一项公共政策问题，有必要控制"大生意"权力的累积用以对运动员造成不利影响。

私法中的审慎义务

在本章和之前的三章中，我们已经指出，审慎行动和决策义务如何在多个法律领域中得到了发展。我们在这里简单总结一下。第六章展示了在雇佣中，根据 1996 年的《雇佣权利法》，如果雇主考虑解雇雇员，则他会被强加广义的程序公正性和理性义务；雇主对雇员的健康和安全负有审慎义务。第七章展示了配偶和家长如何对彼此及对子女负有审慎义务。第八章考虑了侵权，并提出多诺霍诉史蒂文森案向生产者和更广泛的"邻里"强加了注意和审慎义务。我们也考虑了衡平法中的立场：若存在信义关系，

---

[68] *R v Hull University Visitor, ex p Page* [1993] AC 682.

[69] 参见本书第二章。

[70] (1997) Times, 6 March.

在受托人和公司董事作出裁量性决策时，他们将被强加司法审查中被称为合法性和理性的义务。此外，虽然在此类关系中不会强加完整的自然正义义务，但会涉及程序适当性（包括利他主义义务和反对偏见或偏袒的规则）的义务。

第八章和本章也展示了在许多合同关系（特别是成员组织或存在明确的裁量性决策权时）中，法院可能强加或暗示公正和理性义务。在本章中，我们指出，理性义务会产生在一系列非合同关系中（有关公共职业的法律，存在垄断关系，或关键的公共服务被拒绝时，涉及个人的工作“自由权”或权利，涉及限制贸易，或存在若干其他公共政策基础）。

在所有强加了公正或理性决策义务的关系中存在一些共同特征。它们中有许多都涉及关键个人利益，特别是它们有关自治、尊严、尊重、身份和安全的利益（本书第二章将其界定为公法和私法所共有的）。它们也是这样的关系：私人决策者对他人享有本书第二章考虑的一种或多种权力（特别是加尔布雷思所说的“补偿性”权力或戴恩提斯有关“支配”的概念）；或者虽然决定不会对特定个人产生严重影响（如公司董事和受托人作出的许多决定），但决策者可能通过各种非法方式（如越过捐赠者设定的权力界限）滥用权力；或者行为违反公认的公共利益（例如包括公用事业在内的公共服务的一般可得性利益和反对剥削或垄断的利益）。

通向决策的一般性原则

我认为，考虑到这些发展，法院可以被看做在发展审慎的一般性原则，包括审慎决策：这后面一系列原则证明在不限于特定类型（如限制贸易）的情况下，在决定作出前，个人有权利被考虑，并使决定对他们的利益（和特定公共利益）加以考虑并与其他因素相权衡。从原则上讲，我认为，审慎义务出现在决策者掌握有对可能原告的权力，且原告的重大利益（特别是就其自身自治、尊严、尊重、身份或安全的利益）可能被决定所影响的情况下，和涉及特定公共利益的情况下。[71] 强加决策要求以控制权力行使的管辖权是更正错误和非正义[72]的管辖权的一个方面（如在巴格案[73]和R诉巴克案[74]中宣称的那样），也是拜尔斯法官在库珀诉旺兹沃思公共工程委员会案[75]中提到的"普通法的正义"的一部分。这一管辖权不限于公法。实际上，普通法、衡平法和成文法在向私人机构强加义务时，是强加了一种可以叫做"民间公民权"的义务，其在很多方面与公法中强加给公共机构的市民义务具有相似性。这些发展的共同之处在于它们将私人关系民主化、理性化和平等化。

私法中的救济

在私法中违反审慎决策义务的许多案件中，如同在公法中一样，决定或被推翻或被认为不合法：该决定本不应被作出。原告或申请人应被放回到如果决定没有作出则他们本应处在的位置上。一般而言，在这些案件中会授予声明或禁制令，以澄清原先的决定是错误作出的，也可能要求决策者重新考虑相关事项，以符合理性和程序适当性的要求。

---

[71] 本书第十一章将考虑获得审慎决策的权利与司法审查所保护的权利的对应性，并探究可能弱化表面地获得考虑权利的平衡因素。这些包括：在某些情况下支持决策者权威的需要，为了多元化而保护私人监管机构行动自由的可欲性，决策者自身的利益，市场的需要，以及可司法裁判性问题。

[72] 参见 P Craig 'Ultra Vires and the foundations of judicial review' 57 Camb LJ (1998), 63, at pp. 77-78; M Beloff, 'Pitch, Pool, Rink-Judicial review in the sporting world' [1989] Public Law 95; and M Beloff in M Supperstone and J Goudie (eds) *Judicial Review* pp. 8.21-8.22。

[73] (1615) 11 Co Rep 93b 77 ER 1273. 参见本书第二章的讨论。

[74] (1762) 3 Burr 1265. 参见本书第二章对此案的讨论。

[75] (1863) 14 CB NS 180. 参见本书第三章和第五章的讨论。

损害赔偿

在很多案件中，若认为决定无效且申请人应当忽略它是不现实的：在实践中，非理性或程序不公正决定的受害者通常没有这样的选择。所以问题在于在这些案件中是否可以获得损害赔偿。在涉及裁量权行使的案件中，反对就违反公正和理性义务给予损害赔偿的一个理由是：该裁决会褫夺决策者的权力，用法院自己关于什么是正确决定的观点取而代之。如我们将要看到的，这未必属实。

这些案件可以被分为两类：一类是申请人被剥夺了他/她已经享受的福利、职务或职位；另一类是申请人未被给予得到有利于他/她获取此等福利之决定的机会。

如果一个人被错误地剥夺了既有福利（例如在决定作出前违反了自然正义义务），有时可以获得普通法上或成文法条文下的损害赔偿。如我们所看到的，在不当解雇案件中，1996 年的《雇佣权利法》给予了损害赔偿。基于违约的案件也是如此，因为损害赔偿是普通法案件中恰当的救济措施。例如，在苏格兰的泰特诉中央无线电出租车有限公司［*Tait v Central Radio Taxis*（*Tollcross*）*Ltd*］案[76]中，在基于合同的私法案件中，就违反自然正义义务而给予了损害赔偿。

当合同中没有默示的自然正义权利时，也可能有给予损害赔偿的管辖权，但这是通过普通法强加的：在苏格兰的麦克米伦诉苏格兰自由教会（*McMillan v Free Church of Scotland*）案[77]中，法院在私法案件中基于教堂违反（非合同）规则而给予了损害赔偿。[78] 在此类案件中，法院就认定违反审慎决策义务而给予损害赔偿不会带来褫夺决策权方面的问题。

---

[76] 1989 SC 4，First Division. 参见附录关于苏格兰法的讨论。

[77] 1861 SC 1314，Court of Session.

[78] 参见附录中关于这些案件以及苏格兰在公私之分方面的立场的讨论。

由此而来的一个问题是：如果某决定没有剥夺一个人有权获得的福利，却不公正或不理性地拒绝给予他们获得所寻求的利益的机会，则是否存在给予损害赔偿的管辖权。丹宁法官意图在布林案[79]中就私人决策违反自然正义义务给予损害赔偿。原告被他的同事选举为工会的商店管事，却没有取得所需要的地区委员会批准，地区委员会违反了自然正义义务。损害赔偿将补偿未给予此职务而给原告造成的尊严和身份方面的损害——这种损害当然无法通过追溯性地认定决定无效而得到补偿。（上诉法院的其他成员不同意丹宁法官的结论，因为他们认为他们需受一审法官的事实认定的约束，而丹宁法官却打算审查它们。）

在针对被拒绝获得有利决定的机会而主张损害赔偿的案件中（与撤销既有福利相对比），产生的问题是：评估损害赔偿的基础是什么？其不能基于原告有权获得福利本身：例如，在内格尔案中，获授训练师许可的权利不可能针对赛马会得到强制执行，所以损害赔偿不可能将原告置于如同她已经被授予许可的位置之上。[80]

在内格尔案中，丹宁法官假定针对反复无常地拒绝成员资格，不能给予损害赔偿。我认为这一假定没有道理。如果因为许可申请未被恰当考虑，而丧失了获得有利决定的机会，则可以给予损害赔偿。这里可以与合同的立场作一类比：在查普林诉希克斯（*Chaplin v Hicks*）案[81]中，原告失去了参加并赢得选美比赛的机会，而她被补偿的基础是她有25%的可能性获胜，所以她被给予了相当于奖金25%的赔偿。基于评估丧失机会的损害赔偿裁决并非假设，例如，组织成员资格或申请的许可证本应被授予，也不会褫夺决策者的职能。但它会就违反审慎决策义务作出补偿。

---

[79] ［1971］2 QB 175，［1971］1 All ER 1148.

[80] 亦参见 Denning LJ in *Lee v The Showmen's Guild of Great Britain*［1952］2 QB 329 at 341－342；*Faramus v Film Artistes' Association*［1964］AC 925 at 942。

[81] ［1911］2 KB 786；亦参见 H Reece 'Losses of chances in law' 59 MLR（1996）188；and N Jansen 'The idea of the lost chance' 19 Oxford Jo LS（1999）271。

禁制令和声明

我们已经指出了在私法程序中，就违反审慎决策义务的决定给予禁制令或声明的几种情形：例如在信托中和公司法中，董事决定被质疑的情况下，涉及成员组织决定的情况下，以及有关体育监管机构的情况。

由此而来的一个问题是：管辖权的基础是什么，以及它在多大程度上可以被发展至一般性的审慎决策义务？根据《最高法院法》第 37（1）条，高等法院可以“在所有在法院看来正当和方便的案件中”通过中间或最终命令给予禁制令。这一管辖权明显不是不受约束的。在希斯基纳案[82]中，法院认定，根据现在的《最高法院法》第 37 条授予禁制令的权力“假定存在实际或潜在的、主张实体救济的诉讼，而高等法院对此有管辖权，且所涉的中间命令是辅助性的”。在南卡罗利纳保险公司诉七省保险公司（*Southern Carolina Insurance Co v Assurantie Maatschappij de Zeven Provincien NV*）案[83]中，布兰登法官（Lord Brandon）称，第 37 条授予的权力限于两种情形：一是一方证明另一方侵犯或威胁侵犯法律或衡平权利，另一种是一方以显失公平方式或威胁以显失公平方式行事。

在此基础上，则对如下请求有给予中间禁制令的管辖权：基于侵权的请求（如在公共职业案件中），基于违约的请求（如在工会或成员组织案件中），基于衡平法上的过失的请求（受托人或董事违反信义义务，违反保密义务，违反信赖和信任义务，以及包括审慎决策义务在内的义务，以及基于公共政策请求（如在麦金尼斯诉翁斯洛·费恩案和内格尔诉费尔登案中的情况）。

上议院对希斯基纳案（如之后被更改的情况）所确定的、限

---

[82] ［1979］AC 210 at 245，per Lord Diplock.

[83] ［1987］AC 24.

制对特定排他类型给予禁制令的法律[84]是否正确表达了保留意见。根据判例法，当没有被主张的过失时，似乎也有给予中间禁制令的管辖权。以声明方式给予救济也可能是可得的。在上文所说的史蒂文案中，卡恩沃思法官以迟延和对第三人的伤害为由拒绝给予救济，但他认为，如果申诉被提出，则他将有给予声明的管辖权，而他也有为了支持获得声明的权利的给予中间禁制令的管辖权。在威尔士足球案[85]中，雅各布法官根据1981年的《最高法院法》第37条给予了辅助性禁制救济，理由是：虽然当事人之间没有合同关系，但有已确立的寻求声明的权利——在这一案件中是某项安排限制贸易的声明——而根据1981年的《最高法院法》这就是足以赋予其管辖权的“案由”。威尔士足球案中的一个模糊事项是：这一案件中的限制贸易安排是无效的，并因此没有造成任何错误——但法院认可有必要给予救济来澄清立场和保护原告。这一决定将法院管辖权推广到前所未有的水平，并假设在没有实体权利或衡平过失的情况下存在给予救济（禁制令）的管辖权。

雅各布法官从澳大利亚高等法院在巴克利诉塔蒂（*Buckley v Tutty*）案[86]的判决中找到了对他的判决的支持。在该案中，一个英式橄榄球联盟运动员被足球协会的不合理的限制性规则所影响。巴威克首席法官（Barwick CJ）提出，“如果事实上违反一个人的意愿而使其贸易活动受到不合理的限制，而法律不给予任何保护，法律则弱得奇怪。”在原告是否有权获得声明的问题悬而未决时，他给予了中间禁制令。所以，澳大利亚高等法院认可给予声明或禁制救济的管辖权，尽管原告的诉讼请求没有任何合同支持。

在威尔士足球案中，雅各布法官认可了内格尔诉费尔登案的决定，表明在没有合同关系时，存在给予声明和禁制令的管辖权。

---

[84] 参见，例如，Lord Browne-Wilkinson，with whom Lord Keith and Lord Goff agreed in *Channel Tunnel Group v Balfour Beatty Ltd*［1993］AC 334。

[85] *Newport Association Football Club v Football Association of Wales*［1995］2 All ER 87，Jacob J.

[86] （1971）125 CLR 353 at 380－352.

他认为，取得声明的权利是授予中间禁制令的权力的充分案由。

在格林威治国家卫生服务信托诉伦敦和夸德拉特住房信托等（*Greenwich Healthcare National Health Service Trust v London and Quadrant Housing Trust and ors*）案[87]中，莱特曼法官（Lightman J）就有关没有实质案由的情况下给予救济的管辖权采取了同样的进路。这一案件有关是否就获得禁制令的权利可以取得声明：

> 我认为我有管辖权给予被寻求的声明（即如果原告对其享有的通行权作微调，被告不能由此要求法院下达禁令或赔偿被告损失），并认为我应该这么做。本案的一个特别之处在于，所寻求的声明延伸至被告的权利，而不是专有性权利（如地役权或限制性协议的利益），而是获得衡平法上的禁制令救济的权利。法院给予声明的管辖权必须延伸至获得专有性权利和特别救济的权利。[88]

法院不会给予禁制令（作为一项裁量性救济）以要求组织接纳某人。在李诉英国演员协会案[89]中（在该案中，当事人寻求声明认定将原告逐出行会是越权和无效的），丹宁法官顺带地强调法院不会给予禁制令，以使某成员有权加入某社交俱乐部，"因为这太个人化以至于无法被特别强制执行……"[90]然而，法院可能在这些案件中给予其他救济，包括声明和（根据前述章节提出的论据）损害赔偿。丹宁法官愿意在布林案中给予声明，而看起来如果上诉法院的其他成员认为他们可以审查初审法院的事实认定，则他们也会这么做。

---

[87] ［1978］1 WLR 1749.

[88] 亦参见 A-G v Blake［1998］1 All ER 833，per Lord Woolf MR："给予［1981年的《最高法院法》第37（1）条和第37（2）条下的禁制令］的权力限于原告具有法律或衡平权利的案件。根据已经解释过的原因，总检察长在公法上有权在（涉及刑事犯罪的）案件中向法院申请禁制令。"

[89] ［1952］2 QB 329.

[90] 341－342.

结　论

本章和之前章节考虑了一系列私人机构负有审慎义务（包括审慎行动和决策）的情形。在很多情形下，这些义务是被强加的，而不是合意性或契约性的。这对下面假定画了一个问号，即强加义务不是私法的任务，而公法的独特特征是强加义务（本书第一章讨论了这一点）。这两个章节考虑的问题表现出，趋势是将审慎义务延伸至私人领域，从而增加了法律对个人利益所提供的保护，并促进了控制权力的公共利益。实际上，同公法中的政府、民主和公民权理论一起发展的是对应的民间治理、民主和公民权理论。许多私人机构负有行动中的注意和审慎义务；而当司法审查管辖权不可得时，私人决策者在决策中负有公正性和理性义务。

在下一章中，我们将考虑《人权法》在公私之分方面的效力；在倒数第二章中，我将指出，考虑到之前章节中提出的公法与私法的对应性，奥赖利诉麦克曼案确定的排他性规则的替代物更能准确地反映出有关公私权力以及对个人和公共利益的保护的法律的发展，并将促进民主和公民权的市民和民间模式的发展。

第十章

《人权法》，欧洲与公私之分

1998 年的《人权法》预计于 2000 年生效。我们在这里将关注该法如何对待“核心”价值和控制权力，并将市民和公民社会民主化。概而言之，我认为，该法为支持公法和私法中的特定中心或“核心”个人利益的趋势增加了动力，方式是在这些利益和其他平衡性考虑因素间进行选择时，给予它们更高的权重。如本书第一章所述，欧洲人权法院在奥斯曼诉联合王国案的判决中阐述了这一点[①]：法院决定，公共机构在侵权法中的一揽子豁免权与公约不能相容，而是否能免除公共机构的民事责任必须根据每个特定个案案情加以考虑。

本章将从概括《人权法》中有关此论点的主要条款开始。

1998 年的《人权法》——条款概括

《人权法》第 1 条规定《欧洲人权公约》及其议定书的特定条款“具有效力”[②]，但受制于特定的部分废除和保留。

受保护的“公约权利”广义上包括生命权（第 2 条），免于酷刑与不人道或侮辱待遇的自由（第 3 条），免于强制或强迫劳役的自由（第 4 条），人身自由和安全的权利（第 5 条），尊重私人和家庭生活（第 8 条），思想，信仰及宗教自由（第 9 条），言论自由（第 10 条），集会及结社自由（第 11 条），结婚和组织家庭的权利（第 12 条）和禁止就享受公约权利和自由的歧视（第 14

① Case No 87/1997/871/1083，ECtHR，(1998) Times，5 November.

② 1998 年的《人权法》，第 1 (2) 条。

条）。此外，还有在对个人民事权利和义务或刑事检控作出决定时获得公平审判的权利（第6条）。

《人权法》使公约第一和第六议定书的部分条款具有效力，即和平地保有财产的权利、受教育的权利和自由选举权（第一议定书第1、2、3条）和除战争情况外取消死刑（第六议定书第1、2条）。

《人权法》并不包括公约第13条。该条规定了针对侵犯公约下权利和自由的有效救济。其所基于的假定是法院可以通过它们既有的给予救济的权力以救济对公约权利的违反。

英国法院必须考虑（虽然它们并不受约束）欧洲法院和人权委员会的有关法理学和部长委员会的有关决定。英国的主要和次级立法需“在可能的情况下”③ 以与公约权利相容的方式被解读和赋予效力。但法院没有权力不适用不相容的主要立法④，无论该立法是在《人权法》之前还是之后通过的。然而，如果更高等的法院认为英国主要立法与公约权利不相容，则其有权就此不相容性作出声明。⑤ 于是，一位部长可以（该权力是裁量性的）通过提出修改主要立法令来启动救济程序⑥，也有条款处理次级立法的不相容问题。

受制于国会法律的优先性（由上文提到的条文所保留），根据《人权法》，“公共当局以与公约权利不相容的方式行事是不合法的”⑦。换言之，《人权法》具有直接⑧的“垂直”效力。公共当局包括“纯粹的公共当局”（如政府、地方当局、警察和法院或法庭），也包括“行使的部分职能是公共职能的任何人士”⑨。这一定

③ 第3（1）条。

④ 第3（2）（b）条。

⑤ 第4（2）条。

⑥ 第10条和附件2。

⑦ 第6（1）条。

⑧ 参见本书第五章关于欧盟法“直接效力”的讨论。

⑨ 第3（a）和（b）条。

义遵循了达塔芬中有关司法审查的界定[10]；然而，法院在司法审查中使用的定义可能自此案后已经有所发展，要求受制于司法审查的人士应履行“政府性”职能。[11] 除了“纯粹”公共当局外，如果涉案的行为性质是私人的，则该人不会被认为是公共当局。[12] 由此，公共当局受到《人权法》约束，无论它们行为的性质是公是私，而对私人机构而言，只有其公共行为才需遵守《人权法》。

如果一个人是或将是公共当局“非法行为的受害者”[13]，则其可以针对当局提起诉讼，且可以在他/她可能是当事人的诉讼中依赖公约权利。“受害者”可能提起诉讼的通常时效期间是自被申诉的行为起 1 年，虽然就司法审查申请而言，时效期间仍将是 3 个月。如果司法审查的申请人不是《人权法》规定的受害者（例如压力团体），则他们不能依赖公约权利，而法院大概会拒绝听审基于公约的论辩。

就救济而言[14]，法院“可以在其权限之内以其认为正义和恰当的方式授予该等救济或作出该等命令”。然而，只有有权在民事诉讼中给予损害赔偿的法院才能就公共当局的不法行为给予损害赔偿。[15] 可以就“司法行为”给予损害赔偿，而应由国王支付。[16] 所以，如果法官行为违反第 6（1）条的要求，则“受害者”可以获得针对国家的救济。

人们担心公约第 8 条的隐私权会不当侵犯第 10 条的出版自由；所以，“法院必须对公约的言论自由权的重要性给予特别考虑：若程序关乎被申请人主张或在法院看来具有新闻性、文学性或艺术性的材料，而且（a）在（i）材料已经或即将可由公共获

[10] ［1987］2 WLR 699，CA.

[11] *R v Disciplinary Committee of the Jockey Club*，*ex p Aga Khan* ［1993］1 WLR 909，CA.

[12] 第 3（5）条。

[13] 第 7（1）条。

[14] 关于救济，参见 D Feldman ‘Remedies for violations of Convention rights under the Human Rights Act’［1998］EHRLR 691。

[15] 第 8 条。

[16] 第 9（3），（4）条。

得，或（ii）发表材料符合或将要符合公共利益的程度上，（b）与隐私规定有关”[17]。

宗教团体关心它们的行动自由会被《人权法》所限制。所以，就思想、信仰和宗教自由而言，第13（1）条规定：“如果法院就与本《人权法》有关的任何问题的决定可能影响宗教组织（其本身或其所有成员）对公约下的思想、信仰和宗教自由的行使，它必须对该等权利的重要性予以特别考虑。”很难看到这给公约权利条款增加了什么。

公民和政治权利的理由：它们所表达的价值

所以，《人权法》向英国法律引介了公民和政治权利值得获得特别法律保护的概念——虽然与其他法院有权推翻与权利法案或宪章不相容的主要立法的国家（如美国或加拿大）相比，这种保护还不够强。这一《人权法》大致参照了新西兰模式，以及加拿大所采取的保护权利而不限制国会立法性主权的方法。之前在英格兰法中，个人利益具有“自由权”的地位，它们获得法律保护较弱，而且次于国会法律和次级立法中的不相容条款。普通法并没有体现出对公民和政治权利或自由权的格外和一致偏好，使其凌驾于法律的其他价值（如公共机构的自治、公共管理的需求或支持权威的重要性[18]，包括国会的主权权威[19]）之上。

与此相关的是，在这里可以考虑《人权法》对公民和政治权利或自由权给予特别保护的理由是什么。

将特定公民和政治权利看做“根本性”的理由、正当化依据

---

⑰ 第12（4）条。

⑱ 就此参见 J A G Griffith *The Politics of the Judiciary*（3rd edn，1985）；（*Judicial Politics since* 1920）（1993）；K Ewing and C Gearty *Freedom under Thatcher*（1990）。

⑲ 有关与此以及与不同民主理论的关系，参见 T R S Allan，‘Fairness，Equality，Rationality：Constitutional Theory and Judicial Review’ in C Forsyth and I Hare（eds）*The Golden Metwand and the Crooked Cord*（1998）。

或“目的”[20] 多种多样[21]，而部分取决于它们被考虑的抽象化程度。一些理由主要是道义学的，主张一般而言的自由或特定的权利或自由权本身就是好的，而不是为了任何隐含目的而提出的。其他理由则是目的论的，关注于权利或自由权能带来的好处。所以，免受酷刑的自由可能被视为道义学的，反映出我们对个人尊严和自治的尊重；言论自由则是目的论的，因为它使民主进程可以有效运行。[22] 德沃金在《认真对待权利》[23] 中辩称，作为公正的正义基于所有人类拥有被平等考虑和尊重的自然权利的假设，这一权利并非来自出身、品格、能力或卓越，而只是作为有能力进行规划和给予正义的人类拥有的。[24] 这是一种对作为公正的正义的权利或价值的道义学理由。

在实践中，道义学价值支持大多数有关权利的目的论主张。[25] 例如，如果保护言论自由的一个理由是它促进民主，而如果我们自问为什么民主被认为是好东西，我们很可能最终会主张（除其他可能的对民主的正当化理由外）真正的民主使个人可以自治且有尊严地、按照他们自己的意愿、以一种自我实现的方式生活——这就是一种道义学的信念。

隐私权的理由

对于每一种被认为在人权制度中关键的权利而言，都有一系

---

⑳ 参见 S I Benn ‘Human Rights-for whom and for what?’ in Kamenka and Tay (eds) *Human Rights* (1978)。

㉑ 参见，例如 A Clapham *Human Rights in the Private Sphere* (1993) chapter 5；R Dworkin *Taking Rights Seriously* (1977)；A Gewirth *Human Rights: Essays on Justification and Applications* (1982)；J Rawls *A Theory of Justice* (1971)；J Raz *The Morality of Freedom* (1986)。

㉒ 参见 J Hart Ely *Democracy and Distrust* (1980)。

㉓ (1977).

㉔ 第六章。

㉕ D Feldman *Civil Liberties and Human Rights in England and Wales* (1993) p. 7.

列可能的正当化理由。《欧洲人权公约》第 8 条规定的隐私权（被定义为一个人“私人及家庭生活、其家庭以及其通信隐私受到尊重的权利”）提供了一个有用的例证。[26] 隐私权的正当化理由包括：保护个人道德人格是受欢迎的[27]，他们免受不被欢迎的干涉的自治和尊严；个人免受他人滥用收集信息的权力（被用以批评或骚扰个人的目的等）之自由的利益。这些正当化理由明确提到了本书第三章指出的核心价值。就隐私而言，其他可能的正当化理由则与这些价值较少相关：如保护和促进个人的商业或专有权利益，例如职业运动员或电影演员对控制广告商使用他的肖像或声誉的利益。

可以看到，根据法院所采纳的支持权利的理由，在涉及人权问题的案件中可能达致不同的结果。如果法院接受隐私权的理由是保护个人的商业利益，则法院会保护试图限制对个人进行商业使用的职业运动员。如费尔德曼所述，“搞清楚一个人对隐私权根本性正当化理由问题的立场很重要，因为这很可能会支配一个人对它们的使用”[28]。对于大多数公民和政治权利也是这样。

言论自由权

言论自由权为权利的一系列理由提供了进一步例证。巴伦德特（Barendt）提出了该权利的两组理由。[29] 第一组论辩理由有关民主：政治和社会讨论应免受政府压制，因为它使人民可以充分地且在有知识的情况下参与公共事务，并与政府平等相处。第二组论辩理由有关自我实现和自我发展。在他看来，有关民主的论辩更强一些。拉茨提出，言论自由权可以以四种方式被正当化：满足对个人生活方式赋予公共效力的根本需要；作为民主政府的

---

[26] 关于隐私权的正当化理由，一般性地参见 *Feldman* chapter 8。

[27] Benn，op cit，at p. 63. 亦参见 *Feldman* chapter 8。

[28] *Feldman* at 399.

[29] E Barendt *Freedom of Speech* (1985).

前提；作为多元文化繁荣的关键；作为控制可能的权力滥用和腐败的关键元素。“所有四个理由都指向将言论自由作为多元民主的政治和市民文化的基础部分的需求。”[30]

法院，权利的理由和《人权法》

费尔德曼认为，在公民自由权的语境下，自我实现和信仰自由的论辩理由是最强的，因为他将公民自由权的理由建立在个人自治的基础上。[31] 艾伦的观点是：根本权利“本身就是人类尊严和平等所基于的观点的反映”[32]，而信仰和宗教自由对于作为我们政治文化核心的人类尊严和个人自治的价值而言具有根本的重要性。[33] 克拉彭（Clapham）认为，欧洲公约下权利的两个理由是人类尊严和民主。[34] 当英国法院就向它们提起的案件需决定，根据《人权法》，以公约规定的公共利益之名对一项表面的权利进行限制是否与公约权利相容时，它们将不可避免地面对决定选用哪种权利理由的问题。[35]

哈特·埃利（Hart Ely）[36] 认为决定哪些（如有）价值在法律上是根本性的应当是民选代表而非法院的任务；但他认为，法官在整治代议制进程、廓清政治变迁渠道和促进少数人被代表方面有恰当的宪政作用（这经常涉及适用和解释权利法案或宪法）。在这里值得指出的是，欧洲人权法院认定公约的一个功能是保护民

---

[30] J Raz ‘Free Expression and Personal Identification’ in (1991) 11 OJLS, 305, at p. 324.

[31] *Feldman* chapter 12.

[32] T R S Allan ‘Fairness, Equality, Rationality: Constitutional Theory and Judicial Review’ in C Forsyth and I Hale (eds) op cit at p. 34.

[33] Allan，同上；at p. 24。

[34] *Clapham* pp. 143－145；亦参见 A Gewirth ‘Are there any Absolute Rights?’ in J Waldron (ed) *Theories of Rights* (1984) p. 108。

[35] 参见 C McCrudden ‘The impact on freedom of speech’ in B Markesinis (ed) *The Impact of the Human Rights Bill on English Law* (1998) 85。

[36] Hart Ely, op cit.

主进程。公约第 17 条规定："本公约不得被解释为暗示任何国家、团体或者个人有权进行任何活动或者实施任何行动，旨在损害本公约所规定的任何权利与自由，或者在公约规定的程度之外限制本公约所规定的权利与自由。"在 KPD 诉德意志联邦共和国（*KPD v Federal Republic of Germany*）案[37]中，法院认定，这一条款的功能是"通过保护民主制度的自由运作来保护公约所奉为圭臬的权利"。

哈特·埃利赖以发展他的理论的众多美国案例都与正当程序与言论和结社自由有关：这些权利在政治进程中发挥着重要作用。但这并不是说他否认了权利的其他理由或基础价值的重要性，而只是表明对它们的界定不是法官的事。

在英格兰法中，从法院发展普通法的方式和国会引入的成文法条文中都能推演出公法和私法背后的共同价值。所以，大西洋这一侧的法官们有界定基础法律价值的功能。然而，直到《人权法》，他们却没有界定或保护美国意义上的"根本性"价值（其具有受特别保护的法律身份）的作用——国会主权原则否定了英国法官的这一角色。如我们已看到的，法官有时对在人权文件中被认为根本性的权利给予特别权重。[38]

虽然《人权法》保留了国会通过与公约不相容的立法的权利，但我认为，《人权法》的整体效力是将"核心价值"提升到更根本性的地位，在公法和私法上都是如此。这源于如下事实：这些价值在公约文本中是未被言明的，而如我们应该看到的，欧洲人权法院和人权委员会在若干案件中将其明确化。（读者会记起《人权法》要求英国法院"考虑"法院和委员会的法理学。）我将在本章的稍后部分提出，当法院根据公约发展普通法（特别是私法）时，对公约中价值的界定将格外重要。

---

[37] Application 250/57，1 YB 222 E Com HR at 223（1957）.

[38] 参见，例如，本书第五章关于 *Bugdaycay v Secretary of State for the Home Department*［1987］AC 514 案的讨论。

《欧洲人权公约》和核心价值

在公约的各实质条款中（除禁止酷刑的第3条外），对权利实质的描述都伴以例外：一般而言包括法律规定，或在民主社会中为了国家安全或公共安全利益是必要的，避免无序或犯罪，为了保护健康或道德，或者为了保护他人的权利和自由（例如第11条）。所以，法院（直到晚近还有委员会[39]）必须在个人申请人的权利和各种公共利益之间找到一个公正的平衡。

欧洲人权委员会和人权法院不时明确考虑特定权利的理由可能是什么。这些阐明了公约未言明的价值，以及必须在表面权利和除第3条外其他所有条款规定的例外间达致的平衡。我们将看到，尊严、自治、尊重、身份和安全的价值强烈地体现在大多数条款中。关于第3条（免受酷刑的自由）、第8条（隐私）和第一议定书第2条（受教育权）运作的例子将证明这一点。

第3条：酷刑与不人道或侮辱待遇

针对酷刑与不人道和侮辱待遇或处罚的保护将保护受害者的自治、尊重和尊严，有时甚至包括身份。酷刑与不人道和侮辱待遇案件所导致的痛苦的一个方面是受害者的无力感。心理学证据表明，压力大都由无力感所导致，而且这毫无疑问加重了在没有肉体暴力的不当待遇案件中的痛苦（如英国士兵在爱尔兰诉英联邦案[40]中使用的询问“五技巧”）。立墙、戴兜帽、忍受噪声、剥夺睡眠和剥夺餐饮“对被处罚者至少造成了强烈的肉体和精神痛苦（即使没有实际的肉体伤害），并导致了询问中严重的精神错乱”[41]。

---

[39] 委员会已经被一个新的统一法院所取代。参见 A Mowbray［1999］Public Law 219。

[40] （1978）2 EHRR 25.

[41] At 167.

因此，欧洲人权法院认定，它们构成不人道待遇，违反第 3 条。

在那个案件中，法院认定英国从事了侮辱待遇行为。其发生在导致受害人感到了足以使他蒙羞和感到贬损、甚至破坏他的肉体和精神稳定的恐惧、痛苦和自卑的情况下。[42] 在东非亚洲人（East African Asians）案中，委员会认定降低一个人的等级、地位、声誉或品格的行动可能是侮辱性的，如果这种待遇的严重性达到了一定程度，例如过分使受害人在他人面前蒙羞或使他违背他的意愿或信仰行事：根据这一方法，第 3 条保护个人就其身份和安全以及尊严、自治和尊重——所有的核心价值——所享有的利益。[43]

蒂勒诉联合王国（*Tyrer v United Kingdom*）案[44]也考虑了第 3 条；在该案中，一个马恩岛青少年法庭向一个犯了恐吓罪的 15 岁少年判处了三下笞刑，并由警官在警察局施行，而这被认为构成了侮辱性惩罚，并违反第 3 条。就“行刑的方式方法”而言，笞刑是私下里进行的，但法院称它不认为“非公开性必然使该惩罚不落于‘侮辱性惩罚’的类别中：如果在受害者自己眼中他受到了羞辱，即使在他人眼中却不尽然，则这也已经足够了”[45]。而且，“被在光屁股上用刑的侮辱在某种程度上加重了申请人惩罚的侮辱性质”，虽然这不是唯一或决定性的因素。[46] 法院强调，这样的惩罚是以国家之名强加的“制度化的暴力”，而个人“被作为当局权力的客体对待”；这是“对第 3 条正要保护的主要目的之一，即个人的尊严和人身健全的侵犯”[47]。

委员会也表达了这样的观点：种族歧视——对平等尊重的否

---

[42] （1978） 2 EHRR 25 at para 167.

[43] *East African Asians v United Kingdom* （1973） 3 EHRR 76 at 80，European Commission on Human Rights.

[44] （1978） 2 EHRR 1.

[45] At 32.

[46] 同上，at 35。

[47] 同上，at 33。

定和使之受到侮辱——可能在某些情况下构成侮辱性待遇。[48] 英国一项终止与英国没有祖传或“出生地”连结点的英国公民的入境权的立法被委员会认为构成种族歧视，而申请人服从于它，伴以公开性和他们的案件的特殊情形，这构成对他们的尊严的侮辱，并达到了“侮辱性”待遇的程度。[49]

第8条：对私人和家庭生活，家庭和通信的尊重

第 8 条规定了法院和委员会明确就这一系列权利提出理由和价值的情形，特别是有关囚犯的情形。例如，在 S 诉联合王国（*S v United Kingdom*）案[50]中，委员会表达了这样的观点：只给很短的通知且不知会家属就将犯人转移到其他牢狱的“幻影”实践会侵犯私人和家庭生活权，因为它使家庭访问变得困难。委员会也说，“在例外的情形下”，拒绝将囚犯转移到他家附近的监狱可能干涉他的权利。[51] 共同的基础价值的重大之处在于，个人就其安全和身份共同依赖于他们的家庭和与他们的联系，而维系或提供这种联系将保护这些利益。所以，在尼米茨诉德国（*Niemietz v Germany*）案[52]中，法院称家庭生活权也必须“在某种程度上包括与其他人建立和发展关系的权利”，而这会为社会组织提供安全和身份。在麦克菲利诉英联合王国（*McFeeley v UK*）案[53]中，委员会强调了与他人关系的重要性，以至于其要求与被囚者某种程度的联系——而这又促进了群体中的安全感和身份感的发展。这展示了第三章阐述的一个观点，即身份和安全实际上既是社会价

---

[48] *East African Asians v United Kingdom*（1973）3 EHRR 76.

[49] 同上。

[50] Case Application 9466/81，36 DR 41.

[51] 参见 *Hacisuleymanoglu v Italy* 79 DR 125 and *Ouinas v France* 65 DR 265, 277。注意：委员会在 *X v Federal Republic of Germany* 20 CD 28 and ditto 32 CD 23 案中非常坚定地称根据公约，没有被拘留在特定牢狱的权利。

[52] A 251 - B（1992）16 EHRR 97.

[53] （1981）3 EHRR 161，20 DR 44.

值，又是个人价值。

第一议定书第2条：受教育权

第一议定书第2条规定了受教育权。其规定："任何人的受教育权不应被否定。在行使与教育和教学有关的任何职能时，国家应当尊重家长确保教育和教学符合他们自己的宗教和哲学确信的权利。"欧洲人权法院认定，"……儿童的教育在任何社会中都是成年人尽力传达他们的信仰、文化和其他价值给年轻人的完整进程，而教学或指示特别指知识的传达和智识发展"[54]。这对于我们的目的的重要性在于：教育使儿童在社会中有一席之地，并在这里取得安全和身份；教学或指示使得儿童可以习得技能和知识，以使他们得以受雇。该权利隐含了以国家语言或国家语言之一受教育的权利这一事实[55]也促进了在国家中取得身份和安全。

就教育应尊重家长的宗教和哲学信仰的需求而言，被尊重的哲学信仰是"……这一信仰值得在'民主社会'中得到尊重……且不得与人类尊严不相容；而且，它们不得与子女受教育的根本性权利相冲突"[56]。所以，要在家长的信仰和儿童自己的尊严和在社会中获得安全和身份之间寻求平衡。

欧洲公约中的目的论价值

这些例子表明公法和私法的共同价值在若干领域中是《欧洲人权公约》的基础。这种分析可以延伸至其他条款。在每一条中，价值都被表达为是道义学的。我们之前提出，还有权利的目的论理由，而这些也反映在判例法中。欧洲人权法院已经指出了如下

---

[54] *Campbell and Cosans v United Kingdom* A 48 (1982) 4 EHRR 239.

[55] *Belgian Linguistics* Case (No 2) A 6 (1968) 1 EHRR 252.

[56] *Campbell and Cosans v United Kingdom* A 48 (1982) 4 EHRR 239.

价值：保护权力多元中心（如工会和职业团体[57]）的重要性及其对民主社会的影响，以及公民参与政治进程和让政府对它们的行动负责的可欲性。例如，在卡斯泰尔诉西班牙（*Castells v Spain*）案[58]中，法院称："在民主体制中，政府的作为或不作为都必须受到立法和司法权威以及传媒和公共意见的严格审查。"所以，国家负有较重的负担以证明在民主社会中限制第 10 条下的言论自由是必要的。集会和结社自由也有重大的政治含义和重要性。[59]

给予核心价值的权重

显然，核心价值在公约下或《人权法》下不具有权利的地位。如本书第二章所述，价值太过模糊和概括，以至于不能构成法律上可强制执行的权利。然而，因为公约权利反映了价值，人权法院具有这样的效力：当法院试图在公约所保护的权利和相平衡的考虑因素之间作出"公正权衡"时，将增加给予核心价值的权重。欧洲人权法院的法理学阐明，公约权利的理由是支持这些价值的需要，而这将使得英国法院关注它们，并给予它们在未被阐明时所不能被给予的权重。[60]

《人权法》的垂直和水平效力

前文已指出，《人权法》第 6 条使用了"公共当局"的概念："任何部分职能具有公共性质的人士"且"行为的性质……是私人的"；其目的是在公私之分的意义上界定《人权法》的范围。所以，当被挑战的行为是由纯粹的公共机构（如政府或地方政府）

---

[57] *Le Compte, Van Leuven and De Meyere v Belgium* (1981) 4 EHRR 1 65.

[58] (1992) 14 EHRR 445.

[59] *Rassamblement Jurassien Unite Jurassienne v Switzerland* Application 8191/78 (1979) 17 DR 93 at 119 (1979), E Com HR; *Christians against Racism and Fascism v United Kingdom* Application 8840/78 21 DR 148 (1980), E Com HR.

[60] 参见本书第五章关于权重的讨论。

作出的（无论行为本身是公是私），或涉案的是混合机构（“部分职能具有公共性质的机构”）的具有公共性质的行为时，《人权法》将具有直接的“垂直”效力。

《人权法》约束公共当局的所有行为，无论行为本身的性质是公是私[61]；这一事实使针对公共机构提起如下诉讼成为可能：例如，雇佣关系[62]、中央政府签订合同，以及行使其他法院迄今认定为在司法审查的管辖范围之外且只由私法约束的非成文法普通法权力或能力的行为。[63] 就行为影响公约权利的纯粹公共机构而言，《人权法》排除了实质的公私之分，故纯粹公共机构的纯粹私人活动也受制于《人权法》。《人权法》的这一含义强调了本书第五章的观点：公共机构没有自利的利益，而必须以利他方式行事；公共机构被加诸了尊重它们应对的个人的人权的义务。而混合机构只在它们的行为非私人行为时才受到《人权法》约束。

许多公约权利已经为一般的侵权法所保护，但有一些还没有。例如，就违反隐私或侵犯家庭生活并没有侵权法保护。如果公共当局被认定干涉了第 8 条所规定的个人权利，而又没有侵权法的保护（即现有案由——如违反保密、侵害或妨害——不能被发展以给予救济），则法院将不得不就违反该条款发展出新的侵权或准侵权责任。实际上，《人权法》可能创造出一类新的“宪法性侵权”。这类新案由的一个方面是假定给予救济是裁量性的[64]，而在一般侵权案件中则并非如此。但这并不意味着对于从事私人活动的私人机构也存在同类的责任——其实，在通过《人权法》草案时，普遍的预期是法院不会发展出新的私人侵权，而是将发展既

---

[61] Official Report HL，vol 583，col 811，24 November，1997，(the Lord Chancellor).

[62] 参见欧洲人权法院在如下案件中的判决：*Swedish Engine Drivers' Union v Sweden*（1976）1 EHRR 617，and *Schmidt and Dahlstrom v Sweden*（1976）1 EHRR 632；G Morris 'The Human Rights Act and the public-private divide in employment law'（1998）27 ILJ 293；也参见本书第六章关于公共雇佣的讨论。

[63] 参见，例如，本书第三章关于 *R v Lord Chancellor*，*ex p Hibbit and Saunders*［1993］COD 326，and *Malone v Metropolitan Police Comr*［1979］Ch 344 的讨论。

[64] 参见本章第八节，下文。

有的案由以符合公约的要求。所以，很可能会发展出一类新的、针对公职人员失职行为的公共侵权（同弗朗科维奇案的决定一起），以使公约权利获得针对公共当局的效力。[65] 既然这样，对发展出新的私法案由的压制将适时弱化，而新的公共侵权可能将触角延伸至私法。

《人权法》与公私之分

这些可能性将不可避免地引发有关公私之分的正当性的问题，其中一些已经在本书第一章中简要讨论过。界分的一个正当化理由是：让私人机构受制于恰当适用于公共机构的法规是不恰当的——如决策中的公正和理性义务，对公共利益的考量，乐于允许受到决定影响的人士参与决策中。[66] 然而，如果我们关注如下事实：公法和私法都关涉保护个人在欧洲公约和《人权法》下的价值的利益，以及控制损害这些利益的权力的行使，则我们将看到这种正当化公私之分并否定公约权利的水平效力的理由与公法和私法发展的方式背道而驰。克拉彭提出："挑战在于确保人权得到强制执行，以保护尊严和民主的价值，而不引入灵活的公私之分以排除任何人所享有的特权和豁免权。"[67]

在国会通过《人权法》草案时，政府的观点是：《人权法》将约束诸如"负责从前属于公共部门活动领域的公司，如私有化的公用事业"等机构[68]，除非所涉的行动或决定在性质上是私人的。虽然对于这种观点没有任何解释，其假定似乎是，提供公用事业服务属于公共职能，或者更准确地说，是"非私人"职能。这里，"公共"一词的模糊性可能带来困难。根据有关司法审查申请可得

---

[65] 参见本书第一章的讨论。

[66] 参见，例如，K E Klare 'The public-private distinction in labour law'（1982）U Penn LR 1358。

[67] *Clapham* at 356.

[68] Home Office White Paper（*Rights Brought Home*：*The Human Rights Bill*）Cm 3782 para 2. 2.

性的判例法，审查标准是被质疑的行动或决定是否具有公共性或政府性。[69] 参考这一立场，《人权法》这一条款的一个含义可能是，诸如公用事业之类的机构在提供公用事业服务过程中所采取的、侵犯公约权利的行动是“公共性的”并可以被质疑。由此带来的问题是，这类行为是否只能通过司法审查申请质疑（在这种情况下损害赔偿救济通常是不可得的），还是可以在司法审查之外、通过一般性的私法或“宪法性侵权”诉讼而被质疑（在这种情况下可能有损害赔偿，且适用一般性的时效期间）。

在本书第九章中，我们已经看到有关公共职业的法律如何发展。在英格兰，从事公共职业者的义务并不是通过王权令状或王权命令得以强制执行的，而是通过衡平法院或王座分庭寻求损害赔偿或禁制令的诉讼。根据某种观点，这些职业“关涉公共利益”，但这一因素不会排除提起私法诉讼；但它可以为强加私法责任提供正当化理由。因此，私有化公用事业和其他混合机构可能根据《人权法》承担侵权责任，而不是司法审查中的责任。这也就带来了根据《人权法》获得损害赔偿裁决的可能性。

水平效力

在其他案件中，如果潜在的被告是纯粹私人机构，或者如果混合机构的行动是私人性的，则《人权法》不会具有“直接效力”，因为《人权法》条文只适用于其所定义的公共当局。在文本上，《人权法》具有直接垂直效力，却没有直接水平效力。[70] 然而，这并不是说《人权法》不会影响诸如合同、侵权、财产等（私）法律，因为《人权法》条文规定公共当局以与公约权利不相容的方式行事是非法的，这一条约束法院和法庭。因此，《人权法》具有“间接水平效力”。其表现形式是：以符合公约价值，以及法院

[69] 参见本书第四章和第五章。

[70] 关于《欧洲人权公约》的直接水平效力，一般性地参见 *Clapham*。

与公约相容方式行事的要求发展普通法，而不是在私法争议中直接适用公约。[71]

加拿大经验

在加拿大，权利宪章具有间接水平效力，这与《人权法》的设想比较相似。在加拿大的案件中，最高法院将把普通法解释成与宪章相一致的义务描述为“只是法院固有的、修改或延伸普通法以符合主流社会条件和价值的管辖权的表现”[72]。这与对《人权法》之前的、有关公约和其他国际人权文件地位或相关性的英格兰法律文献的观察相一致，即在根据现代要求发展普通法时，考虑人权文件并不比考虑其他法域（特别是普通法法域）的判例法更难接受。[73] 在曼宁诉希尔（*Manning v Hill*）案[74]中，加拿大最高法院指出，质疑普通法的私人诉讼当事人不得宣称其侵犯了宪章权利，因为无国家行动即无宪章权利。私人诉讼当事人最多可以主张普通法与宪章价值不一致。如果英国法院要采用同样的方法，则界定宪章价值将格外重要；欧洲人权法院和委员会有关基础或根本价值的判例法［其中一些已经在本章前文中指出，而第2（1）条要求英国法院对其加以考虑］将构成此主张的核心部分。

发展普通法：我们能走多远?

显然，根据公约，政府对欧洲理事会负责确保它们的法律

---

[71] 关于其他法域中水平效力的一系列可能性的讨论，参见 M Hunt ‘The “horizontal effect” of the Human Rights Act’［1998］Public Law 423. 亦参见本书第六章关于《人权法》在雇佣法中的含义的讨论。

[72] *Manning v Hill*（1995）126 DLR（4th）129 at 156. See *Hunt* at pp. 429－432.

[73] Sir John Laws ‘Is the High Court the guardian of fundamental constitutional rights?’［1993］Public Law 59.

[74] （1995）126 DLR（4th）129.

（包括私法）与公约相协调，而其实，有些案件提出了与私人机构侵犯公约权利有关的问题——有关不雇佣非工会会员的杨、詹姆斯和韦伯斯特诉联合王国（*Young*，*James and Webster v United Kingdom*）案⑮就是一个例证。所以，在私人当事人之间的私法案件中，法院不只被《人权法》要求“在尽可能的情况下”以符合公约权利的方式解释立法，而且第6（1）和（3）（a）条要求法院发展普通法，以使其与公约相容。⑯ 注定带来的问题是：法院可以在多大程度上发展普通法以使其与公约价值相一致？在曼宁诉希尔案中，加拿大最高法院表达的观点是：对普通法的深远改变应留给立法者。根据这种方法，英国法院可以根据《人权法》对普通法进行增量发展，但不能创设新的案由等。欧文法官（Lord Irvine）在国会通过《人权法》草案时就料到了这一点。他说：

> 我认为，在公约权利被不相容的立法所侵犯，或因为缺乏立法（如隐私权立法）而导致公约权利未受保护时，法院没有义务通过普通法弥补立法之失……在我看来，法院不能像立法者一样行事，不能就侵犯公约权利给予新的救济，除非普通法本身使他们能够发展新的权利或救济。我相信实际的观点是：法院能够通过现有的诸如侵害、妨害、著作权、保密等国内法原则来修改和发展普通法，以塑造普通法上的隐私权。⑰

救 济

加拿大的制度与英国有若干不同。加拿大宪章与《人权法》的一个区别在于：公约权利也构成英国国际法义务的一部分，而

⑮ （1981）4 EHRR 38.

⑯ 参见 M Hunt，‘The “horizontal effect” of the Human Rights Act’［1998］Public Law 423。

⑰ Lord Irvine ‘Opening address’ in B Markesinis（ed）*The Impact of the Human Rights Bill on English Law*（1998）at p. 13.

且根据公约第50条，政府有义务使权利被侵犯者得到正义的满足。这一条和第13条均未被明确纳入《人权法》，但这一考虑因素可能增加法院对普通法作出根本改变以符合公约要求的正当化理由，如果我们需要的话。而且，根据《人权法》第8条，法院具有广泛的裁量权，以给予“其认为正义和恰当的救济或在其权力范围内作出命令”（虽然给予损害赔偿的权力限于“在民事程序中……有权给予损害赔偿的法院”，因此，法庭之类将不能给予损害赔偿）。所以，看起来法院很可能根据《人权法》有效地发展出新的案由，或者更准确地说，它们将就干涉公约权利给予损害赔偿或其他救济，而这将实际上创造或暗示新的案由。这可能预示着将侵权法从基于案由（现状仍然如此）转变为更多的基于责任的一般性原则（如欧洲大陆法系国家那样的情况）。

考虑到《人权法》保留了英国国会的立法至上性，政府仍有可能寻求国会批准立法以推翻英国法院作出的、可能被认为对普通法进行过于根本性发展的判决（根据加拿大宪法和宪章，加拿大政府和立法者没有这一选择）。我认为，加拿大所面临的发展普通法的障碍不应阻碍英国法院根据《人权法》以较为根本的方式发展普通法。

国家责任和《人权法》

由此而来的一个问题是，国家（即英国政府）是否可能就国家组织侵犯公约权利的行为承担责任。需要首先指出的是，在一些案件中，欧洲法的语境中的公约权利被侵犯了。在这种情况下就存在国家责任。当涉及欧洲法权利而法院或其他任何国家机构未能支持该等权利时，国家有义务提供可能包括赔偿在内的救济。[78]

除了具有欧洲法因素的案件外，司法行为的责任问题需要与

---

[78] 这是由如下判决共同带来的结果：*Francovich v Italy* [1993] 2 CMLR 66；*Brasserie du Pêcheur v Germany* [1996] 2 WLR 506；参见 Olowofoyeku，‘State liability for the exercise of judicial power’ [1998] Public Law 444 at pp. 458－459 的讨论。

非司法行为的国家责任区别开来。对司法行为的国家责任而言，发展空间很少。出发点是1947年的《王权诉讼法》第2（5）条规定："没有任何程序可以针对王室提起……以针对任何人在履行……司法性质的责任时……的作为或不作为。"[79]一个问题是：《人权法》是否更改了这一立场。

《人权法》要求，在就司法行为提起的案件中，需用尽上诉渠道后才能提出赔偿问题。[80] 受制于此，第9（3）条规定："在针对善意司法行为的、根据此《人权法》提起的诉讼中，在公约第5（5）条规定的范围之外不应给予任何损害赔偿。"第9（5）条将"司法行为"定义为："法院的司法行为，包括应法官指示或代表法官所从事的行为。"第5（5）条规定："每一个因为违反本条而被逮捕或羁押的受害者有可以强制执行的获偿权。"其结果是除了第5条规定之外，不得就善意的司法行为给予任何损害赔偿[81]，但是，就恶意的司法行为可以给予损害赔偿。

若不是有《王权诉讼法》，则司法行为的国家责任有很大的发展空间。枢密院和加拿大的判例都指出了道路。在一起特立尼达和多巴哥案件——马哈拉杰诉特立尼达和多巴哥司法部长（*Maharaj v A-G of Trinidad and Tobago*）（No 2）案[82]中，枢密院认定对于违反宪法刚性权利的行为存在国家责任。在该案中，某法院未经听审即以蔑视法庭为由判某大律师入狱。宪法保护个人未经法律正当程序不得被剥夺其自由权的权利。但马哈拉杰案下的国家责任的外延较窄。奥洛夫耶库（Olowofoyeku）提出，该案只在如下情况下强加国家责任：案件涉及对正义的根本违反已构成了否定正当程序，且导致不可弥补的损失。[83]

---

[79] 参见 Olowofoyeku，如上。

[80] 第9（1）（a）条。

[81] 在加拿大，宪章下的国家责任延伸至法院就蔑视法庭而作出的囚禁决定，如果该决定是任意的、与宪章相悖且违反宪章第7条规定的根本正义原则：*R v Germain* (1984) 53 AR（2d）264，QBD。参见 Olowofoyeku，supra at p. 455 的讨论。

[82] ［1979］AC 385，PC.

[83] Olowofoyeku，op cit.

关于非司法行为的国家责任问题，新西兰的经验具有启发性。1998年的《人权法》在某种程度上参考了新西兰法律——二者皆不允许法院推翻之前或之后的不一致的主要立法。在辛普森诉司法部长（贝金特案）［*Simpson v A-G*（*Baignt's case*）］案[84]中，警察根据有效的令状进行了非法的搜查（问题在于警察去了错误的地方，但在他们发现之后，他们仍然继续搜查）。该房主的住户起诉了王室（而不是警察），根据新西兰权利法草案寻求损害赔偿并获得成功。新西兰权利法草案不包含一般性的执行或救济条款，而如前所述，英国《人权法》第8条含有一般性条款，比新西兰权利法更能使法院发展出救济措施。然而，如《人权法》一样，新西兰权利法不是刚性的。新西兰上诉法院作出了对原告有利的判决，认定了以下因素是有关的：新西兰权利法旨在满足新西兰在《公民和政治权利国际公约》下的义务［该公约第2（3）条要求对违反条款提供有效救济］。人权法院与之有明确的对应性：公约第13条要求提供有效救济——虽然《人权法》并没有纳入这一条款。在辛普森案中，新西兰上诉法院依赖了马哈拉杰诉特立尼达和多巴哥司法部长（No 2）案[85]（如前所述）的判决，并从中找到对认定国家机构违反权利法草案的国家责任的支持。[86]

英国法院是否会采纳新西兰法院的方法，并以马哈拉杰作为先例以认定非司法行为的国家责任？我认为，我国法院当然可以援用新西兰案例和枢密院在马哈拉杰案中的决定并参考关于违反欧洲法国家责任判例法，并在这个方向上发展普通法。

---

[84] ［1994］3 NZLR 667，New Zealand Court of Appeal.

[85] ［1979］AC 385. 关于这一案件的延伸考虑，参见 A Olowofoyeku *Suing Judges*（1994）。

[86] 关于对 *Simpson* 案的评论，参见 J A Smillie 'Fundamental rights, parliamentary supremacy and the New Zealand Court of Appeal'（1995）111 LQR 209；A Hunt 'Fundamental rights and the New Zealand Bill of Rights Act'（1995）111 LQR 567。

欧洲法和核心价值

我们已经看到《欧洲人权公约》和1998年的《人权法》如何表述了共同价值（尊严、自治、尊重、身份和安全）。欧盟法也反映了这些价值；所以，通过直接效力原则[87]，它们在英国法中找到了位置。欧洲法院对于以下两类案件都有司法监督权：一是由成员国或其自己的官员直接提起的质疑；二是根据《欧盟公约》第177条（《阿姆斯特丹条约》第234条）来自成员国法院提请的案件。欧洲法院在一系列案件中决定：根本价值构成了它们必须赋予效力的一般法律原则之不可分割的部分，而在界定这些原则时，法院必须参考许多成员国共同的宪政传统和国际条约。[88] 如克雷格和德布卡尔评论的那样，这些国际声明可以被看做"成员所分享的共同价值的重要表达，而这转过来使它们成为共同体一般法律和人权原则的有价值的指标"[89]。然而，在实践中，欧洲人权法院在此问题上的大多判例法提出了有关商业活动的问题，而且没有直接考虑个人在其尊严和其他核心价值中的利益。欧洲法院表示"单纯的商业利益或机会"不会受到同一个人的人身利益一样的保护。[90] 然而，就我们的目的来说，重要之处在于英国法跨越公私之分发展出的价值也遍及欧洲共同体法律中。

---

[87] 参见本书第五章关于直接效力的简要讨论。

[88] 参见 T Hartley *The Foundations of European Community Law*（4th edn，1998）pp. 132－142；*Stauder v City of Ulm*［1969］ECR 419；*International Handelsgesellschaft* case［1970］ECR 1125；*Hauer v Land Rheinland-Pfaltz*［1979］ECR 3727。

[89] P P Craig and G de Burca *EC Law*（1995）at p. 294.

[90] *Nold v EC Commission*［1974］ECR 491；亦参见 A Clapham 'A human rights policy for the European Community'（1990）10 YBEL 331；J Coppel and A O'Neill 'The European Court of Justice：Taking rights seriously'（1992）Legal Studies 227。

结 论

让我们回到这一讨论的出发点——《欧洲人权公约》和《人权法》与核心价值和控制权力的关联性，以及《人权法》在公私之分上的效力。根据 1998 年的《人权法》，有利于核心价值的法律政策将变得比以往任何时候都更明确。法院必须将这些价值与其他价值（如在国家安全、公共安全、公共秩序等方面的公共利益）相权衡。《人权法》给予这些机制以额外权重，因此在某种程度上解决了司法审查发展[91]（及在私法中保护核心价值）中遇到的、有关确定核心价值和其他考虑因素的相对权重的问题。

这一系列考虑因素开启了如下可能性：迄今为止未有力保护核心价值的众多法律领域（如雇佣关系、歧视案件和隐私法）将被法院发展，以增加对个人利益的保护并将责任强加于掌权者。

虽然乍一看，《人权法》似乎在通过限制直接垂直效力来强化制度和职能上的公私之分；但在实践中，这种界分很可能被弱化，因为法院发展普通法通过要求私人机构在与其他人的相处中尊重权利和核心价值，这也使公共当局和私人机构的义务更加接近。

在实践中，涉及公约权利问题的私法争议很可能发生在脆弱的个人与掌权的公司和其他机构之间。因为普通法根据《人权法》发展并对掌权者强加对个人的尊重义务，它将促进对权力行使强加义务，以及保护个人在核心价值中的利益（如前述章节所描述的）的法律趋势。实际上，《人权法》试图保留自由多数决主义，虽然将侧重点移向该模式的自由方面。它将成为在公与私两个领域中发展审慎利他主义的促进因素。而且，它也将使积极专制主义模式的治理进一步边缘化。

---

[91] 参见本书第五章关于如下案件的讨论：*Pickwell v London Borough of Camden* [1983] QB 962，*West Glamorgan v Rafferty* [1987] 1 All ER 1005；*Bugdaycay v Secretary of State for the Home Department* [1987] AC 514 and *R v Secretary of State for the Home Department*，*ex p Brind* [1991] 1 AC 696。

第十一章

"并无公私之分"

克拉雷（Klare）提出："……认为法律讨论或自由政治理论中包含公私之分的核心概念，且这一概念具有确定的内容或可以在具体案件中被确定地运用，这是非常错误的。*并不存在所谓'公私之分'*。"①在本章中，我将提出，对于实体、救济和程序应当采取一种统一的方式，以取代公私之分。这将使普通法和衡平法与成文法条文和欧洲及人权法律一起发展，以促进对个人和公共利益的保护，使它们免遭各类权力的滥用。

实体统一案件概括

自奥赖利一案判决以来，人们一直都假定审慎决策义务只能在公法中被强加。之前章节中对于私法领域的讨论表明，实际情况并非如此。合法性、程序适当性和理性并不是特别的公法义务。在司法审查中，这些可能被称作不在权力范围之外行事，或者不违反授权法律条文的义务；在私法中，合法性要求决策者不违反信托契据、合同、章程或其他授权性文件的条款。私法和公法也都强加了采用公正决策程序的义务，这经常包括不得有偏见或利益，及在公共政策要求时，"莫听一面之词"规则的变化版本。这对于诸如雇主、受托人、公司董事、工会和其他成员组织的委员会、养老金信托和互助保险组织、能够限制贸易者和司法审查在内的种种都适用。

---

① K E Klare 'The public-private distinction in labour law' (1982) *U Penn LR* 1358, at p. 1361. 斜体为 Klare 所用。

在司法审查中，理性被表达为不作出非理性或温斯伯里式不合理决定的义务。私法中也存在类似的义务，例如会出现在信托、公司法和其他信义关系、合同制成员组织关系、雇佣、限制贸易和其他公共政策要求的关系中。在私环境下使用的措词包括不得以任意的、反复无常的、恶意的或超出合理性范围的方式作决定。

在公法或私法中，引致这些义务的条件是相似的：一般而言，如果决定将严重影响一个人的关键利益（特别是在其尊严、自治、尊重、身份或安全方面的利益），或者如果涉及其他公共政策利益（多与垄断和限制贸易有关），则可以行使司法监督权。我认为，根据这一材料，公法和私法共同形成了审慎决策的一般性义务，旨在保护个人和公共利益免受权力滥用的损害。这些义务不取决于一项决定是否在行使公共或政府职能时作出。并不存在公私之分。

在司法界，史蒂芬·赛德利先生和约翰·劳斯先生对此的表述尤其重要。[②] 在考察过有关公共雇佣、私人雇佣和对公共雇佣案件的司法审查后，约翰·劳斯先生对此发表了如下观点：

> 普通法不允许滥用权力。这是司法审查的基础，而这也反映了所有公共政策限制一个人凌驾于另一个人之上的私法原则。我认为，这也间接地注入了侵权法中，并反映在阿特金法官（Lord Atkin）的邻里原则和现代的（有时有些问题的）此领域的法理学对之所加限制的困难结合中。在必须面对权力滥用时，【公法和私法的界分】对普通法发展的必要基础并无多少启发……这些案件展开了一个只能由普通法提供确定保护的道德原则。（这是指“反对权力滥用的原则”[③]。）

史蒂芬·赛德利先生在 1998 年哈姆林第二次演讲中得出了如

② Sir Stephen Sedley ‘Public law and contractual employment’ (1994) 23 ILJ 201 and Sir John Laws ‘Public law and employment law: Abuse of power’ [1997] Public Law 455, both noted in chapter 6; Sir John Laws ‘The constitution-morals and rights’ [1996] Public Law 622, noted in chapter 9.

③ Sir John Laws, ‘Public law and employment law: Abuse of power’ [1997] Public Law 255 at pp. 464 - 465.

下结论：

> ……法律有关权力使用的主要顾虑不在谁来行使它，而在权力是什么和谁会受到影响；无论公私，对权力滥用的控制很可能是法院在21世纪的民主中面临的最重要的任务。④

平衡性考虑因素

无论在公法还是私法中，并不是只要决定可能对个人利益或公共利益产生负面影响，就会强加审慎决策义务。也并不是只要违反这些义务就总会给予救济。在公法和私法中，都存在类似的平衡性因素，以减弱审慎义务，或正当化法院行使拒绝给予救济的裁量权。这些因素可以被分为四类：牵涉个人决策者的“核心”利益的情况；所涉决定不被认为可司法裁量的情况；法院认为如果限制决策自由则会不当损害被告权威的情况；民主多元主义的考量因素要求法院不要干预的情况。

与被告利益相权衡

考虑到个人尊严、自治、尊重、身份和安全这五项“核心”价值的重要性（如本书全文所述，其贯穿法律），很自然，在决定是否引发审慎决策或审慎行动义务、其内容为何、其可否及如何被强制执行时，被告（包括被申请人）在这些价值中的利益在权衡中也需要被考虑。被告可能试图使其他利益（如商业利益）在与原告的利益权衡时被考虑。这些利益的相关性将取决于被告的性质和被告利益的内容。

运用之前章节中发展出的原则，当被告是公共或政府机构时，它将不被认为有权让其自身利益在与私人机构的利益进行权衡时

④ Sir Stephen Sedley ‘Public power and private power’ in *Freedom, Law and Justice* (50th series of Hamlyn lectures) (1999) at p. 54.

被加以考虑：公共机构没有利益。[5] 除非存在可司法裁量性问题等（如下所述），法院日渐倾向将审慎决策义务强加于公共机构。如果被告是行使公共或政府职能的私人机构，则有关利益的立场尚不清晰：大概如果职能确系公共性或政府性的，则机构应以利他主义方式行事，而其自身利益是无关的。

如果案件中的被告是负有特殊的利他主义义务的私人机构（例如慈善或养老金信托），而针对其私人决策提出质疑，则其自身利益不应被与原告的利益相权衡，法院也更可能强加审慎义务。如果被告是私人商业机构，则没有任何“核心”价值利益（基本是个人利益）会进入权衡。但其他利益（如商业利润）可能必须被考虑。然而，原告对核心价值的利益原则上很可能有更高权重，除非对它们的威胁微不足道。但这并不意味着商业机构总是负有审慎决策义务，因为这可能被其他平衡性因素（如可司法裁量性）所削弱。

可司法裁量性

在公法中，我们习惯了这样的观点：某些决定是不可司法裁量的，通常（虽然并非一成不变地）因为它们是“多中心”的。[6] 迪普洛克法官在公务员工会理事会案[7]的判决中解释了这一概念并给出了例证（大多来自国防、外交关系和国家安全领域）。公务员工会理事会案提供了不可司法裁量问题的一个良好例证——国家安全凌驾于安全和其他个人利益之上。

我们已经指出，因为司法裁量性和其他理由而无法取得司法审查的案件代表了对权力的积极专制主义观点的永久存在。R 诉英格兰高等教育资助委员会（口腔外科机构动议）（*R v Higher*

⑤ 参见本书第五章。

⑥ 参见 L Fuller ‘The forms and limits of adjudication’（1978）92 Harv LR 353。

⑦ *Council of Civil Service Unions v Minister for the Civil Service*［1985］AC 374. 参见本书第五章的讨论。

Education Funding Council for England, ex p Institute of Dental Surgery）案[⑧]表明主观或专业判断问题（如果在特定情形下可以合法地作出主观判断）原则上被法院认为是不可司法裁量的，即不宜以非理性为由而行使司法监督权。所以，在就某机构研究的质量作出学术判断时并不需要给出理由。这并不意味着专业判断永远不能在法院被质疑。可能就专业人士的过失提出侵权之诉，而它们的判断将根据具有特定学科技能的负责任的执业者团体所认为恰当的实践受到审查。[⑨] 不难设想，大学考试委员会虽然很可能不会就其学术判断受到司法审查，却可能就其履行考试职责时的过失承担责任。

司法审查中的不可司法裁量性在私法中也能找到对应物。可司法裁量性在本质上并非一个公法问题。其对应物包括在雇佣案件中，法院拒绝干涉管理性决定等。[⑩] 也可能设想在私法中存在其他一些这样的情形：是否强加以及强加何种审慎义务（特别是在决策中）取决于判断的事项（这同司法审查一样）。例如，有关与谁及根据何种条款签约的商业判断可能被认为不可司法裁量，例如，若由于对决定的审查屡致延误则无法实现市场需求。关于风险和市场情况的判断是高度主观性的，且经常不服从于理性分析。另一方面，若一家商业机构的决定可能会对个人关键利益或其他公共利益造成不利影响的，则要求其不以“任意或反复无常的方式”行事或倾听受影响者想要表达的观点，却事实上不会明显地不当干涉市场的运行。

在私法中有诸多不可司法裁量问题的例证。例如，在离婚法中，过错概念最终被抛弃，这主要是因为婚姻（当然还有其他个人关系）中的过错被认为是不可司法裁量的问题（如被认为过于耗时、昂贵和无趣，使得法院无意介入）。可司法裁量性的另一例

---

⑧ ［1994］1 WLR 242，DC.

⑨ 这是 *Bolam v Friern Hospital Management Committee*［1957］2 All ER 118 对医疗过失案件所规定的标准。

⑩ 参见本书第六章的讨论。

证是公共机构侵权的一些豁免，这排除了私法诉讼中的救济。（这是一个被欧洲人权法院在奥斯曼诉联合王国案[11]中迅速摧毁的边界，取而代之的是法院有义务听取反对强加国家责任的实体内容的论辩。）

但不可司法裁量决定的范围正在缩减。不可司法裁量性不是拒绝司法控制的普遍理由。随着 1998 年的《人权法》的引入，权衡个人利益和公共利益时的权重问题（可司法裁量性的一大因素）变得容易了，虽然还没有解决。有利于公约权利的假定被看作服务于促进个人在核心价值中的利益，而平衡性的“不可司法裁量性”因素（如国家安全和其他利益）被狭义界定，且只有当结果“对于民主社会是必要的”时，才能凌驾于这些价值之上。[12]

服从于权威

在公法和私法中，都存在所谓的保护被告权威免受不受欢迎的质疑的问题。星期日时报萨力多胺（*Sunday Times Thalidomide*）案[13]证明了英国法支持法院在蔑视法庭案件中的权威凌驾于其他利益（在该案中是出版自由和信息公开）之上的政策。然而，最重要的是，上议院就星期日时报案作出的判决被斯特拉斯堡的法院认定为违反了《欧洲人权公约》第 10 条。[14] 本书第五章所述的诺丁汉郡案[15]是又一例证：在该案中，法院在公法中服从于国会和部长。

---

⑪ Case No 87/1997/871/1083，Human Rights Law Report，（1998）Times，5 November. 参见本书第八章关于此案的讨论。

⑫ 参见本书第十章。

⑬ *A-G v Times Newspaper Ltd*［1974］AC 273（随后被欧洲人权法院在 *Sunday Times v United Kingdom*（1979）2 EHRR 245 案中推翻）。

⑭ 此案作为一个例子证明了根据《人权法》将公约纳入国内法为何很可能在个人利益与掌权者权威和公共利益间进行权衡时，增加赋予个人权利的权重。法院将不得不权衡人权价值和公共利益，且可能只在诸如对民主社会而言必要时以特别公共利益为由允许其他利益超过个人利益的权重：参见本书第十章。

⑮ ［1986］AC 240.

作为对比，本书第二章所讨论过的 1615 年的巴格案为法院不支持掌权者的尊严这一论辩提出了出色的早期例证；王座法庭并没有被如下论辩所说服：因为普利茅斯港口常被“许多思想不健全者……轻蔑良好治理者及和平的侵扰者”所光顾，所以有必要支持市长和其他行政官的权威，以保护其免受“平民的藐视”[16]。阿尼斯米尼奇有限公司诉外交赔偿委员会（*Anisminic Ltd v Foreign Compensation Commission*）案[17]的判决为法院不愿在将某机构排除出司法审查方面服从于国会提供了现代例证；在该案中，上议院找到了方法以绕过保护委员会免受司法审查的免职条款。总而言之，近年来的趋势是：相较于如第二次世界大战时期的情况［那时，臭名昭著的利弗西奇诉安德森（*Liversidge v Anderson*）案[18]是法院尊重国家安全和凌驾于个人之上的国家权威的下限］，法院给予服从权威或接受国家安全主张以排除司法审查这些考量因素更少的权重。

在私法案件中，法院之前比现在更多支持掌权者的尊严，以使其凌驾于下级个人的利益之上。布莱克斯通对于雇佣关系[19]、婚姻关系和家长制[20]的解释提供了有力例证，而克雷特尼 20 世纪初就家庭法改革的作品也是如此。[21] 就管理性特权仍被支持的雇佣关系而言，情况依然如此，虽然如同家长—子女关系一样，这些特权也带来责任。在家庭关系中，支持家庭权威不再像以前那么重要，而弱势家庭成员的自治和其他利益以及强者对弱者的责任变得更加重要。

---

⑯ （1615）11 Co Rep 93b at 94，77 ER at 1273.

⑰ ［1969］2 AC 147.

⑱ ［1942］AC 206.

⑲ 参见本书第六章。

⑳ 参见本书第七章。

㉑ S M Cretney ‘“What will the women want next?” The struggle for power within the family 1925 - 1975’（1996）112 LQR 110，参见本书第七章的讨论。

尊重多元主义

我们在之前的章节中多次提到，让私人机构受制于司法监督权可能与民主多元主义背道而驰。这是本书第一章所提出的、反对在公法之外向当事人强加法律义务的一个方面。特别是就私人机构（包括商业监管机构、体育或专业自管治机构以及如教会等私人组织）而言，因为一系列原因，它们的决策不应受到法律管制。例如，在法律上和概念上可以辩称，如果司法审查可以适用于“私人”情况，则其一致性原则将受到损害[22]；控制“微法律体制”将强加一致性并损害多元主义[23]；对私人机构的活动强加法律限制将不正当地干涉它们的自治[24]；如果它们可能面临诉讼，则它们的有效运行将受到干扰；法院不具备审查它们活动的专业知识。[25] 在特定案件涉及强加审慎义务的司法监督权时，可以在权衡中考虑和掂量这些因素。每一种因素都可能影响特定案件中公正和理性义务的具体内容，以及就衡平救济如何行使裁量权。然而，我认为，任何一种因素都不足以有说服力地整体排除在涉案机构对个人身份、安全或其他关键利益具有权力时，强加审慎决策义务、行使司法监督权的可能性。

---

[22] 参见，例如，Rose J *in R v Football Association*，*ex p Football League* ［1993］ 2 All ER 833 at 849。

[23] 参见本书第一章的讨论。亦参见 Megarry V-C 在 *McInnes v Onslow Fane* 中的评论（见于本书第九章）。

[24] 这本质上是一个新自由主义的论辩理由：参见 F Hayek *Law*，*Legislation and Liberty*，vol 3（1982）。

[25] 参见对这些问题的出色处理，见于 J Black and P Muchlinski in J Black，P Muchlinski and P Walker，（eds）*Commercial Regulation and Judicial Review*（1998） at p 9 以及该汇纂中的文章。

整合公法救济和私法救济

公法救济和私法救济在很多方面都相同或者近似。[26] 但是在针对未审慎决策的司法审查中无法取得损害赔偿，而特权命令也只可以在根据《最高法院规则》第 53 号令和 1981 年的《最高法院法》第 31 条行使的司法监督权中取得。在这个意义上，存在救济层面的公私之分。以下让我们更详细地考虑界分的这些方面。

损害赔偿

在第九章中我提出，在私法中违反审慎决策义务的救济措施可能包括损害赔偿，而给予损害赔偿未必意味着法院用其自己关于实体的观点代替决策者的观点。在司法审查中，一般认为，就违反决策中的公正和理性义务不能给予损害赔偿和补偿。[27] 这被认为是普通法的“根本性信条”[28]。

在邓洛普诉伍拉勒市政理事会（*Dunlop v Woollabra Municipal Council*）案中，法院认定，在自然正义规则要求给予一个人听审而未给予时，其本身并不能带来损害赔偿的诉由。[29] 在该案中，涉案的决定（对某土地所有权人强加建筑线限制）被认定为无效，而枢密院认为原告本可以忽略这一点，因为实际上没有造成任何损失。

这一决定带来了一系列问题。第一，在决策中违反咨询或理性义务或有其他非法行为而导致的决定并非总不会带来损害。在

---

[26] 但注意，在民事案件中不能取得针对君主的禁制令，除非在王座分庭的君王一方：1947 年《王权诉讼法》，第 38（2）条。

[27] 关于对公共当局提出私法损害赔偿请求的例证的讨论，参见 *X*（*minors*）*v Bedfordshire County Council*［1995］2 AC 633，HL。

[28] 参见 De Smith，Woolf and Jowell *Judicial Review of Administrative Action*（5th edn，1995）para 19－003。

[29] ［1982］AC 158，PC 171－172。

里奇诉鲍德温案中，解雇的决定以及在胡克动议案中撤销许可的决定不可以被当事人所忽视；在这些案件中，申请人在决定重新作出或案件和解前将会因不能继续工作而遭受损失。邓洛普案并非支持在此类案件中不给予损害赔偿的判例。第二，在邓洛普案中，请求被表述为普通法上的侵害之诉㉚、过失之诉㉛和滥用职权之诉。㉜ 各项请求理由都失败了。这一案件并不能作为判例证明对于普通法上未能审慎决策或衡平之失永远不能提起损害赔偿的请求。

凯恩在讨论司法审查中赔偿的不可得性时作出了如下评论：

> 并不清楚为什么理论上讲，不能至少就非法政府行为造成的伤害给予金钱赔偿以作为普通法上的救济。这不会是因为反对未经国会批准的政府开支的宪法原则，因为这将同样排除合同、侵权等的判决。这可能是因为损害赔偿在私法上作为一种权利而存在，而所有公法救济都是裁量性的。没有明显理由不将损害赔偿作为一种裁量性的公法救济。㉝

就公共或政府决策中违反义务行为无法取得损害赔偿这一立场应被质疑。我们之前已经提出，当涉及个人利益或其他公共政策考量时存在审慎决策的一般性义务。这些义务的存在不依赖于

㉚ 根据 *Beaudesert District Shire Council v Smith*（1966）120 *CLR* 145 案所确立的原则，如果“一个人因为他人非法、故意和积极的行为而不可避免地遭受伤害或损失，则他有权从另一方获得损害赔偿”。*Lonrho Ltd v Shell Petroleum*（*No* 2）[1982] AC 173 表达了不同意见，而在 *Dunlop* 案中也受到质疑，责任的条件过于不确定且被澳大利亚高等法院在 *Nortbern Territory of Australia v Mengel*（14 April）（1995）129 ALR 1 案中推翻。参见 *De Smith*，*Woolf and Jowell* para 19－066。

㉛ 理事会被指未能履行注意其决定合法性的义务。法院认定，并未违反该等义务（如果存在该等义务的话），因为理事会寻求了法律意见，而无论如何合法性问题得到了平等的权衡。原告也提出，在过失中存在一项注意义务，即在作出伤害原告的决定前应给予原告听审。就此法院认定，由于相应的决定因逾越成文法条文而无效，原告本可以忽略它且未因此受到任何损害。

㉜ 这一请求失败了，因为没有关于理事会恶意的证据。

㉝ P Cane ‘Public law and private law：A study of the analysis and use of a legal concept’ in J Eekelaar and J Bell *Oxford Essays in Jurisprudence*，Third series（1987）at p. 72.

决定是否在行使公共或政府性职能时作出。在私法中，违反这些义务可能导致损害赔偿之诉。[34] 私法和公法中审慎决策义务的来源都是相同的：普通法和衡平法，有时也包括成文法；强加这些义务的理由也是相同的，即存在权力的不平衡性，决定严重影响了个人利益或公共利益，以及倾向于控制权力行使以保护个人或一般性利益的公共政策。从这个角度看，在公共机构决策违反义务的情况下不给予损害赔偿看起来像没有任何原则性正当化理由的豁免权。在逻辑上和原则上都没有理由认为私法中就违反审慎决策（如果存在该等义务）而可得的救济为何不能针对公共机构而获得，无论是通过司法审查申请还是其他方式。

基于这样的理由，对于公共决策者违反审慎决策义务所作出的决定而造成的损失应当给予损害赔偿（如违反自然正义的决定，例如在胡克动议案[35]中，并对比私法案件泰特案[36]），或就丧失有利决定的机会或未能考虑申请（对比私法案件查普林诉希克斯案[37]）。

对于若公共机构未能审慎决策则应当给予赔偿的立场而言，有一个原则上的反对意见，即这将使国家承担大量成本。[38] 然而，并非所有未能审慎决策的行为都会给个人利益带来损失。在许多案件中，诸如禁制令和声明等其他救济措施可能已经足够。可以期待的是，如果决策者可能面临就错误决策而赔偿受害人损失的责任的话，行政实践将会有所改善。而最后需要指出的是，我认为私法的发展方向是：当涉及私人利益或其他公共政策考量因素时发展出一般性的审慎决策义务，提供损害赔偿救济，并将审慎

---

[34] 参见本书第九章关于私法中的救济措施的讨论。

[35] ［1976］1 WLR 1052.

[36] 1989 SC 4.

[37] ［1911］2 KB 786；亦参见 H Reece ‘Losses of chances in law’ 59 MLR（1996）188；及 N Jansen ‘The idea of a lost chance’ 19 Oxford Jo LS（1999）271。

[38] 参见如下文献中的讨论：P Cane ‘Damages in public law’（1999）9 Otago Law Review 489；P P Craig in *Administrative Law*（3rd edn，1994）pp. 646 - 650；‘Compensation in public law’（1980）96 LQR 413；C Harlow *Compensation and Government Torts*（1982）。

决策义务合理地延伸至公共机构：该责任将基本上是侵权或准侵权法责任，而没有理由认为公共机构应当豁免，虽然如上所述，在特定案件中认定是否存在以及存在何种义务时，其特殊情况应被加以考虑。

这一发展与公法的发展方式相一致。赔偿因公共机构决定遭受损失者的情况近年来已有了相当程度的扩张。[39] 在涉及未实施欧盟法的弗朗科维奇案[40]和法克特拉姆（No 4）案[41]的判决中已经可以获得损害赔偿；这本质上属于准侵权案件。[42] 议会行政监察专员可能推荐在不妥决定等案件中采用基于特准的支付[43]；税务裁决人也可能推荐这种支付方式；滥用职权的侵权正在经历某种复兴。[44] 向未来看，根据《人权法》，法院可能发展法律，以就公共当局侵犯公约权利的行为给予赔偿，并创设一种新的侵权或准侵权责任。这已经出现在了欧洲人权法院对奥斯曼案的判决中（见于本书第八章）：在该案中，公共当局在侵权法上的豁免权很可能无法见容于《人权法》。《人权法》的一个可能效力是：英国法院将在司法审查案件中发展出损害赔偿救济的一般性权利，虽然并不牵涉公约权利。[45] 换言之，许久以来，有关公共机构决策的趋势是有利于给予损害赔偿的，而将损害赔偿延伸至公共决策失误与这一趋势相符。

在就行使公共或政府性职能时的不法决策给予赔偿的体制中，

---

[39] 就此的讨论参见 C Harlow *Compensation and Government Torts*（1982）Part 3；P Birkinshaw *Grievances*，*Remedies and the State*（2nd edn，1994）。

[40] ［1995］ICR 722，ECJ.

[41] 参见 *Brasserie du Pecheur SA v Federal Republic of Germany*［1996］QB 404，ECJ。

[42] 参见本书第五章。

[43] 例如参见 Parliamentary Commissioner for Administration，Case No 3/87；出租车司机的公共服务交通工具（PSV）执照被吊销违反自然正义，而他成功申请了司法审查。议会行政监察专员给予他的赔偿少于他的全部损失，因为他应对此结果部分负责。

[44] 参见本书第八章。

[45] 参见本书第十章有关《人权法》的讨论。亦参见本书第九章关于私法决策救济措施的讨论。

关于公法司法审查案件的短诉讼时效和许可性要求的众多正当化理由将不复存在。如同在私法中一样，必要时赔偿将代替禁制令或推翻决定[46]；推翻决定（若不能得到赔偿，则这将是唯一的救济措施）的迟延对公共利益和第三方利益带来的不利影响将得以避免。

凯恩考虑了有关既有案由之外损害赔偿不可得性的争论后得出了这样的结论：若政府对其他救济的服从不被如此限制，则在公法中排除损害赔偿救济在法律或政治政策上没什么合理理由，作为一项救济措施的损害赔偿的性质也不能解释对其适用“根本性信条”[47]。政府损害赔偿责任的问题必须在实体层面加以解决，而不是参照一个实际上不合理的信条就将其排除。特别是，如上所述，就在私法中强加损害赔偿责任而言，行使公共或政府性职能的机构若要豁免该等责任，则必须要有有力理由，考虑到欧洲人权法中正在发生的取消国家豁免的进程。

特权命令

一旦接受并不存在实质上的公私之分且在公法和私法中具有一般性适用的审慎决策义务，则就司法监督权中的特权命令的地位仍有疑问。[48] 考虑到在现行法律下，这些救济措施只存在于公共或政府性决策之中，公法与私法之间存在明显的“救济之分”[49]。

救济上的界分并非不可避免。特权救济对于有效的公法体系而言绝非必要。在苏格兰，并没有特权命令的直接对应物，但其体系提供了有效的司法监督权，以通过与声明对应的确认之诉

---

⑯ 参见 *Jaggard v Sawyer* 和 *Wrotham Park Estate Co v Parkside Homes* [1974] 2 All ER 321。

⑰ P Cane ‘Damages in public law’（1999）9 Otago Law Review，489.

⑱ 参见本书第一章的讨论。

⑲ 但注意情况并非总是如此。参见本书第二章中关于 *R v Barker*（1762）3 Burr 1265 的讨论：在该案中，法院针对一个非英国国教徒的会议厅的受托人颁发了执行职务令，要求他们接纳被选出的部长。

(declarator)、与禁制令对应的禁令之诉（interdict）和与取消文件对应的回复之诉（reduction）来控制公共或政府性决策。[50] 在英格兰，特权令状起源于作为普通法法院的王座法庭；当时，损害赔偿是普通法上唯一可得的救济措施。其重要性大体是因为其引入了一种非金钱救济，否则对于普通法上的过错就无法取得任何救济。自那以后发展出了禁制令、取消文件和声明这些救济措施（它们对于衡平法、普通法、法律和成文法过失都是可得的），而在一些特别领域中（如规划和强制征收）引入了一些法定撤销令。特权命令不再像它们刚被发展出来时那样重要。

同样值得指出的是，一种更宽松的给予特权令状或命令方法被引介到了美国，即获得救济的权利不取决于公共或政府性职能或存在公私之分。在非公共或政府性的活动中可以取得执行职务令[51]，所以美国并没有英国那样的救济上的公私之分。

调卷令的一个特别之处在于它“推翻”或取消了可能影响司法审查申请人之外的第三方或一般公共利益的文件。可以理解，在使用该等救济时，对第三方和公共利益应有特殊保护。但在苏格兰，就回复之诉（reduction）而言，并没有与英格兰的申请司法审查的许可要求和短时限的对应物。在那里，有关第三方和公共利益的问题（如正式命令被质疑的情况）由法院通过行使给予救济的裁量权的决定得到处理。[52] 在英格兰的私法中，如果交易被撤销，则也会涉及第三方和公共利益，而如我们将在下一节中看到的，法院通过行使给予衡平法救济（禁制令和声明）的裁量权

---

[50] 参见本书附录关于苏格兰体制的讨论。

[51] 参见，例如，*Nash v Page* 80 Ky 539（1882）——烟草仓库管理人被认为从事公共职业，因此受制于执行职务令，以避免他们拒绝与特定烟草商交易；*Salisbury and S Ry Co v Southern Power Co* 105 SE 28（1920）（South Carolina）——有针对供电商的执行职务令，而要求文件披露以确定什么是向其他客户收取的最低价；*Portland Gas Co v State* 135 Ind 54：“一个燃气供应商有义务向其管道连通的房屋供应燃气。法院经常认定执行职务令是强迫燃气供应商向有权得到燃气者供应燃气的恰当程序。”一般性地参见 B Wyman ‘The law of public calling as a solution to the trust problem’ XVII Harvard LR（1903—1904）156。

[52] 参见附录。

使之得到解决。

最后，法院在决定是否给予特权命令时将考虑良好治理的利益、对第三方的影响和申请人的行为（包括迟延）——它们的裁决是具有裁量性的。但法院在决定是否在司法审查和私法诉讼中给予衡平法救济（特别是禁制令）和声明时考虑的因素是类似的。

总而言之，对此而言，司法审查和私法司法监督权之间有关可得救济和行使给予救济的裁量权的方式的区别并不是根本性的。在一个整合的体系中，可以复兴如下古老的普遍法立场[53]：调卷令和执行职务令可以针对非行使政府性权力的私人机构作出。或者仍可保持只针对公共或政府职能而给予这些救济，但不应限于司法审查申请，也应适用于一般高等法院案件。我认为，有意义的区别不在于救济本身，而在于围绕它们的程序法。现在我们考虑这一点。

司法审查申请

公私之分的第三方面是程序：对行使公共或政府职能的决定的质疑必须通过司法审查申请提出要求。司法审查申请的被申请人享有相当的程序性保护，包括申请许可的要求、及时并至迟在3个月内提出申请的要求和缺少自动给予的口头证据或文件披露。[54] 我认为，司法审查和私法案件中的这些差别既不必要也不根本。第一，苏格兰没有这些保护[55]：英国政府在南部享受比在北部更多的诉讼程序性特权。而没有这些保护在苏格兰看起来并不是一个问题。第二，针对申请特权命令的程序性特权近年来才产生。对于通过特权令状的司法监督权的发展和行使来说，给予公共机构这些保护并不必要。这并不是要否定对于保护某些（公共机构或其他的）决定免受迟延或无意义的质疑有时可能有合理的公共

[53] *R v Barker* (1762) 3 Burr 1265.

[54] 参见本书第四章和第五章。

[55] 参见本书附录。

政策理由。但我认为，这一因素可以通过其他方式得到解决（我们之后会讨论），而不是通过《最高法院法》第31条和《最高法院规则》第53号令给予被申请人自动保护。第三，值得注意的是，在涉及关系的私法情形下，存在或曾经存在类似的、基于成文法的保护措施来应对迟延或无胜诉可能的对行动或决定的质疑的保护措施。短时限和裁量性救济没有什么特别的"公共性"。例如，向雇佣法庭提出的，针对不当解雇、冗员解雇或歧视的申请原则上必须尽快并至迟在被投诉事件发生后3个月内提出。根据1969年前的《离婚法》，对于一些婚姻不当行为的投诉适用6个月的时限。这些特权可以在一定情形下被正当化，但不应像司法审查中那样一概地给予特定类型的被申请人以特权。

简言之，现在关于司法审查申请的条款给予司法审查申请的被申请人以程序性保护，这对该管辖权并非根本性的。很多普通法法域（包括苏格兰）都没有这样的保护却也无甚问题。这样的保护也非独见于公法，因为在以前的私法争议中也有类似的条款，且雇佣法案件现在仍是这样。同样值得注意的是，在1954年之前，公共当局在民事案件中享有12个月的法定诉讼时效[56]（1939年减少为6个月[57]）的特别特权。该保护被1954年的《法律改革（诉讼时效）法》所取消。[58] 现在对于司法审查申请一概给予3个月时限是异常的。

很好理解，公共机构的许多决定需要被尽快执行；若项目（如建设道路、医院等）面临由受影响的邻里、土地所有者等提起的诉讼，特别是如果申请人胜诉则救济措施是推翻授权项目的命令而导致项目被废弃的话，这也与一般公共利益不符。这也不是公法独有的问题。例如，在鲁特姆公园房产（*Wrotham Park Es-*

---

[56] 参见1893年《公共当局保护法》。

[57] 1939年《诉讼时效法》第21、34（4）条及附录。

[58] 参见 M Beloff 'Timeliness and public authorities' in C Forsyth and I Hare (eds) *The Golden Metwand and the Crooked Cord* (1998)。

tate）案[59]中，房产被建设、出售和占有，而违反了限制性条件。法院拒绝以禁制令要求拆除房屋（原因是这会对第三方有不利影响），而是给予了一定的衡平法赔偿。在公法中，对于规划和强制征收案件，这类问题通过法定上诉时限解决，但没有给予赔偿的选择。这类保护也可能延伸至迟延诉讼和推翻命令会损害公共利益或第三方利益的其他情形。基于第 53 号令给予被申请人一概的保护，而无视被质疑的决定的事项，以及不给予损害赔偿看起来是站不住脚的。

反对整合公法和私法的案件

塞缪尔提出：“不区分公法和私法对个人而言可能是危险的，因为这将鼓励这样一种观点：国家像私人一样有权享受隐私权、名誉、财产等；对于公民自由权来说这是一个令人不安的趋势。”[60]对取消公私之分的反对意见（建立在马隆诉大都市警察局［*Malone v Metropolitan Police Comr*）案[61]的决定之上］已经部分被德比郡市政委员会诉泰晤士报（*Derbyshire County Council v Times Newspaper*）案[62]的决定（该案否定了理事会就保护其管治声誉而提起诉讼的权利）所推翻。通过接受公共机构没有它们可能合法促进或追求的自身利益的观点，这一反对意见得到了接纳。[63] 但这里提出的论辩理由既有利于通过取消程序性特权、延伸损害赔偿裁决的范围来增加对国家机关的控制，也有利于增加私法中掌权者的责任并减少国家介入私法而非公法的吸引力（如其在马隆案中所做的那样）。这一系列理由并不意味着在没有公私之分的情况下，国家将享受比有公私之分的情况下更大的行动自由。相反，

---

[59] *Wrotham Park Estate v Parkside Homes Ltd* ［1974］ 2 All ER 321.

[60] G Samuel ‘Public and private law：A private lawyer's response’ 46 MLR (1983) 558，at p. 582.

[61] ［1979］ Ch 344（本书第五章曾讨论过）。

[62] ［1993］ AC 534. 参见本书第五章的讨论。

[63] 参见本书第三章。

我认为，通过取消程序特权，国家将受到更多的控制，而私人机构也将在特定情形下受制于审慎和利他主义义务。

对取消或消解公私之分的观点的另一反对意见是法治要求确定性。取消界分会使哪些公私机构对它们所接触的人士负有什么义务这一问题变得不清楚。问题在于现行制度下也没有确定性。奥赖利诉麦克曼案的决定中的界限自此之后逐渐移动。私法中审慎行动和审慎决策义务的范围无疑将继续扩张。《人权法》将在某种程度上澄清公共机构的义务，无论它们行使的是公共还是私人职能。但其对于私人机构的适用性更不确定。

普通法中发展和改变原则以应对变化的条件的方法将不可避免地导致这一结果。除普通法方法外，考虑到处理公法问题的成文法（这经常会引入新的不确定性）和欧洲共同体和欧洲人权法的发展，对法律确定性的需求在此领域很难得到满足。但我认为，如果法院不再受制于程序排他性规则，则法院可以根据以上提出的方式发展制度：事实上，这一领域的法律将因此更少不确定性，而更多一致性和正义。

法律、政治和国家的角色

一个有利于公私之分的重要理由是：我们需要清楚地知道国家的角色，而法律应反映这一观念。艾利森（Allison）提出，若没有这一观念，则我们的公法将注定缺少系统性原则。[64] 这是一个有力的理由，但它没有触及这里提出的整合公法和私法的理由。无论其职能为何，也无论该职能是否符合国家角色的任何特定概念，一般而言，掌权的决策者都应根据公共政策受制于审慎决策义务，特别是当它们的决定影响个人的关键利益时。若国家的行为或决定对可确定的个人产生负面影响却仍能当然地享有程序法

---

[64] J Allison *A Continental Distinction in the Common Law*（1996）chapters 2 and 11.

特权，则这是错误的。我们需要关于国家角色的清晰概念的观念不影响这样的论辩理由，即对于握有针对个人权利的私人机构应在原则上负有审慎决策义务。

艾利森提出，如果没有一套系统的规范国家角色的原则，则对司法程序的不满和司法角色的不确定性仍将继续。这是正确的。但我认为，这一考虑因素本身并不足以削弱这里提出的论点，即在英格兰不急需一套关于国家恰当角色的一致观点时（很可能如此），我们应转向一种整合的权力行使方式，并考虑上文提出的所有事项。其实，艾利森的部分观点是：除非社会有发达的国家理论（这一理论将承认国家管理的特殊性并因此为国家行政适用一套特殊规则提供正当化理由）和管理那些规则的特殊机构，则公私之分不可行。可能正是因为英格兰（或苏格兰迄今仍是如此[65]）仍没有一套充分发达的国家理论，故而现在的公私之分仍不具有一致性。

艾利森提出：“在缺乏对国家治理和公法范围的大致共识时，该区分将退化为修辞工具。”[66]在“私人”机构行使许多广义上的“公共”职能并拥有可能对个人利益有负面影响的权力累积的条件下，在政治家或公众均没有兴趣考虑或同意“国家治理的特殊性”的条件下（特别是如果这意味着不使私人机构的权力行使受到控制），我认为公法—私法的区分是不可行的。这一界分无非是修辞工具而已。艾利森得出的结论是“支持保留区分的人士应当支持理论上的、制度上的和程序上的根本性改革”[67]。这样的改革看起来很不可能发生，或也不应当发生［考虑到许多“私人”机构与国家机构相似（反之亦然）的现实］。在现实中，除了支持消解公私之分并采纳一种整合方式的进程之外别无他途。

---

[65] 参见本书附录。

[66] *Allison* at 38.

[67] *Allison* at p. 246.

第十二章

通向公法和私法中的民主和公民权

在这最后一章中，我们试图将一些思路贯穿起来，并将之前章节中的素材与本书第一章所勾勒的政府、民主和公民权理论联系在一起。我们应提取联系公法和私法的共同理论，以试图用民主和公民权的术语正当化我们在之前章节中提出的论点，即整合公法和私法的方法与民主原则是一致的。

权 力

本书第二章探究了权力的性质。公法和私法的共同点是，它们都建构权力并经常控制权力的行使。本书第五至十章包含法院关注控制的各类权力的例子，它们有公有私。当公共和私人机构有可以处置的资源（无论是财产还是给予如许可、教育、雇佣、重要组织的成员资格等其他重要利益）时，它们都掌握补偿性权力或“所有权”。尽管原则上讲，只有国家机构可以行使“惩罚性”权力（即运用人身强制力贯彻其意愿的惩罚权），私人组织或有同样有效并对个人利益有损害的权力，如取消个人在某一团体或组织的成员资格的权力，或撤销合作的权力。公共机构和私人机构都有可以处置的科层（组织权），这使它们与个人相比具有优势。

价 值

本书第三章考虑了“价值”的性质，简要提出了法院支持的特定价值，并指出了其在自由和社会理论中的出处。本书第四至十章给出了在公法和私法中，这些价值的重要性得到承认并在诸多法律领域中被给予权重的例证。

法院对于这些价值的确切性质并未给予详细考虑；它们在实践中是相当简单和未经发展的法律概念。但根据之前章节给出的例证，我们现在对这些概念作出如下阐述。自治伴以关系中的人身完整性和行动自由，在诸如医疗等问题上自己作决定的权利，保护在面对权力不平等的压力时缔结合同者的真正自由，自由结社，以及越过任意或反复无常的障碍而谋生的机会。尊严伴以参与并影响可能对个人不利的决定的机会，免受他人任意或反复无常的歧视、支配（无论是心理上的还是身体上的）或剥削，隐私，以及寄于与其交往者的信任和信赖。尊重包括被作为公民伙伴而被审慎对待，以及在考虑可能不利的决定时使自己的利益在权衡中被严肃对待并给予权重。所以，尊重经常出现在参与性决策过程中。身份意味着一个人在公民社会及其各种组织（如家庭、教会、大学、雇佣和职业组织、地方和功能性社群、社会组织等）中的声誉、地位和名望。安全伴以现在和将来得以获得收入，在生活中免受危险、风险或损害性变化（例如，在家庭或雇佣关系中），以及信赖和依赖与之交往者的能力。

政府和民主理论

本书第一章勾勒了四种政府或民主理论，以及它们相应的臣民或公民权理论。每一种都涉及控制权力和保护个人利益的问题。公法中仍有积极专制主义因素，而法院不会向以国家安全为由而行使特定裁量权职能的人士强加公正性和理性义务，而当成文法文件被挑战时，它们会遵循国会的意见。其在私法中的对应物包括支持雇主对雇员的权威。在积极专制主义制度下使社会黏合在一起的“胶水”是等级和权威，其为社会成员提供了某种程度的身份和安全，但却不太重视弱者在强者面前的尊严、自治和尊重。过去一个世纪左右以来的趋势是反对这种权力行使方式，而转向本书第一章勾勒的其他理论。

自由主义多数决方法体现在议会至上原则中；依据该原则，法院可以正当地服从国会。这一原则会将对个人利益的干涉正当化。这一制度是自由的，因为如果没有议会权威，则对个人公民和政治自由权的干涉将不被允许。但这一理论没有排除对个人利益的其他干涉，也没有当政府决定损害该等私人利益时，提供审慎决策义务之类的保护。

科特雷尔把这叫做“统治权”模式[①]：其图景是个人臣属于更高的政治权威。在政治权威（国会和政府）以及每个从属个人之间都存在支配关系。在我们看来，这是积极专制主义和自由主义多数决理论的结合。根据这种模式，从属者未必有共享的价值，但他们都承认共同的上级权威。科特雷尔提出，越权规则反映了这种统治权图景，其正当化司法审查的依据是法官实施国会的立法意图。[②] 但该制度的民主元素意味着将政治和公民社会黏合在一起的“胶水”不再是权威和等级，而包括通过议会选举而获得的合意以及在公民和政治自由中的安全感；因此，个人的自治、尊严和尊重不能未经国会同意就被强制干涉。

一般而言，公法和私法的发展反映了自由主义多数决模式或积极专制主义模式外的另外两种民主模式。侵权法的许多发展都体现了审慎利他主义。这一理论也解释了公法和私法中有关决策的案件，其要求决定不能任意、反复无常、不合理或具有歧视性，也要求决策者不能为了自身利益而应当以利他的方式行事。参与性社群主义对司法审查中程序适当性义务的发展颇有影响；其对私法也有影响，体现在对成员组织（如工会、大学、私人管制机构等）合同关系中的掌权者强加类似义务；甚至在信义关系（如信托）中也可能强加自然正义义务。

对科特雷尔来说，社群主义包括政治上自治的人民有道德凝

---

① R Cotterrell ‘Judicial review and legal theory’ in G Richardson and H Genn *Administrative Law and Government Action* (1994).

② 参见本书第二章关于这种司法审查理论的讨论。

聚力的组织的形象。提出一种在个人之间和社会组织之间的、基于共享价值的、自然、自发或自由选择的水平关系，而不是个人和国家之间的垂直专制主义关系。[③] 这一概念有效地融合了民主的市民和公民理论，并因此支持用公法和私法相整合的方式代替公私之分。在这些模式中，凝和政治和公民社会的胶水是独立、彼此尊重、对弱者的责任、利他主义和信赖的网络，而不是等级和专制主义。

公民权理论

这些发展明显对公民权有影响。随着积极专制主义理论的式微，个人不再是臣民，而变成了公民。但一个人所经历的公民权的类型取决于他/她在核心价值中的利益如何受到保护，以及他/她对于自己行使权利和被行使权力的态度。艾伦提出，普通法（尽管不完美地）体现出的一套宪政价值超越了立法者订立的一般而言具有过渡性的特别规则。[④] 他指出，法律面前的平等是“平等公民权的一个方面，道德平等或平等尊严或所有受制于政府权力者的理想”[⑤]。法律的普适性和预见性要求会提升人民在社会中的安全和信任程度。“自然正义规则不但确保成文法和政策被有效和准确实施（工具化理由），还通过适当承认那些自由权和利益受到行政控制者的尊重提升了人类尊严。”[⑥]他还提出，程序公正性要求承认“公民伙伴的特殊尊严，公职人员或公共机构诉诸这种尊严，以获得为了共同努力的有意愿的合作。对公民提供了职务行为的正当化理由，使之在可能的情况下基于对共同利益的共同理解参

③ R Cotterrell ‘Judicial Review and legal theory’ in G Richardson and H Genn *Administrative Law and Government Action* (1994).

④ T R S Allan ‘Fairness, equality, rationality: Constitutional theory and judicial review’ in C Forsyth and I Hare (eds) *The Golden Metwand and the Crooked Cord* (1998) at p. 17.

⑤ Allan, op cit.

⑥ Allan, op cit at pp. 18 – 19.

与官方评议”[⑦]。

私人机构同国家机构一样负有类似的审慎行动和决策义务这一事实意味着，公民权既是公民身份，也是市民身份。它们也削弱了越权规则和国会意图原则作为司法审查基础的理论以及对民主的多数决主义观点。不同的是，它强调了这样的观点：社群主义和利他主义原则随着关于决策的法律的发展而发挥作用。在社群主义观点发展的范围内，可以期待其跨越公法和私法，因为其对于如下方法是必要的，即国家不享有对其公民为所欲为且不受挑战的权威（这是多数决主义观点所隐含的），但其假定国家应当以合作的方式行事，而若权力握于私人之手，则也应当期待掌权者对其公民伙伴有同样的尊重。

所以，本书之前章节中所支持的取消公私之分的观点将促进将民主和公民权延伸至公民社会的进程；这一进程已经随着成文法、衡平法和普通法的发展持续了一个多世纪。

在一个社会中公民权的性质受到若干因素的影响，包括权力行使和被控制的方式，法律所支持的价值及该等支持的方式。这些事项转而又会影响人们的品格和行为。如果（用一个类型化的例证）多数人都是自私且以自我为中心的个人主义者，且缺乏政治技能，又对他们所在或所临的社区或政治进程没有兴趣，则在参与政府和社会以及接受对他人和公共利益的责任方面的公民权实践将很稀少。这些个人对于公民权性质的观点将很可能是高度个人主义的——其关涉行动的权利和自由，及有权享有免受国家、其他个人或私人组织侵扰的自由。这是一种消极形式的个人主义，其本质是“让个人自做自事”[⑧]。其也很可能包括有权剥削他人、利用权力不平衡和拒绝对他人的任何利他主义义务的观念。这将导致没有责任的权力、限于选举投票的政治参与、在交往中缺乏

---

⑦ Allan，op cit.

⑧ 参见 P Cane ‘Public law and private law：A study of the analysis and use of a legal concept’ in J Eekelaar and J Bell（eds）*Oxford Essays in Jurisprudence*（3rd series，1987）at p. 58。

互信或不能相信人们不会剥削别人。

另一个类型化的例证是个人享有自治、尊严、尊重、身份和安全，并承认社会中的其他人也对同样的价值拥有利益，则另一种人将会产生：若他行使自治会干涉到其他人享有核心价值，则他不会行使自治；他自感属于社会中的许多公私组织和机构，因为他知道身份对于社会福祉之重要；他具有安全感，而这是基于他对与他交往者、法律和政治进程的信任。这样的一个人将会平等尊重他的公民伙伴，并且不歧视特定的族群。他将留神他人的尊严被尊重的需要。这类人如果掌权，则将会在行使权力时考虑他人的利益，特别是处于相对弱势地位的人的利益。他将接受利他主义的责任和义务。

在此类社会中的相对无权的人群以及一般的社会大众将会理解公共和私人组织必须作出管理性决定（这些决定可能对个人有负面影响）。当决定对他们产生正面或负面的影响时，他们都将体会安全感；这既是因为他们在社会中的身份来自对工作、公民社会组织、公私活动的一系列参与，所以他们的脆弱性不会集中于生活的某一方面，也是因为他们感到可以信任掌权者将尊重他们，并将在他们的权力范围内以符合利他决策的方式为他们作出审慎安排。

这样一种乌托邦式的个人即使处于脆弱地位，也将拥有政治经验、信任和自尊，对掌权者计划和行动作出利他主义判断的理解力，并以成比例和相互尊重的方式寻求决定和为决定提供意见。这一系列态度来自于他们感到自己通过身份和安全、信任感和对他们自己及与之交往者的尊严和尊重的信赖融入并参与进社会当中。

这样一幅高度理想化和简化的图景当然只是描述了如果所有个人的生活经验都是他们在核心价值中的利益被高度重视，且会在掌权者作出可能对他们不利的决定时被加以权衡考虑的情况下，生活会怎样。但这一乌托邦的勾勒旨在将核心价值放入更广阔的社会、政治和伦理语境中。人们的品格部分取决于法律如何对待他们。之前章节的讨论旨在展现公法和私法如何认可促进个人核心价值利益、保护弱者免受权力滥用（无论其是公是私）侵扰的需要。

最后的话

总之，公法和私法有很多共性。企图通过实体、程序和救济的界分区别它们是肤浅的，且有悖一个多世纪以来的趋势。实际上，在公法和私法中，民主（市民和公民民主）和公民权理论都影响重大。这些影响来自国会、欧共体、《欧洲人权公约》、普通法和衡平法。它们都日益重视支持个人的尊严、自治、尊重、身份和安全，使其免受权力行使的影响。这些价值是个人主义、社会或社群主义的。而这些价值背后的民主和公民权理论给予权威的需要和多数决主义日渐减少的权重，而增加了支持考虑他人、利他主义、社群主义和参与的权重。所以，立法意图原则和越权规则作为就法定裁量权的司法审查的管辖权的正当化理由不再有说服力。人们开始承认，作为由成文法条文、衡平法和普通法所阐明的公共政策，法院承担着纠正错误、要求掌权者（无论公私）以符合民主标准的方式行事的职责。实际上，它们在发展和提供民主及公民权实践的渠道方面具有重要作用。

附　录

一个对比：苏格兰的方法

苏格兰提供了这样的一个例证：其制度与英格兰紧密关联，却既没有英格兰式的给行使公共或政府职能者的特权（通过短时限和申请司法审查许可的要求），又没有在英格兰被认为应当具有的实质的公私之分。① 随后我们将关注两种制度在两方面的对比：决定很可能会对个人的关键利益产生不利影响的情况，以及存在权力不平衡的情况。然而，需要小心的是：苏格兰制度与英格兰制度的根基不同、概念不同、合同法（苏格兰和英格兰许多涉及司法监督权的案件外缘都涉及合同法②）和诉讼利益也不同。

首先，让我们来勾勒一下苏格兰对司法审查和公私之分的立场。苏格兰最高民事法院通过司法监督权享有固有的审查权，而不限于公法案件。（其实，"司法监督权"这一术语直到近来才被苏格兰法所采纳，而其更乐于使用法院的"监督性权力"，"主管"权威和"超群管辖权"等表达。③）关于最高民事法院的司法监督权在公法之外发挥作用的一个突出例证是将裁决人限制在其权力

① 参见 Lord Clyde 'The nature of the supervisory jurisdiction and the public/private distinction in Scots administrative law' in W Finnie, C Himsworth and N Walker (eds) *Edinburgh Essays in Public Law* (1991); W J Wolffe 'The scope of judicial review in Scots law' [1992] PL 625; C M G Himsworth 'Judicial Review in Scotland' in M Supperstone and J Goudie (*Judicial Review*) (2nd edn, 1997) and 'Judicial review in Scotland' in B Hadfield ed (*Judicial Review. A Thematic Approach*) (1995)。

② 参见本书第一章关于"司法监督权"这一术语的解释。

③ 参见 C M G Himsworth 'Public employment, the supervisory jurisdiction and points West' 1992 SLT (News) 257 at p. 259. A W Bradley 在解释苏格兰行政法的著作 *Laws of Scotland*, para 348 中对司法监督权作了如下定义："最高民事法院行使监督和审查低级法院、裁判庭、公共机构、当局和政府官员行为或决定的固有管辖权，其依据是越权、滥用裁量权、超越管辖权、违反自然正义和公正性、未能遵守法定程序要求和未能履行法定义务。"

范围之内的权力。[④] 1994 年《最高民事法院规则》第 58 章对行使该等审查权的程序作出了规定。[⑤] 其规定内容如下：

对法院司法监督权的申请应通过司法审查请求作出……（注意规则中的强制性术语）

上诉或基于法律规定的审查申请被第 58 章所排除，所以如同英格兰的司法审查申请一样，法定上诉和审查不在“司法审查请求”的范围之内。

韦斯特 (West) 案

在司法审查中行使司法监督权的原则由前最高民事法院院长霍普院长在重要的韦斯特诉苏格兰国务大臣（*West v Secretary of State for Scotland*）案[⑥]中提出。该案旨在廓清此前案件所造成的混淆。这些原则如下：

1. 最高民事法院在行使司法监督权时有权对任何被成文法、协议或其他文件授予或委以管辖权、权力或权威的个人或机构作出决定的进程进行规制。

2. 行使司法监督权的唯一目的是确保个人或机构不逾越或滥用该等管辖权、权力或权威，或未能达到该等管辖权、权力或权威的要求。

3. 申请的适格性不取决于公法和私法的界分，也不限于英格兰法所认为受制于司法审查的那类案件。就适格性问题而言，将法院规则第 260B 条下的司法审查描述为公法救济也是不正确的。

霍普院长接着提出了若干进一步“重要论点”：

---

④ 参见 *Forbes v Underwood* (1886) 13 R 465。

⑤ SI 1994/1443. 这些最早被包括在 1985 年颁布的《法院规则》第 260B 条中：SI 1985/500。

⑥ 1992 SC 385.

(a) 司法审查存在的意义不在于提供一种上诉机制，而在于确保决策者没有逾越或者滥用权力，也行使了授予或委托给他的义务。法院没有资格审查行为或决定的实体内容，也不能用其自己的观点替代被授予或委以这一事项的个人或机构的观点。

(b)“管辖权”这个词最好地描述了受制于法院司法监督权的个人或机构被赋予的权力、义务或权威。其在这里的意思只是“决定权”，而其可以被用于任何行政机构、具有相似职能的个人和低级裁判庭的行动或决定上。对管辖权的逾越或滥用可能包括超越权力，或未能遵守其限制，或偏离自然正义规则，或未能理解法律，或考虑了不应被考虑的事项。构成逾越或滥用管辖权的类型不是封闭的，而可以随着行政法的发展加以调整。

(c) 英格兰法律和苏格兰法律对于决策过程可能受到审查的依据这一问题上没有多大区别。所以可以参考英格兰法律确定是否存在对管辖权、权力或权威的逾越或滥用，或是否未能满足管辖权、权力或权威的要求。

(d) 合同权利和义务（如雇主和雇员之间的）并不那么受制于司法审查。适宜行使司法监督权的案件包括三方关系，即：被授予或委以管辖权、权力或权威的个人或机构，授予或委以该等管辖权、权力或权威的个人或机构，以及福利受到该等管辖权、权力或权威行使影响的个人。

韦斯特案之后：苏格兰的司法监督权什么时候可以在私法中行使？什么时候可以在司法审查请求之外行使？

虽然如霍普院长在韦斯特案⑦（发生在 1985 年的规则改变之前）所依赖的案件所示，司法监督权原则上被认为可以针对行使

⑦ *McDonald v Burns* 1940 SC 325；*St Johnstone Football Club v Scottish Football Association Ltd* 1965 SLT 171；*Brentnall v Free Presbyterian Church of Scotland* 1986 SLT 471.

私人职能的私人机构而存在，但不清楚的是何种私人机构受制于该等管辖权，而在何种情况下私人机构在决策中受制于广义的合法性、公正性和理性义务；同样不清楚的是管辖权何时必须通过司法审查请求（而不是其他程序）行使。问题部分在于当这些点应当可以被考虑时并不总会被考虑。[⑧]

在韦斯特案中，霍普院长特别提到了两个案例，在这两个案例中，最高民事法院曾对涉及审慎决策义务的私法案件享有管辖权。在麦克唐纳诉伯恩斯（*McDonald v Burns*）案[⑨]中，最高民事法院认可其有权针对罗马天主教会在有关教义和教会权威的争议发生后将修女驱逐出修道院的决定行使“司法监督权”[⑩]。教会当局向最高民事法院申请驱逐修女以及与之相伴的确认（declarator）和禁令（interdict）等救济措施。修女在其答辩中依赖于适用于司法监督权行使的实体法，并声称教会当局的行为越权且违反自然正义。最高民事法院副院长称：“任何这样的机构的内部纪律只是内部问题，尽管其可能牵涉身份或公民权利；法院只有在非常极端的情况下才自认为其有权干预。”这类情况包括该机构明显和显然地在其章程范围之外行事，以影响其成员公民权利和世袭利益的方式行事，或者虽然在其章程范围内行事，其司法或准司法裁判庭的程序却有重大和根本的不规范性。[⑪] 因此，该案件支持了这样的观点：法院可能在判决所列的有限情况下监督一个私人机构的决定，而它们可以在该问题通过对普通案件的答辩提出

---

⑧ 例如，在 *McDonald v Secretary of State for Scotland*（No 2）1996 SLT 575，Extra Division 中，一位囚犯在郡法院提起了针对非法搜查的诉讼。该案中的观点是案件应通过司法审查申请提起；法院认定有关监狱地位令有效性的问题只能以司法审查的申请方式提出。作为对比的是，在 *Tait v Central Radio Taxi*（*Tollcross*）*Ltd* 1989 SC 4 案中，原告起诉是为了违反自然正义合同义务的损害赔偿，法院没有讨论他是否应当以司法审查的请求方式起诉，而法院作出了对他有利的判决。

⑨ 1940 SC 325.

⑩ 使用了本书第一章意义上的“司法监督权”术语，即强制执行符合在决策过程中的程序正当性和不越权等义务。

⑪ At pp. 331 - 332. 关于对此决定的批评，参见 Himsworth ‘Judicial review in Scotland’ in Hadfield ed，op cit。

时这么做。修女当然可以提起麦克唐纳诉伯恩斯案那样的诉讼，而不是在其答辩中提出教会的决策问题。其重点在于，无论该问题通过司法审查申请提出，还是通过对案件的答辩方式提出，都适用同样的实体原则。

在圣约翰斯通足球俱乐部诉苏格兰足球协会有限公司（*St Johnstone Football Club v Scottish Football Association Ltd*）案[12]中，某足球俱乐部因违反协会规则而被通过简易程序处以罚款，而该俱乐部对违反自然正义规则的行为提出了申诉。在此案中，法院延伸了麦克唐纳案确立的规则，并认定法院可以受理来自于私人协会管理机构“判决”的案件，无论协会成员的公民权利或世袭利益是否受到重大不规范性（如偏离于自然正义规则）的侵犯。[13] 在这两个案件中，私人管理该机构的决定被认定受制于司法监督权，即它们负有合法性、公正性或理性义务。但是，如我们将要看到的，可能除此之外还有单独的由第58章所规定的、只能基于司法申请请求由最高民事法院行使的司法监督权，和由其他法院（如在与信托有关的案件中）或应被告要求行使的其他司法监督权。

在麦克唐纳诉伯恩斯案中，教会和修女的关系即使不是合同性的，也是合意性的。通过成为成员，修女自愿同意遵守教会章程并受其约束，虽然其并未就此签订任何明示的合同或协议。[14] 圣约翰斯通案也是基于合同的。换言之，这两个案件并不明确地支持最高民事法院在合同之外具有私法司法监督权的观点。这两个案件也无助于解决如下问题，即：自规则改变和韦斯特案以来，这些问题是否可以通过普通案件中的答辩提出，或即使请求基于成员合同，其是否可以或必须通过司法审查请求提出。

在其他一些案例中，法院也认定在合同关系中存在合法性、公正性或理性义务，因此在普通案件而不是司法审查案件中可以

---

⑫　1965 SLT 171.

⑬　At 174.

⑭　At 331.

行使司法监督权。泰特诉中央无线电出租车有限公司案[15]就是一个针对违反自然正义合同义务的普通合同案件的有趣例证：被告（原告出租车司机是被告的成员）的纪律委员会要求原告辞职或被除名，而原告对此提出了违反自然正义的合同损害赔偿之诉。在1861年的麦克米伦诉苏格兰自由教会案[16]中，自由教会的一位牧师被中止职务。该牧师提起了合同之诉，称教会规则遭到了违反，并主张赔偿由于其品格受到伤害和未来前途受到妨害的损害赔偿。在该案中，法院认定诉由成立。麦克尼尔（Lord McNeill）院长称："我无法怀疑可以主张损害赔偿，如果这是偏离当事人之间的协议、并违反了他们之间的合同条件的结果的话。"

在一些基于合同的案件中，苏格兰最高民事法院拒绝就司法审查请求行使管辖权，而在另一些案件中，它们接受了这样的管辖权。想要调和两者并不容易。重要的案件是德黑兰尼诉阿盖尔和克莱德卫生委员会（*Tehrani v Argyll and Clyde Health Board*）（No 2）案，而该案判决于韦斯特案之前。一位由卫生委员会雇佣的顾问外科医生质疑解雇他的决定作出的方式，依据是委员会选择一种剥夺他从政府大臣处获得审查的权利的方式是不合理的。第二分庭认定，虽然雇佣合同中有法定元素，该请求是基于违反雇佣合同条款的，因此不应适用司法审查。[17] 这一立场的部分原因在于合同可能提供一种替代性救济——例如，对自然正义义务的违反可以在普通诉讼中获得救济。然而，合同却并不总包括明示或默示的公正性和理性义务。在没有该等合同义务的情况下，若争议有关"如雇主和雇员之间的合同权利和义务"，则即使雇主是公共机构，也不能获得任何救济，因为根据韦斯特案，

---

[15] 1989 SC 4，First Division.

[16] 1861 SC 1314，Court of Session.

[17] 对比苏格兰最高民事法院韦尔法官在德黑兰尼案中的立场（第二分庭在上诉中拒绝）：该雇佣合同具有必要的"公共因素"，因此受制于司法监督权。"自然正义和'不合理性'的概念都是行政法的方面并恰当地受制于司法审查，而不能被人为地分离出去。"1990 SLT 118 at 126。

司法审查是不可得的。[18]

在瓦特诉斯特拉思克莱德地区市政委员会（*Watt v Strathclyde Regional Council*）案[19]中（这是另一个韦斯特案之前的雇佣案件），委员会决定单方修改其所有教师的服务条款和条件，而这遭到了质疑。法院行使了第58章下的司法监督权，大体依据是这些问题不是“纯粹”合同性的，而是行政性的。尚不清楚该决定是否在韦斯特案的决定后仍然有效。在1998年的罗纳德·麦克托升诉阿伯丁郡市政委员会（*Ronald McIntosh v Aberdeenshire Council*）案[20]中，麦克莱恩法官（Lord MacLean）认定，就开发商与地方规划当局之间的合同和当局拒绝履行协议提出关于回复之诉的司法审查请求是不适格的：所涉问题仅牵涉两方当事人之间的合同安排，而不涉及规划当局对管辖权的行使（在韦斯特案的意义上“决定的权力”）。

现在让我们考虑基于合同且被告不是公共机构的苏格兰案件，并考虑合法性、公正性或理性义务如何被强制执行。在一些案件中，苏格兰最高民事法院或初审部就司法审查请求行使司法监督权，而在另一些案件中他们打算在合同之诉中这么做。在冈斯顿诉苏格兰女性业余运动会协会（*Gunstone v Scottish Women's Amateur Athletic Association*）案[21]中，原告提起了普通合同之诉。她是苏格兰女性业余运动员协会（SWAAA）的已退休名誉秘书，

---

⑱ 参见 *Tehrani*，supra；*Blair v Lochaber District Council* [1995] IRLR 135。在英格兰，相应的案件是 *R v East Berkshire Health Authority*，*ex p Walsh* [1984] 3 All ER 425，CA. 对比 *Watt v Strathclyde Regional Council* 1992 SLT 324：在该案中，Lord Clyde 指出，虽然让纯粹合同纠纷受制于司法审查并不恰当，一些个别的雇佣案件可能有理由受制于司法监督权（例如具有公法因素），如涉案的决定不只影响某一特定合同，而会影响一系列合同并被认为“系地方当局行使它们行政职能的一般性决定事宜”（at 331－332）；亦参见 *Naik v University of Stirling* 1994 SLT 449；*Joobeen v University of Stirling* 1995 SLT 120；以及以下文献中的讨论：C M G Himsworth in ‘Public employment and the supervisory jurisdiction’ 1992 SLT（News）123；‘Judicial review in Scotland’ in B Hadfield ed，op cit。

⑲ 1992 SLT 324.

⑳ 1999 SLT 93.

㉑ 1987 SLT 611.

并寻求连选。执行委员会推出了他们自己的提名人并违反规则选举了他们自己的提名人。该案件是基于会员合同的。法院认定，原告有可诉资格和利益[22]——这一认定通过推定在女性业余运动员界担任职务的无可争辩的特权和地位的损失得出，而没有借助苏格兰最高民事法院的司法审查请求。

布朗诉爱丁堡地区工党执行委员会（*Brown v Executive Committee of the Edinburgh District Labour Party*）案[23]中的请求也是基于合同的，即当事人的会员合同；但法院外庭基于司法审查请求而不是一般合同诉讼行使了司法监督权。九位爱丁堡城市地区政务委员会的委员将面临工党的纪律程序；他们宣称这违反了自然正义。工党辩称，法院没有资格干涉一个自愿组织的内部事务。法院外庭认定，虽然法院只在特殊情况下干预自愿组织的程序（应和了麦克唐纳诉伯恩斯案中的观点），而违反自然正义的顾虑可能使一个理性人对内务裁判庭的公正性产生怀疑，故而已经有了可以行使司法监督权的初步情形。经对此案中的便利性进行考量，法院倾向于给予临时禁令（interdict）和临时强制执行中止（suspension）。申请人和被申请人之间是合同关系这一事实并不会影响通过司法审查申请行使司法监督权。

总而言之，尽管其立场有些不确定，但看起来若合同条款涉及司法监督权（例如有明示或默示的自然正义或合理性要求），则不要求通过司法审查申请推进案件，而原告或被告均可在一般案件中依赖于这些义务。但在其他所有法院具有司法监督权的案件中（除了规定有法定程序的案件外），则无论公私都需要通过司法审查请求提出。如果英格兰采取这种方法，则意味着关于不合理贸易限制或对私人活动进行公共政策控制等案件（如在麦金尼斯诉翁斯洛·费恩和内格尔诉费尔登案中）必须通过特别的司法审查程序申请提出，而不是通过王座法庭或衡平分庭的普通程序。

---

[22] 可诉利益是案由的组成部分，而不同于英国公法上的诉讼资格。

[23] 1995 SLT 985.

但这并不意味着它们是公法案件。

关于在私法中强加非合同性的合法性、公正性或理性义务的司法监督权在苏格兰法中是否存在的问题，伦诺克斯诉英国场地障碍赛协会苏格兰分会（*Lennox v Scottish Branch of the British Show Jumping Association*）案㉔的判决提供了一些指引：一个保证有限公司形式的组织的前成员质疑组织委员会禁止他参选分会理事会和免除其法官职务的决定。他提出的申诉包括对自然正义的违反。他的请求不是基于会员合同的。在此情况下他的诉讼（不是通过司法审查请求提出）因为选择了错误的被告而失败了，但法院外庭表示，如果他选对了被告，则他具有可诉资格和利益，依据是他宣称违反了自然正义。法院外庭也认定，他并无必要主张该事项影响了他的金钱权利或身份。

苏格兰的审查依据

韦斯特案中提出的一个观点是苏格兰和英格兰的审查依据是一样的。实际上，在司法审查中这并不明显属实。㉕ 但是英格兰与苏格兰司法审查依据相同这一事实（伴以在苏格兰并无公私之分的论述）的重大之处在于：在苏格兰，相同的依据（实际包括不合法性、不公正性和不理性）在私法和公法的司法监督权中都是存在的。这代表了另一司法管辖权对本书提出的论点的支持，即在英格兰法存在司法监督权的领域中，公法和私法并没有实体上的根本差别。

三方关系

苏格兰体制下所经历的主要困难来自霍普院长对于三方关系

㉔　1996 SLT 353.

㉕　参见 Himsworth in Hadfield ed op cit，pp. 305 - 306。

的关注。[26] 从霍普院长表述这一点的方式并不能明显看出其是否意在只适用于雇佣案件。鉴于合同权利和义务（包括雇佣中的合同权利和义务）在霍普院长的判决中一般被排除在司法审查之外，问题是他是否留出了部分雇佣案件可受司法审查的可能性［假定在具有法定因素的马洛赫诉阿伯丁公司（*Malloch v Alberdeen Corpn*）案[27]的基础上］。然而，该案并没有三方关系，除非我们认为国会作为立法者居于三角的顶点——这一解释在布莱尔诉哈伯地区理事会（*Blair v Lochaber District Council*）案[28]中遭到拒绝。在布莱尔案中，理事会的首席执行官就其在完全带薪的基础上被中止职务而寻求司法审查。克莱德法官认定，司法审查并不适格，原因是公共和私人雇佣案件一般而言应当同等待之，而如果在私人雇佣案件中没有三方关系的话，则在公共雇佣案件中找到三方关系也是不合逻辑的。[29]

所以，三方关系因素可能被当做司法审查可得性的一般指标。如果确实这样，则很可能代表了对韦斯特案之前的苏格兰实体法的改变，并明显不适用于所有“司法监督权”案件——例如关于信托和公司董事义务。麦克莱恩法官表示，他对于在每个向法院提出的司法审查申请中必须有三方关系并不信服。[30] 希斯沃思（Himsworth）指出：“用难以捉摸且不当定义的组织间三角来一揽子地重新定义可审查性，对这种做法的前景少有同情。”[31]在实践中，这一审查标准看起来在公共雇佣领域之外没有造成什么问题。一个可能的含义是，其只是根据《最高民事法院规则》第 58 章向苏格兰最高民事法院申请“司法监督权”的要求，而不适用于其他司法监

---

[26] 参见 Himsworth，op cit；and ‘Judicial Review in Scotland’ in M Supperstone and J Goudie eds，op cit。

[27] 1971 SLT 245.

[28] ［1995］IRLR 135，Lord Clyde.

[29] 参见 Himsworth in Hadfield ed at pp. 302 - 305 的讨论。

[30] *Naik v University of Stirling* 1994 SLT 449；*McIntosh v Aberdeenshire Council* 1999 SLT 93.

[31] Himsworth in Supperstone and Goudie，op cit at p. 19. 17.

督权。

让我们重新考虑在英格兰法下可行使司法监督权的类型——例如，与第 53 号令下受到司法审查中的公私机构、私人受托人、在私法程序中养老金受托人、公司董事、工会、大学和体育监管机构的义务有关的案件：显然，要求三方关系的司法监督权定义（如霍普院长在韦斯特案中提出的那样）不能反映在英格兰这种管辖权的发生率。

程序对比

苏格兰在《最高民事法院规则》第 58 章下的司法审查程序请求并没有为寻求该等管辖权者设立特别的障碍，也没有为被申请人创造特权［如英格兰《最高法院规则》第 53 号令所要求的短时限或许可（leave or permission）阶段］。其实，苏格兰的程序对潜在的申请者颇具吸引力；很多潜在申请者试图在该管辖权内起诉而不是遵循其他程序。

"迟延、缄默和默认"（mora，taciturnity and acquiescence）原则为受制于苏格兰司法管辖者提供了保护；这一规则允许法院以不合理迟延启动程序等为由阻止请求。例如，如果请求人虽然已知相关事实却保持沉默，而其他人依赖了涉案的决定而因此作出了对自己不利的行动，则法院可能行使该等权力。[32] 然而，迟延、缄默和默认主张成功的一个要素是伤害，而这属于证据问题。[33] 这一原则被认为与英格兰法院 3 个月时限后针对司法审查申

㉜ 参见 Himsworth in Supperstone and Goudie，supra，pp. 19. 27 - 19. 28. And *Hanlon v Traffic Comr* 1988 SLT 802；*Pickering v Kyle and Carrick District Council* 1991 GWD 7 - 361；*Conway v Secretary of State for Scotland* 1996 SLT 690；*Ronald McIntosb v Aberdeenshire Council* 1999 SLT 93。

㉝ *Conway v Secretary of State for Scotland* 1996 SLT 690，Outer House.

请拒绝给予许可的权力具有相似性。[34] 但是，如果英格兰在司法审查申请中采取了类似方法，申请人将处于比现在英格兰严格的时限和许可规则下更有利的位置。

如同英格兰的司法审查一样，在苏格兰，大多数案件不要求口头证据，而决定将依据宣誓陈述书的有力程度作出。然而，人们承认，若要完满解决争议事项，则口头证据可能是必要的。[35]

救济措施

在苏格兰，行使司法监督权中可获得的救济措施与在英格兰可以获得的具有很强的相似性。回复之诉[36]（Reduction）类似于调卷令和取消文件令；确认之诉[37]（declarator）类似于声明；禁令[38]（interdict）类似于禁制令。对于执行职务令和禁审令而言，苏格兰并没有直接的对应物，虽然禁令（indirect）可能达至相同的结果，而苏格兰最高民事法院有权命令低级法院、裁判庭或其他当局行使其管辖权或按照成文法的要求作出决定。[39] 与英格兰法律（法院认定请求人的权利受到了侵犯）相对比，其观点是救济不应被认为是裁量性的，并且不能因为给他人造成严重的不便或金钱损失等原因而遭到拒绝。[40] 1947 年的《王权诉讼法》给予王室类似的保护，使其不受英格兰和苏格兰的强制救济裁决，但苏

---

[34] 参见如下案件中的类比：Lord MacLean in *Ronald McIntosh v Aberdeenshire Council* 1998 SCLR 435 at 443，citing with approval the observations of Laws J in *R v Secretary of State for Trade and Industry*，*ex p Greenpeace Ltd*（14th October 1997）transcript pp. 42 - 43。

[35] *Walker v Strathclyde Regional Council*（*No* 2）1987 SLT 81.

[36] 参见 1 *Laws of Scotland* para 325。

[37] 参见 op cit，para 326。

[38] 参见 op cit，paras 327 - 330。

[39] 参见 op cit，para 334。

[40] 参见 C M G Himsworth in Supperstone and Goudie，op cit at p. 19. 42，以及那里提到的案件，包括 *Hanlon v Traffic Comr* 1988 SLT 802，at 806。

格兰法院在法克特拉姆案[41]和 M 诉内政部（*M v Home Office*）案[42]后不再遵循英格兰法院的立场，而是使禁令可以针对大臣而作出（除了涉及欧洲法的情况[43]）。

在苏格兰，司法审查案件的请求人有可能根据苏格兰《最高民事法院规则》第 58 章获得损害赔偿裁决的救济措施。[44] 有一些给予了损害赔偿的案件类似于英格兰的侵权案件。[45] 在英格兰，不能根据第 53 号令获得损害赔偿，除非案件同时也是侵权或违约。希斯沃思提出，在实践中，苏格兰很少给予损害赔偿。[46] 因此就救济措施而言，在英格兰现行的安排下，受制于私法司法监督权者的地位实际上可能与其在苏格兰的对应物相似。[47]

总　结

总而言之，我认为，苏格兰就公私之分和行使司法监督权的做法并不能容易地移植到英格兰的法律体制中来。但苏格兰私法中的司法监督权的程度如何并不清楚，而“公法”司法监督权的程度（例如有关公共雇佣案件的情况）其实也不清楚。苏格兰《最高民事法院规则》第 58 章中的苏格兰排他性的要求可能在依赖于司法监督权作为答辩理由（如在麦克唐纳案中的情况）和其

㊶ *R v Secretary of State for Transport, ex p Factortame* (*No* 2) [1991] 1 AC 603.

㊷ [1994] 1 AC 377.

㊸ *McDonald v Secretary of State for Scotland* 1994 SLT 692；但亦参见 *Millar and Bryce Ltd v Keeper of the Registers of Scotland* 1997 SLT 1000。

㊹ 参见 1 Laws of Scotland para 333。

㊺ 参见，例如，*Edwards v Kinloss Parochial Board* (1891) 18 R 867（移除用以拆毁房屋的妨害的权力）；*Sinclair v Middle Ward District Committee of Lanarkshire County Council* 1907 SC 285，14 SLT 534（没有法定权力的情况下修改道路而妨碍了私人通行）。

㊻ Himsworth in Supperstone and Goudie，op cit at p. 19.44. 但参见 *Kelly v Monklands District Council* 1986 SLT 169；*Mallon v Monklands District Council* 1986 SLT 347；*B v Forsey* 1988 SLT 572。

㊼ 参见本书第九章关于救济措施的讨论。

他情况下会带来问题，而英格兰现在也是如此；苏格兰最高民事法院因“迟延、缄默和默认”为由而终止诉讼的裁量权可能使私法案件中的当事人处于比英格兰的现状下更差的位置；而除了有关授予声明和衡平救济的裁量权外并没有这样的原则；苏格兰的三方关系规则只是不能融入有关司法监督权的英格兰实体法（其也不能很好地融入苏格兰的体制）；如在英格兰的情况一样，将合同排除出苏格兰的管辖权可能导致在涉及公正性和理性义务是否来源于合同的问题时导致错误启动诉讼。

另一方面，苏格兰的安排提供了这样一个例证：与我们自己的法律体制高度相关的法律体制可以在没有实体公私法律之分、没有对（公法下）司法审查申请的被申请人有特别程序保护的情况下继续维系，而在不拥有调卷令、执行职务令或禁审令的情况下也能通过一般救济（其中一些与英格兰的衡平救济很接近）达至类似的结果。

译后记

道恩·奥利弗教授的《共同价值与公私划分》一书是研究公法和私法之分的重要著作。奥利弗教授批判性地提出普通法下传统的公私之分是人为的产物；其忽略了两者之间的重要共性，即控制权力以保护核心价值免受权力滥用之扰。她建议将传统公法中赋予决策者的实质性义务（如合法性、公正性和理性）延伸至私法领域之中，并概括出公法和私法的共同核心价值，即个人在自治、尊严、尊重、身份和安全方面的利益。这一概括高屋建瓴，但正如托马斯·波尔（Thomas Poole）教授所评论的，未免包容性不足（under-inclusiveness）。[①] 这些核心价值在与其他重要原则或利益相冲突时应如何解决，也有待更细致的分析。

本书的主要素材是英国普通法判例（尽管其也简要地触及了欧盟法和欧洲大陆法系法域的法律）。虽然其探讨的案例和具体问题（如司法审查的程序规则）对于中国读者来说可能略显遥远，但基于这些探讨所阐发的思路仍然具有更广泛的启发性。例如，介于公职机构和私人之间的组织（如学校和会员制组织）应属于公法还是私法规范的范畴？处于强势地位的私人组织是否也应当负有审慎决策的法定义务？这些问题对于中国的法律人都具有重要的现实意义。

需要说明的是，考虑到读者需要借助引注查询相关案例和文献，译者对脚注中的引注部分保留了英文原文；而对于正文中的引注，则为了兼及阅读的流畅性，既进行了中文翻译，又在第一次援引时标注了英文原文。因此，有些案例名称有中文翻译，而

---

① Thomas Poole, Book Review, *The Modern Law Review*, Volume 63, Issue 4, pages 629 - 631, July 2000.

另一些则没有；这在文前的案例表中也有体现。

在本书的翻译中，邓峰教授和戴昕教授提供了重要的指导和支持，李凤凤女士进行了详细认真的校对工作，王思颖女士协助整理了案例表和法规表。对此，译者深表感谢。当然，如有任何翻译不当之处由译者自负责任。

时 磊

2017年4月

Common Values and the Public-Private Divide, 1e, 9780406983039 by Dawn Oliver first published by Cambridge University Press (1999)

图书在版编目（CIP）数据

共同价值与公私划分／（英）道恩·奥利弗（Dawn Oliver）著；时磊译．—北京：中国人民大学出版社，2017.5

（法学译丛·规制、竞争与公共商事系列）

ISBN 978-7-300-24146-3

Ⅰ.①共… Ⅱ.①道… ②时… Ⅲ.①公法-研究 ②私法-研究 Ⅳ.①D90

中国版本图书馆CIP数据核字（2017）第024183号

"十三五"国家重点出版物出版规划项目
法学译丛·规制、竞争与公共商事系列
共同价值与公私划分
［英］道恩·奥利弗（Dawn Oliver）　著
时　磊　译
李凤凤　校
Gongtong Jiazhi yu Gongsi Huafen

出版发行	中国人民大学出版社		
社　　址	北京中关村大街31号	**邮政编码**	100080
电　　话	010－62511242（总编室）		010－62511770（质管部）
	010－82501766（邮购部）		010－62514148（门市部）
	010－62515195（发行公司）		010－62515275（盗版举报）
网　　址	http://www.crup.com.cn		
	http://www.ttrnet.com(人大教研网)		
经　　销	新华书店		
印　　刷	北京鑫丰华彩印有限公司		
规　　格	155 mm×235 mm　16开本	**版　　次**	2017年5月第1版
印　　张	20 插页2	**印　　次**	2017年5月第1次印刷
字　　数	264 000	**定　　价**	59.80元